国家职业技能等级认定培训教材
国家基本职业培训包教材资源

保卫管理员

（基础知识）

公安部治安管理局　组织编写

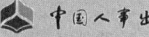中国人力资源和社会保障出版集团

中国劳动社会保障出版社　中国人事出版社

图书在版编目（CIP）数据

保卫管理员：基础知识 / 公安部治安管理局组织编写. -- 北京：中国劳动社会保障出版社：中国人事出版社，2022
国家职业技能等级认定培训教材
ISBN 978-7-5167-5436-8

Ⅰ.①保… Ⅱ.①公… Ⅲ.①保卫工作-职业技能-鉴定-教材 Ⅳ.①D035.33

中国版本图书馆 CIP 数据核字（2022）第 107660 号

中国劳动社会保障出版社
中国人事出版社 出版发行
（北京市惠新东街1号 邮政编码：100029）

*

三河市华骏印务包装有限公司印刷装订 新华书店经销
787 毫米 ×1092 毫米 16 开本 18.5 印张 303 千字
2022 年 8 月第 1 版 2024 年 4 月第 4 次印刷
定价：55.00 元
营销中心电话：400-606-6496
出版社网址：http://www.class.com.cn

版权专有 侵权必究

如有印装差错，请与本社联系调换：（010）81211666
我社将与版权执法机关配合，大力打击盗印、销售和使用盗版图书活动，敬请广大读者协助举报，经查实将给予举报者奖励。
举报电话：（010）64954652

编审委员会

主　任： 仇保利
副主任： 张佐良
委　员： 郭太生　仇加勉　丛术良　廖　崎　赵小兵
　　　　　郑　磊　陶焱升　徐思钢　赵　稳

本书编写人员

主　编： 冯治中　李晓康
编　者： 裴　岩　刘晓新　杨　辉　张小兵　童勤久
　　　　　郭东曦　邹湘江　程爱宝

前 言

全国单位治安保卫人员已发展到210余万人，这支队伍在维护单位内部安全稳定、构建立体化社会治安防控体系中发挥着重要作用。为加强保卫管理员职业化建设，引导和推动职业技能等级认定工作，全面提升保卫管理员队伍的整体素质水平，以适应经济社会的发展和满足单位安全的需求，公安部治安管理局依据《企业事业单位内部治安保卫条例》《保卫管理员国家职业技能标准（2020年版）》以及其他相关法律法规和标准规范，组织编写了保卫管理员国家职业技能等级认定培训教材，包括《保卫管理员（基础知识）》《保卫管理员（三级）》《保卫管理员（二级）》《保卫管理员（一级）》4本教材，作为全国性保卫管理员职业技能等级认定培训的指导用书。

本套教材贯彻"以职业标准为依据、以单位需求为导向、以职业能力为核心"的原则，紧密结合保卫管理员业务实际，充分反映保卫管理员岗位需求，突出新知识、新技术、新方法的介绍，注重提升保卫管理员职业能力，满足读者参加各级职业技能等级认定的需要。本套教材是按照保卫管理员各个等级分别编写的，各等级合理衔接、依次递进，为保卫管理员人才培养搭建了科学的阶梯式培训架构。教材结合各等级职业需要重点掌握的理论知识和技能要求组织编撰相应的功能模块，科学合理安排足量、适用的内容，贴近保卫管理员一线工作实际，贴近单位安全需求，是保卫管理员国家职业技能等级认定的推荐辅导用书，也是保卫管理员职业技能等级认定命题的直接依据。

本套教材由来自有关公安院校、地方高校、公安机关、中央企业、民营企业、社会群团组织等领域的20余名专家历时近两年时间分头编写，并邀请了邹峰、张新天、郑红雯、闵剑、徐东、张文忠、景鹏、姚永明、张宇霞、孔繁平、邓家兴等专家参与相关工作。上述专家在我国保卫工作方面有着深厚的理论研究基础和丰富的实践经验，他们付出了辛勤汗水，作出了突出贡献，在此一并表示感谢。本教材还有诸多不足之处，欢迎读者提出宝贵意见，以便及时修改完善。

公安部治安管理局

目录 CONTENTS

第一章　保卫工作概述 ... 1
第一节　保卫工作的含义与发展历程 ... 3
第二节　保卫工作的性质、特点和作用 ... 8
第三节　保卫工作的方针、原则和任务 ... 13
第四节　保卫工作的监督管理体制和机构设置 ... 16
第五节　保卫工作与社会治安综合治理 ... 24
第六节　保卫工作与社会治安防控体系建设 ... 32

第二章　保卫管理员职业道德与职业守则 ... 37
第一节　保卫管理员职业道德 ... 39
第二节　保卫管理员职业守则 ... 45

第三章　保卫工作专业基础知识 ... 53
第一节　安全防范知识 ... 55
第二节　事故预防和调查知识 ... 75
第三节　单位内部犯罪预防知识 ... 89
第四节　治安保卫重点单位及重要部位 ... 103
第五节　单位信息安全与保密知识 ... 116
第六节　消防安全知识 ... 124
第七节　突发事件应急管理知识 ... 149
第八节　反恐怖工作相关知识 ... 159
第九节　道路交通安全知识 ... 168

第四章　保卫工作相关法律规范 ... 177
第一节　民事法律知识 ... 179
第二节　劳动与社会保障法律知识 ... 190

第三节　刑事法律知识…………………………………………………… 208

第四节　治安管理法律知识……………………………………………… 231

第五节　国家安全法律知识……………………………………………… 241

第六节　行政法规………………………………………………………… 250

第七节　《信访工作条例》……………………………………………… 267

附录　全国安全防范报警系统标准化技术委员会现行标准目录………… 273

第一章
保卫工作概述

第一节 保卫工作的含义与发展历程

一、保卫工作的概念

根据保卫工作的不同主体，保卫工作可以分为公安保卫工作和单位保卫工作。如无特别说明，本教材所称保卫工作均为单位保卫工作。单位保卫工作是维护国家安全和社会治安工作的重要组成部分，是平安建设、反恐怖主义与社会治理等战略的重要基础工作。保卫机构与保卫人员是企业事业单位的安全与稳定，国家、集体与职工群众生命财产安全的直接维护者。

安全需求是人类基本的需求之一，保卫工作产生与发展的根本动力在于单位人员人身、财产和运行等方面的安全需求。根据2004年国务院颁布施行的《企业事业单位内部治安保卫条例》（以下简称《内保条例》）的规定，保卫工作是指单位为保护单位内部人员的人身、财产安全和公共财产安全，维护单位工作、生产、经营、教学和科研秩序而依法进行的一项专门工作。

保卫工作的相关概念如下：

1. 内保工作

内保工作即内部单位保卫工作，之所以称其为内保工作，是因为历史上公安机关曾经把纳入管理范围的企业事业单位习惯上称为内部单位，以区别于按照社会面进行治安管理的旅店、集贸市场等其他单位。《内保条例》颁布实施后，内保工作也被称为单位内部治安保卫工作。在计划经济体制下，内保工作的显著特点就是"政企合一"。公安机关将内部单位保卫机构作为自己的派出机构，基层组织内部单位保卫机构具有一定的执法权。随着社会主义市场经济体制的逐步确立，按照政企分开、政事分开原则和《内保条例》关于保卫工作运行机制的规定，企业事业单位的保卫组织与机构不再具有公安机关基层组织的性质，同时也不再具有公安机关的任何执法权。原有的内保工作已经明显地区分为两个性质不同的部分，即公安机关内保工作和单位内保工作。

2. 经济文化保卫工作

经济文化保卫工作的概念是由"经济保卫工作"和"文化保卫工作"两个概念构成的。经济保卫工作主要是指在国家经济领域所进行的保卫业务活动。文化保卫工作则是指在国家文化领域所进行的保卫业务活动。1949年11月，中央人民政府公安部成立时就设立了经济保卫局。1950年3月，中央人民政府政务院发布了《关于在国家财政经济部门中建立保卫工作的决定》，标志着经济保卫工作正式建立。1953年初，公安部设立了文化保卫局，并于同年8月向各地公安机关发出了《关于文化保卫工作的指示》，要求各大区、各大城市的公安机关建立相应的文化保卫机构，文化保卫工作由此确立。

3. 保卫机构

《内保条例》规定，单位应当根据内部治安保卫工作的需要，设置治安保卫机构或者配备专、兼职治安保卫人员。保卫机构是单位安全管理职能部门，是具体负责本单位的保卫工作，并配合公安机关打击处理违法犯罪活动，维护单位内部治安秩序的专门工作机构，它在本单位的党政领导下开展工作，业务上接受公安机关和行业主管部门的指导、监督。

4. 保卫人员

保卫人员是指从事维护机关、团体、企业和事业单位内部治安秩序，开展治安防范，预防违法犯罪，保护单位内部人员和财产安全工作的人员。保卫人员的构成包括三个层面：第一是单位的保卫干部；第二是单位自建的护卫力量或群防群治组织，包括护厂（矿、场、校）队员和兼职守卫人员等；第三是保安员，即被单位聘用的保安员。一般情况下，保卫干部是管理岗位人员，护厂队员和保安员是工勤技能岗位人员。

二、保卫工作的形成和发展历程

1. 中华人民共和国成立前的保卫工作

中华人民共和国成立前的保卫工作可以追溯到中国共产党建党初期。1931年，中华苏维埃共和国临时中央政府成立了国家政治保卫局，负责组织中央根据地的军工、造币、新闻、学校、医疗等单位开展单位内部的防奸保密工作。国家政治保卫局既是人民公安机关的雏形和公安部的前身，也是保卫工作以一项专门业务的形式出现的开始。抗日战争时期，国家政治保卫局改建为西北政治保卫局，后又改称陕甘宁边区保安处，负责组织陕甘宁边区的机关、团体、企业、学校内部建立保卫委员会或保卫小组，开展锄奸保卫工作。解放战争时期，中央社会部要求各解放区在经济企业内部建立保卫组织，配备专职保卫干部，并在一些大型工矿区建立公安分局或公安分驻所开展安全保卫工作，从中央社会部到企业等基层单位形成了较为完善的保卫工作体系，为中华人民共和国成立后在全国经济系统普遍建立保卫工作奠定了基础、积累了经验。

2. 中华人民共和国成立后的保卫工作

（1）计划经济时期的保卫工作。中华人民共和国成立后，我国建立了与社会主义计划经济体制相适应的保卫工作体系。1950年中央人民政府政务院发布的《关于在国家财政经济部门中建立保卫工作的决定》（以下简称《决定》）要求："政务院财经委员会所领导的各部、厅、局、处以及所有的国营工厂、矿山、银行、公司、铁道、航运、电讯、仓库、森林等部门，应一律建立保卫工作机关或保卫工作组织，列入各该部门的编制系统内，成为各该部门的组织部分之一，统一领导，统一供给。""中央人民政府公安部的经济保卫局同时亦为政务院财经委员会的保卫工作机关，受双重领导。""各部门的保卫工作机关，同时亦为中央人民政府公安部经济保卫局及各级公安部门派出的代表机关，执行国家公安机关的权力。"1950年9月27日，毛泽东主席在公安部部长罗瑞卿报送的《全国保卫工作会议总结》上作了重要批示："保卫工作必须特别强调党的领导作用，并在实际上受党委直接领导，否则是危险的。"这一批示为我国的保卫工作制定了正确路线。据统计，到1956年，全国已有近4万名专业保卫干部，各经济企业单位的保卫组织也基本上健全，带有行业特点的保卫工作不断发展，保卫工作基本走上了正轨。1966年到1976年的"文化大革命"，使党、国家和人民遭到新中国成立以来最严重的挫折和损失。保卫工作在"文化大革命"十年期间同其他各项工作一样，在思想上、组织上、工作业务上都受到了全面的、灾难性的破坏。

粉碎"四人帮"之后，特别是党的十一届三中全会之后，全党工作的重点转移到社会主义现代化建设上来，国家进入了改革开放新的历史时期。为使保卫工作有新的发展，更好地配合与保卫国家的现代化建设，1980年1月召开了全国经济文化保卫工作会议。会议在分析当时形势的基础上，从保卫四个现代化建设安全这一总的目标出发，研究制定了新的历史时期保卫工作的路线、方针和任务。

1980年国务院批转公安部的《全国经济文化保卫工作会议纪要》指出，要继续贯彻执行1950年的《决定》，并确定了改革开放初期的保卫工作方针：预防为主、确保重点、打击敌人、保障安全。主要任务是：开展侦查调查工作，打击特务间谍分子和反革命分子的破坏活动，加强内部治安管理，打击刑事犯罪分子的破坏活动；严密安全防范措施，保卫生产、科研等要害部门的安全。公安机关对保卫工作的管理范围：县直属和大中城市区直属以上的大中型企业事业单位、机关团体的保卫工作。县直属和大中城市区直属以上的大中型企业事业单位、机关团体内部的保卫组织既是本单位的职能部门，同时也是公安机关的派出机构，有查破一般反革命和其他刑事案件，包括勘查现场、询问证人、讯问被告人、追缴赃款赃物，行使《中华人民共和国治安管理处罚条例》规定的警告裁决，监督、考察在本单位的被判处或宣布监外执行、假释、缓刑、管制的罪犯等权力。1980年12月，国务院批准下达公安部、国家计委、国家经委、财政部、国家劳动总局、商业部六个部门《关于建立经济民警的实施方案》（国发〔1980〕310号文件），在一些企业事业单位陆续组建了经济民警队伍，负责守卫重要目标、维护厂区治安秩序、押运机密产品和危险贵重物品。

为进一步规范和加强保卫工作和单位保卫组织的建设，1985年3月公安部印发了《机关、团体、企业、事业单位保卫组织工作细则（试行）》，进一步规定了单位保卫组织有行使裁决治安处罚的权力，确立了我国计划经济时期机关、团体、企业、事业单位保卫工作体系的基本框架。

（2）市场经济条件下保卫工作的发展。20世纪90年代以来，我国社会主义市场经济体制逐步建立和发展，确立了以公有制为主体、多种所有制经济共同发展的基本经济制度，由此，单位的产权结构、经营方式、管理模式等发生了或正在发生前所未有的巨变。单位内部治安保卫工作在许多方面远远不能适应形势发展的要求，主要体现在以下三点：

第一，随着社会主义市场经济体制的确立，以公有制为主体的多种所有制经济结构的出现，非公有制经济成为国民经济的重要组成部分，原有的保卫工作管理范围只限制在国有企业事业单位内部的做法已经不适应。

第二，在"政企合一、政事合一"的制度下，单位内部治安保卫机构可以行使公安机关的一般刑事案件侦查权和警告、罚款等治安管理处罚权，这与我国的刑事司法制度和行政法律制度不相符合。

第三，单位内部治安保卫工作稳定性差、随意性强，在公安体制改革和经济体制改革中，其法律地位难以得到保障，难以适应依法治国的需要。

1992年党的十四大召开之后，为了适应国家改革与发展的大局，保卫工作的改革也在不同层面上展开。主要体现在：

1）全面改革企业事业单位的公安机构，积极推进政企、政事分开。1994年，国务院批转公安部《关于企业事业单位公安机构体制改革的意见》，根据文件要求，企业事业单位设立的公安机构，"按照政企分开、政事分开的原则"，从实际出发，分别予以撤销或调整理顺关系。各级公安机关的保卫工作机构进行了调整。2002年，国务院出台文件停止经济警察队伍的新建审批，经济民警不再作为一个警种存在。

1997年，公安部和国家经贸委重新制定了《国有企业治安保卫工作暂行规定》。在该暂行规定中，对国有企业保卫工作的性质、方针、职责、任务，公安机关与单位保卫工作机构的关系，以及公安机关的具体职责等均作了重新界定，明确国有企业保卫机构是企业职能部门，主要任务是具体负责本企业各项治安保卫工作并配合公安机关打击侵害企业的刑事犯罪活动，维护企业治安秩序。该暂行规定取消了过去国有企业保卫部门承担的，打击刑事犯罪活动和与其他危害治安的行为作斗争等本应为公安机关的职能。

2）制定出台《内保条例》，确立"单位负责、政府监管"的保卫工作新机制。2004年，国务院颁布了《内保条例》，该条例是在深刻总结我国改革开放以来企业事业单位内部治安保卫工作经验基础上，规范单位治安保卫工作的一部重要法规，为公安机关加强对单位内部治安保卫工作的指导监督提供了有力的法制保障。《内保条例》对于改革和加强单位内部治安保卫工作，维护单位治安秩序和社会稳定，促进我国经济文化事业的健康发展具有十分重要的意义和作用。2007年，按照国务院的要求，公安部专门制定了《公安机关监督检查企业事业单位内部治安保卫工作规定》，对公安机关监督检查单位内部治安保卫工作作了明确规定。《内保条例》的公布和施行，标志着我国保卫工作的管理体制和管理模式发生了重大变化。"政企合一、政事合一"的单位保卫工作制度根本改革，确立了"单位负责、政府监管"的新机制。

党的十八大以来，在总体国家安全观和平安中国建设指引下，我国持续建立完善立体化社会治安防控体系，单位内部安全防控网作为其中的重要组成部分得到进一步加强，企业事业单位对于保卫工作的重视程度也在逐步提升。单位保卫工作在制度规范、组织机构、人员素质、职责任务、职业技能和技术装备等方面迎来了专业化、职业化、科技化和国际化发展的新时期。

第二节 保卫工作的性质、特点和作用

一、保卫工作的性质

公安机关与企业事业单位承担着保卫工作的不同职责，因此公安机关保卫工作与单位保卫工作的性质有所区别。

1. 公安机关保卫工作的性质

（1）公安机关保卫工作是专政性质工作。公安机关保卫工作的专政性质是由公安机关的工作性质决定的。公安机关是人民民主专政的重要工具，打击违法犯罪是公安机关的基本职能。作为公安机关工作重要组成部分的公安机关保卫工作，在不同的历史阶段，始终站在维护国家安全和社会稳定的最前沿，对危害人民民主专政政权安全的敌对势力、敌对分子和严重刑事犯罪分子进行了坚决的打击，切实维护了国家政治安全和社会大局稳定。

（2）公安机关保卫工作是强制性工作。公安机关是我国人民民主专政政权中具有武装性质的治安行政和刑事执法机关。公安机关保卫工作是公安机关的行政管理行为。公安机关保卫工作中的培训、考核、纪律、工作制度、规范化的行为规定、操作规程等，本质上都是具有强制性的行政管理行为。

（3）公安机关保卫工作是法制性工作。依据《内保条例》的规定，公安机关保卫部门和企业事业单位保卫工作之间具有指导和被指导、监督和被监督的关系。"依法指导监督"是公安机关保卫工作的法定职责，是法律赋予公安机关的行政权力。公安机关保卫部门应当在国家宪法和法律、法规规定的范围内对企业事业单位保卫工作依法进行指导、监督。

2. 单位保卫工作的性质

（1）单位保卫工作是安全管理工作。单位保卫工作之所以成为安全管理工作，

是基于单位对安全的需求。任何一个单位，只要进行生产、经营、教学、科研等正常工作，就必须要有安全稳定的秩序和环境，同时也必须担负起保护单位内部人员人身安全的责任。在单位的管理工作中如果没有保卫工作，不仅安全没有保障，其他各项管理工作也不容易做好。一些企业将保卫工作按照责任制逐级落实到车间、处室、工段、班组，这不仅是一种管理方式，同时也说明只要是有人工作、生活的地方，有物质财富的地方，就会有安全需求。

（2）单位保卫工作是法定性工作。虽然不同的历史时期，单位保卫工作的权限有所不同，但是一直以来，国家都通过法规的颁布确认并赋予单位保卫组织或机构地位、性质以及从事保卫工作的权力。这种法定性表现为：

1）做好保卫工作是单位的法定责任。单位负责是《内保条例》确定的单位治安保卫工作的重要方针之一。《内保条例》规定单位的主要负责人对本单位的内部治安保卫工作负责，从法规制度上明确了单位的主要负责人对本单位的治安保卫工作负有不可推卸的法定责任。

2）保卫机构的地位具有合法性。《内保条例》对单位保卫机构、人员设置等都有明确的规定和要求。单位应当设置治安保卫机构或配备专、兼职治安保卫人员，采取相应的工作模式开展工作。

3）保卫机构权力行使的范围、程序等具有确定性。《内保条例》规定：单位保卫人员应当依法、文明履行职责，不得侵犯他人合法权益。保卫人员依法履行职责的行为受法律保护。

（3）单位保卫工作是社会治安防范的基础工作。按照《内保条例》的规定，单位保卫工作的主要职责是维护本单位内部的治安秩序，全面做好本单位的安全防范工作。在实现和完成其工作任务的过程中，需要进行大量的基础工作。如制定和实施本单位的保卫工作制度，负责落实本单位的安全防范措施，做好单位内部暂住人口的管理，调解单位内部的矛盾纠纷，制止发生在本单位的违法犯罪行为，协助公安机关做好相关工作，参加所在地区的社会治安综合治理，开展治安防范宣传教育等。这些工作职责绝大部分属于社会治安防范的基础工作，由公安机关在业务上给予指导。特别是在当前社会治安防控体系建设的工作中，单位内部的治安防控是重要的组成部分，社会治安防控体系建设必须重视单位内部防控网络的建设。

二、保卫工作的特点

1. 工作主体多元性

工作主体构成的多元性是保卫工作的重要特点,在单位内部从事保卫工作的主体一般包括:保卫机构、单位雇用的保安服务公司、物业公司、单位内部的治安保卫委员会等。其中保卫工作中主要的、大量的具体工作是由单位的保卫机构来完成的。实践证明,在单位内部建立并依靠保卫机构开展工作是符合我国实际情况的,这样可使保卫工作处于单位的领导之下,便于保卫工作贯彻、落实群众路线,充分调动单位内部的各种资源开展保卫工作,便于把保卫工作同单位的各项业务活动结合起来,也便于公安机关指导监督单位内部保卫工作。

2. 工作内容综合性

单位保卫工作内容有一定的综合性,主要体现在:既要维护内部的治安秩序,保障单位的生产业务活动顺利进行,又要保护公共财产和职工的人身安全;既要同危害单位安全的各种侵害因素作斗争,又要解决人民内部矛盾;既要搞好日常各项安全管理工作,又要协同有关部门做好社会治安综合治理工作;既要管人,服务于单位的业务工作,又要管物,确保重点要害部位的安全。

3. 工作阵地限定性

单位保卫工作的阵地限定在单位内部,其工作对象也主要是单位内部的人、事、物。作为单位内部的保卫机构必须立足单位内部的工作阵地,掌握保卫对象的关键部位和环节,熟悉内部的各项管理工作。

4. 与单位业务活动联系紧密性

单位保卫工作阵地限定性的特点,决定了保卫工作的任务与职责必然和本单位所进行的生产、科研等业务活动紧密联系在一起。单位内部的保卫工作作为本单位管理工作的重要组成部分,主要是为本单位的生产、经营、科研、教学等业务活动服务的,与本单位管理的目标是一致的。从单位保卫工作的内容可以看出,重点单位、重点部位的保卫、安全检查、巡逻守护、突发事件预防等,基本上都是和本单位的业务紧密联系的,离不开本单位的实际,如银行保卫的重点就是各营业网点、金库以及现金调拨、接送过程的保卫,保卫工作和银行业务是高度关联的。

三、保卫工作的作用

当今世界正经历百年未有之大变局,我国正处于实现中华民族伟大复兴的关键时期,更需要一个稳定、良好的治安环境。单位保卫工作正越来越发挥出不可替代的作用。

1. 宏观层面保卫工作的作用

(1)维护社会稳定。单位是整个社会的一部分,在国家的政治文化生活和国民经济建设中占有十分重要的地位。现阶段,影响社会稳定的关键问题多与单位内部有关。单位保卫部门要及时掌握各种影响国家稳定的信息,还要协同公安机关和有关部门正确处理各种矛盾纠纷,做好单位内部的稳定工作。历史和现实证明,保卫工作在维护国家政治稳定和社会秩序的工作中,一直发挥着重要作用。

(2)保障公共安全。水、电、气、热等治安保卫重点单位和重要部位直接关系公共安全。金融营业网点等不仅涉及公共安全,而且与人民日常生活密切相关,是极易受到不法侵害的目标。此外,学校、医院等重要的教育、医疗单位和大型文化、体育场所是公众或学生、儿童高度聚集的场所,一旦发生安全事故或破坏事件,后果和损失都将十分严重。这些单位的安全稳定直接关系公共安全。

(3)保护海外权益。根据商务部、国家统计局和国家外汇管理局联合发布的《2020年度中国对外直接投资统计公报》,截至2020年底,中国2.8万家境内投资者在全球189个国家(地区)设立对外直接投资企业4.5万家,全球80%以上国家(地区)都有中国的投资,年末境外企业资产总额7.9万亿美元。根据商务部和教育部的统计,2020年,我国在海外劳务人员约62.3万人,留学生总规模达160万人。境外企业、设施和人员是重要的资产和利益,与国家政治安全、经济安全、能源安全密不可分。近年来,公安部会同外交部、商务部先后制定了多部行政法规,要求企业提高境外安全管理理念和管理水平,建立全面、高效的安全管理体系,做好境外安全管理工作。海外企业、人员和设施等的保卫工作已经成为单位保卫工作的重要组成部分。

2. 具体方面保卫工作的作用

(1)保护单位内部人员生命、财产安全。以人为本,是现代社会的一个重要价值取向。单位保卫工作的核心、出发点和归宿都在于保护内部人员的生命、财产安全。

(2)管控安全风险。当前单位面临的非传统安全因素快速增多,恐怖袭击、个人极端事件的隐蔽性高、突发性强、防范难度大。另外，现代社会风险的跨界性增强，传导性加快，一旦发生突发事件，势必产生一系列负面影响和次生问题。加大保卫工作的力度，强化各项措施的落实，及时制定预案，防患于未然，会大大降低单位发展过程中的安全风险。

（3）维护单位秩序。任何单位的运行都离不开良好的秩序，一个秩序混乱和安全没有保障的单位，不可能创造经济和社会效益。单位内部良好的治安秩序与有效的安全保障直接来自内部保卫管理体系的有效运行。

（4）创造经济和社会效益。一切管理活动的出发点和归宿都是管理效益。单位保卫工作也不例外，保卫部门通过行使内部安全管理职责，维护单位内部治安秩序，保障单位的人员、财产安全，使单位有序组织开展各种经济、文化活动，预防各类安全问题发生，消除各种安全隐患，减少各种损失的发生，创造经济和社会效益。

第三节 保卫工作的方针、原则和任务

一、保卫工作的方针

单位治安保卫工作应当贯彻"预防为主、单位负责、突出重点、保障安全"的方针。

1. 预防为主

预防为主一直是单位保卫工作的首要原则和核心内容,同时又是单位保卫工作的重要指导思想和做好单位保卫工作的基本出发点。预防为主要求将预防工作放在首要位置,在工作中要扎扎实实地运用各种防范手段,将违法犯罪遏制在预谋阶段,将各种突发事件和事故消灭在萌芽状态。

2. 单位负责

单位负责是指保卫工作由单位负责具体组织实施,这是"谁主管、谁负责"原则在《内保条例》中的具体体现。一方面表现在单位要依法建立保卫机构,配备专、兼职治安保卫人员,制定治安保卫制度,落实治安防范措施;另一方面表现在单位主要负责人对本单位治安保卫工作负责,单位和相关人员依法独立承担相应的法律责任。

3. 突出重点

突出重点就是要把治安保卫重点单位和重要部位的安全放在单位保卫工作的首要位置,确保安全。

4. 保障安全

保障安全是单位治安保卫工作的出发点和最终目的。单位不得以经济效益、财产安全或者其他任何借口忽视人身安全,应充分体现以人为本的指导思想,确立人身安全高于经济效益和财产安全的价值衡量标准,始终把单位人员的人身安

全放在首位,在保护人身安全和保护财产安全发生冲突时,要优先保护人身安全。

二、保卫工作的原则

1. 保障单位中心工作

围绕本单位的中心工作开展保卫工作,是做好保卫工作的客观需要。与生产、经营、科研、教学等中心工作相比,保卫工作始终处在保驾护航的位置上,位置摆对了,保卫工作的实施才有明确的方向,制订工作计划、采取工作措施才有针对性。

2. 单位负责与公安机关指导监督相结合

按照《内保条例》的规定,单位不仅要完成所承担的生产、经营、教学、科研等任务,还要承担维护单位安全稳定的责任。公安机关是维护国家安全与社会稳定的专门机关,也是对单位保卫工作履行监督检查等管理职能的专门机关。公安机关对单位保卫工作的指导监督既是政府的公共管理职能,也是维护社会治安秩序和公共安全的重要途径。无论公安机关还是单位自身,工作目标都是一致的,这就需要专门机关的监督指导和单位自我保护有机地结合起来。

3. 管理与服务相结合

单位保卫机构和保卫人员在工作中应当严格遵守国家法律和职业道德规范,在日常管理中,要文明礼貌、耐心细致,切忌语言生硬、举止粗野。例如,进行安全检查时,单位内部各部门要主动配合保卫部门的工作,但保卫部门和保卫人员也要尊重各部门的意见,保护单位内部人员的合法权益,坚决防止出现滥用职权的行为。

三、保卫工作的任务

保卫工作是为党和国家的中心工作服务的,现阶段,保卫工作的总任务是保卫社会主义经济和文化事业的安全,保卫单位内部和重点建设工程的安全,主要体现在以下几个方面:

1. 维护单位内部和谐稳定

习近平指出,没有稳定的社会政治环境,一切改革发展都无从谈起,再好的规划和方案都难以实现,已经取得的成果也会失去。单位是整个社会的重要组成部分,只有单位内部稳定了,整个国家和社会才能稳定。当前,单位内部存在着大量的不稳定因素,单位保卫部门应当清醒地认识到自己肩负着维护单位内部稳定乃至国家、社会稳定的使命，始终将维护单位内部和谐稳定作为首要的政治任务。

2. 预防各种违法犯罪行为的发生、发展

一是预防刑事犯罪。在预防刑事犯罪中，尤其要预防盗窃、抢劫、诈骗等侵财型案件的发生，对侵害单位内部人员的凶杀、爆炸、伤害等恶性案件也应当严加防范。

二是预防治安案件。治安案件具有发案数多、涉及面广、可演变为犯罪和政治事件等特点，尤其是要预防"黄、赌、毒"等社会丑恶行为在单位内部的滋生蔓延。

3. 确保治安保卫重点单位及重要部位的安全

单位保卫工作的根本任务是保障安全，而治安保卫重点单位、重要部位对国家安全、社会稳定有着举足轻重的作用，从某种意义上讲，保住了重点单位、重要部位的安全，也就保住了全局的安全。

4. 预防突发事件的发生

恐怖袭击、群体性事件等突发事件直接威胁人民群众的人身安全，给国家和单位造成巨大的经济损失。因此，及时有效地预防和控制突发事件发生，最大限度地避免与减少突发事件的危害和影响，始终是单位保卫工作的重要任务。

第四节 保卫工作的监督管理体制和机构设置

一、保卫工作的监督管理体制

1. 政府统一领导

按照《内保条例》规定，政府统一领导主要体现在：

（1）加强对单位保卫工作的领导，从国家安全、经济社会可持续发展的高度，加强单位保卫工作。

（2）依法审查确定本行政区域内的治安保卫重点单位，对治安保卫重点单位加强重点保护。

（3）督促公安机关和有关部门依法履行职责，及时协调解决单位保卫工作中的重大问题。

（4）组织本行政区域内企业事业单位开展法制宣传教育工作，检查、考核本行政区域内的单位治安保卫工作。

2. 公安机关指导监督

根据《中华人民共和国人民警察法》和《内保条例》的规定，公安机关对单位保卫工作的指导监督主要有以下六个方面：

（1）指导单位制定、完善内部治安保卫制度，落实治安防范措施。公安机关应当督促、指导单位建立健全各项治安保卫制度，履行好相应的指导、监督职责，确保单位安全稳定。

（2）指导单位保卫人员队伍建设和治安保卫机构建设。公安机关要加强对单位保卫队伍和保卫机构建设的指导培训，帮助解决单位保卫机构和保卫人员在工作上遇到的困难，充分调动单位保卫部门和保卫人员的工作积极性，使单位保卫力量充分发挥职能作用。

（3）对单位进行安全检查。公安机关应当加强对单位保卫工作的检查，督促整改治安隐患，落实各项治安保卫措施。要严密检查程序，明确检查内容、范围和责任，减少和杜绝检查工作的随意性。

（4）查处单位内部发生的刑事、治安案件。《内保条例》规定，公安机关应当履行"接到单位内部发生治安案件、涉嫌刑事犯罪案件的报警，及时出警，依法处置"的职责。

（5）表彰和奖励。《内保条例》规定，公安机关应当对认真落实治安防范措施，严格执行治安保卫工作制度，在单位保卫工作中取得显著成绩的单位和个人予以表彰、奖励。

（6）行政处罚并建议处分。《内保条例》规定：单位违反规定，存在治安隐患的，公安机关应当责令限期整改并处警告；单位逾期不整改，可对单位或单位主要负责人和其他直接责任人处以罚款。《内保条例》同时规定：在行政处罚的同时，公安机关还可以建议有关组织对单位主要负责人和其他直接责任人依法给予处分；情节严重，构成犯罪的，依法追究刑事责任。

3. 行业、系统的主管部门对本行业、本系统的保卫工作进行监督管理

有关行业、系统主管部门应当依照《内保条例》的规定，规范本行业、本系统的单位保卫工作，组织检查本行业、本系统的单位保卫工作，督促整改治安隐患，解决涉及本行业、本系统单位保卫工作中的突出问题。

保卫工作涉及各行各业，各行业、各系统又有各自的特点和规律。单位保卫工作在实践过程中已经形成了"抓系统、系统抓"的格局。有关行业、系统主管部门对单位保卫工作的监管是其法定职责所在。通过行业、系统的"条条管理"使对单位保卫工作的监管更为合理、协调，也是对公安机关"块块管理"的补充和完善。

二、单位保卫组织机构的设立和职责

1. 单位保卫组织机构的设立

根据《内保条例》的规定，单位应当根据内部治安保卫工作的需要，设置治安保卫机构或者配备专职、兼职治安保卫人员。

治安保卫重点单位直接关系国家安全和公共安全，对国计民生、社会稳定都具有重要影响，因此，治安保卫重点单位必须设置与治安保卫任务相适应的内部治安保卫机构，配备专职保卫人员。同时，实行备案制度，即单位须将治安保卫机构设置和人员配备情况向公安机关备案，便于公安机关开展指导监督。

非治安保卫重点单位，应当根据单位规模大小、职工人数、区域范围、重要程度和内部、周边治安状况等特点，即本单位保卫工作需要，设置治安保卫机构或者配备专职、兼职保卫人员；虽然已经设置了治安保卫机构或者配备了专职、兼职保卫人员，但难以满足本单位治安保卫需要的，应当及时做出调整。即使不设置内部治安保卫机构的单位，也必须根据本单位治安保卫需要确定专职、兼职保卫人员数额，不能使本单位保卫人员缺位。

2. 单位保卫机构、保卫人员应当履行的职责

根据《内保条例》的规定，单位保卫机构、保卫人员应当履行的职责如下：

（1）开展治安防范宣传教育，并落实本单位的内部治安保卫制度和治安防范措施。

1）开展治安防范宣传教育。保卫工作具有较强的群众性，宣传教育是提高单位内部职工队伍安全素质和意识的治本之策。单位保卫机构要把对职工群众进行宣传教育作为一项经常性的工作抓紧抓好。开展宣传教育包括防盗、防人身伤害、防破坏、防突发事件等内容。宣传教育应当结合本单位的实际，点面结合，因人施教。单位的工作性质和特点是开展宣传教育的基本出发点，同时还要针对不同岗位和不同人员开展形式多样的宣传教育工作。

2）落实本单位的内部治安保卫制度。单位内部治安保卫制度包括：

①门卫、值班、巡查制度。

②工作、生产、经营、教学、科研等场所的安全管理制度。

③现金、票据、印鉴、有价证券等重要物品使用、保管、储存、运输的安全管理制度。

④单位内部消防、交通安全管理制度。

⑤治安防范教育培训制度。

⑥单位内部发生治安案件、涉嫌刑事犯罪案件的报告制度。

⑦治安保卫工作检查、考核及奖惩制度。

⑧存放有爆炸性、易燃性、放射性、毒害性、传染性、腐蚀性等危险物品和传染性菌种、毒种以及武器弹药的单位，还应当有相应的管理制度。

⑨单位内部突发事件应急预案。

3）落实治安防范措施。单位内部治安防范措施主要是组织守护巡查和治安联防，建立健全各项治安保卫规章制度，实行治安保卫责任制，开展调查研究和治安检查活动，安装使用技防、物防设施等。

（2）根据需要，检查进入本单位人员的证件，登记出入的物品和车辆。

1）把握"需要"的客观标准。这里的客观标准就是法律法规和单位内部规章制度。在非常时期，比如在本地、本单位治安形势较严峻的时期，也可以扩大标准尺度（即在规章制度外，根据形势要求，添加一些标准）。当然这种尺度也要符合法律法规的规定并经过单位负责人的认同，不能按保卫人员自己的喜好随意放大。

2）检查进入本单位人员的证件。检查进入本单位人员的证件是防止有违法犯罪动机的人随意进入单位内部，确保安全的重要一环。查谁、怎么查、查什么，往往由单位根据自身的性质自主决定，但不得采取违法的方式进行。

3）登记出入的物品和车辆。登记出入物品和车辆的目的是防盗窃和维护单位内部的交通安全，防止危险物品和非单位车辆无故进入单位内部。查验物品是法律赋予执法部门的权力，单位内部人员无权行使，但从保卫的需要出发，《内保条例》规定了登记的办法，以防止可疑物和被公安机关追查的物品流入本单位，同时也可以为今后公安机关破案提供重要线索。

（3）在单位范围内进行治安防范巡逻和安全检查，建立巡逻、安全检查和隐患整改记录。

1）单位范围内进行治安防范巡逻。巡逻是对治安情况复杂、易出问题的地段、场所、部位进行的游动警戒和检查活动，用以弥补固定守卫的不足。巡逻的方法主要有：徒步、车巡、无人机和视频巡检。治安防范巡逻的注意事项有：安排好巡逻路线，突出重点部位的保卫；规划好巡逻时间；配置好巡逻力量；调整好巡逻计划；掌握好巡逻区域；控制好巡逻信息；处理好巡逻警情。

2）单位范围内进行安全检查。安全检查是发现不安全因素的有效方法。在单位范围内进行安全检查主要是查制度、查隐患、查措施。查制度，就是检查各种安全规章制度是否健全，责任是否明确，执行是否认真；查隐患，就是检查有无漏洞、隐患；查措施，就是检查安全防范措施是否恰当有力，是否落实到人。

对长期解决不了的重大隐患应列为专项，要报告单位上级主管部门请求解决，并同时把重大隐患报告公安机关和行业主管部门；如果没有直接的行业主管部门，如民营企业等，要直接报告给公安机关寻求解决的办法。不论哪种整改措施，单位保卫部门都负有监督实施的职责。

3）建立巡逻、安全检查和隐患整改记录。这是确保巡逻、安全检查和隐患整改取得实效的有效方法。建立巡逻、安全检查和隐患整改记录，其目的在于：一是防止巡逻检查走过场，流于形式；二是对发现的问题督促整改；三是一旦出现问题能明确责任，避免互相推诿。这就要求巡逻检查人员在工作中认真负责、熟悉业务，善于观察问题、分析问题，并从中发现治安隐患，做好记录。

（4）维护单位内部的治安秩序，制止发生在本单位的违法行为，对难以制止的违法行为以及发生的治安案件、涉嫌刑事犯罪案件应当立即报警，并采取措施保护现场，配合公安机关的侦查、处置工作。

1）维护单位内部的治安秩序。爱尔兰著名政治家埃德蒙·伯克曾说过："良好的秩序是一切的基础。"在各种秩序中，首要的是治安秩序。单位内部治安秩序的好坏，对社会稳定、经济发展、人员安全有着十分重要的影响。因此，单位保卫部门加强内部治安管理，维护好单位内部的治安秩序，是义不容辞的职责。

2）制止发生在本单位的违法行为。这里说的违法行为是指违反治安管理的相关法律的行为，即扰乱公共秩序、妨害公共安全、侵犯人身权利、侵犯财产权利、妨害社会管理等情节轻微尚不够刑事处罚的行为。构成违反治安管理的行为必须同时具备三个条件：一是必须具有一定的社会危害性；二是必须是情节轻微尚不够刑事处罚的行为；三是必须是依照规定应当受到治安处罚的行为。

一般可以采取劝阻、把当事人带离现场、扭送违法者去公安机关处理等方式制止发生在本单位的违法行为。

3）难以制止的违法行为及已发生案件的处置。对发生的难以制止的违法行为以及发生的治安案件、涉嫌刑事犯罪案件，《内保条例》规定保卫人员的职责有：一是报警；二是公安民警出现场前要采取措施保护犯罪现场；三是公安机关介入侦查后配合他们的侦查、处置工作。

犯罪现场，是指案件发生的地点同犯罪活动有关系的痕迹、证据、场所。保护现场，首先要冷静，不要惊慌失措。为了保护犯罪现场的原始状态，保卫人员应在门窗外看守好，禁止一切无关人员进入现场，已进入的应动员退出；对现场物品不可移动，不可翻动，不可踩踏，不可清扫和整理；盗窃分子采用破门、破窗、撬锁等手段进入室内的，对破损部位千万不要触动，对其钻入钻出的窗口、墙洞不可触动，盗窃分子攀登墙头或屋顶作案的，不可上去查看；对于被打开或破坏的门、箱、柜、抽屉等不可随意触摸，被打开或破坏的锁不可用钥匙试开；对于散乱的或盗窃分子触摸过的钱财物品、书报纸张以及遗留在现场的任何物品均不可触摸，应原地予以保护；如有易被风吹改变位置的物品，可用干净物遮盖；

如物品有可能被雨淋，可用塑料布等遮盖；对于现场留有的犯罪分子手印、脚印及遗留物等，更要特别加以保护。这些事情做好后，等待公安机关来勘查现场。

（5）督促落实单位内部治安防范设施的建设和维护。单位内部治安防范设施由各单位依法依规并根据实际需求进行建设和维护，治安防范设施建设标准一般由有关部门制定并发布。不同的行业有不同的标准。例如，《医院安全技术防范系统要求》（GB/T 31458—2015）对综合医院、专科医院、妇幼保健院等各类型医院的安全技术防范系统的设计、建设、验收和管理进行了规定。单位保卫部门要督促落实单位内部治安防范设施的建设和维护。例如，某银行的视频监控设备虽然是委托国外一家公司安装并定期维护的，但该银行的保卫部门需对其维护进行监督和检查并保证维护的正常进行，这是单位保卫部门的法定职责。

三、单位保卫人员的管理

保卫人员的管理工作包括培训、考核、奖惩和从业保障等。

1. 保卫人员的培训

单位保卫人员的培训、考核既是对基本素质的要求，也是规范单位保卫工作的必需。一般而言，对保卫人员的培训应当分为三个层次：第一层次是对新从事保卫人员的培训，应着重于基础知识与基本技能的培训；第二层次是对晋升治安保卫工作岗位职务的培训，应着重于法律法规应用、管理工作、保卫工作方针政策、先进经验的交流等方面的培训；第三层次是新知识的培训，随着社会的发展，对保卫工作的要求会不断提高，风险评估、智慧安防等保卫工作的新知识、新技术也不断出现，保卫人员应及时地进行知识更新。

2. 保卫人员的考核

没有考核作为保证，培训就可能流于形式。考核可以与保卫人员的职务晋升挂钩，也可以与保卫人员的从业资格挂钩。保卫工作的重要岗位，一定要保证从业人员能够达到考核所规定的要求。

3. 保卫人员的奖惩

《内保条例》规定，对认真落实治安防范措施，严格执行治安保卫工作制度，在单位保卫工作中取得显著成绩的单位和个人，有关人民政府、公安机关和有关部门应当给予表彰、奖励。具体来讲，以下几项内容可以被视为"取得显著成绩"：

（1）单位保卫工作出色，发案少、秩序好、内部稳定、群众满意的。

（2）预防、制止重大刑事案件、事故发生，使国家、集体和公民免遭重大损失的。

（3）同违法犯罪行为作斗争事迹突出的。

（4）提供重大违法犯罪活动线索或者协助公安机关侦破重大案件、查处重大事故有功的。

单位保卫人员在履行职责时侵害他人合法权益的，应当赔礼道歉，给他人造成损害的，单位应当承担赔偿责任。单位赔偿后，有权责令因故意或重大过失造成侵权的保卫人员承担部分或者全部赔偿的费用；对故意或者重大过失造成侵权的保卫人员，单位应当依法给予处分。保卫人员侵害他人合法权益的行为属于受单位负责人指使、胁迫的，对单位负责人依法给予处分，并由其承担赔偿责任；情节严重，构成犯罪的，依法追究刑事责任。

4. 保卫人员的从业保障

单位应当严格遵守有关法律法规的规定，为保卫人员提供履行职责应当具备的工作条件，为保卫人员依法享有的社会保险、劳动用工、劳动保护、工资福利、教育培训等方面的权益提供保障。非因法定事由、非经法定程序，不得对保卫人员免职、降职、辞退或者处分。

《内保条例》规定，单位保卫人员因履行治安保卫职责伤残或者死亡的，依照国家有关工伤保险、评定伤残、批准烈士的规定给予相应的待遇。

四、保卫工作的辅助力量

保卫工作的辅助力量是保卫工作主体中的群众组织，主要包括群防群治组织、保安服务公司、专职消防队等。

1. 群防群治组织

保卫工作的群防群治组织，是保卫工作走群众路线的具体体现，是发动群众做好保卫工作的保证。群防群治组织主要有单位建立的治安保卫委员会、治安保卫小组以及护厂（矿、场、校）队和志愿消防队等。他们虽然不是专门的治安保卫机构，但在保卫工作中能够充分发挥联系群众的桥梁和纽带作用，是加强单位保卫基层基础工作的重要方面。

2. 保安服务公司

根据《保安服务管理条例》的规定，保安服务公司的经营范围包括门卫、巡逻、守护、押运、随身护卫、安全检查以及安全技术防范、安全风险评估等服务。

保安服务公司在为维护社会治安发挥积极作用的同时，也对维护单位内部的安全、提高单位内部的防范能力发挥了积极作用，是单位保卫工作的重要补充。

3. 专职消防队

根据《中华人民共和国消防法》的规定，以下单位应当建立专职消防队，承担本单位的火灾扑救工作：

（1）大型核设施单位、大型发电厂、民用机场、主要港口。

（2）生产、储存易燃易爆危险品的大型企业。

（3）储备可燃的重要物资的大型仓库、基地。

（4）第一项、第二项、第三项规定以外的火灾危险性较大、距离国家综合性消防救援队较远的其他大型企业。

（5）距离国家综合性消防救援队较远、被列为全国重点文物保护单位的古建筑群的管理单位。

根据《中华人民共和国消防法》的规定，专职消防队的建立，应当符合国家有关规定，并报当地消防救援机构验收。专职消防队的队员依法享受社会保险和福利待遇。消防救援机构应当对专职消防队、志愿消防队等消防组织进行业务指导；根据扑救火灾的需要，可以调动指挥专职消防队参加火灾扑救工作。

第五节 保卫工作与社会治安综合治理

一、社会治安综合治理概述

1. 社会治安综合治理的概念

社会治安综合治理是指在党委、政府的统一领导下,在充分发挥政法部门特别是公安机关骨干作用的同时,组织和依靠各部门、各单位和人民群众全社会各方面力量,综合运用政治的、经济的、行政的、法律的、文化的、教育的等多种手段,通过加强打击、防范、教育、管理、建设、改造等方面工作,实现从根本上预防和治理违法犯罪,化解不安定因素,维护社会治安持续稳定的一项系统工程。

2. 社会治安综合治理的发展历程

(1)社会治安综合治理思想的形成、方针的提出和确立。社会治安综合治理思想最初体现在青少年犯罪问题的治理中,即1979年针对改革之初青少年违法犯罪比较突出的问题,中共中央转发了中宣部等八个单位《关于提请全党重视解决青少年违法犯罪问题的报告》,要求全党动员,书记动手,依靠学校、工厂、机关、部队、街道、农村社队等城乡基层组织以及全社会的力量,加强青少年的教育。这里虽然没有提到综合治理一词,但体现了对青少年犯罪施行综合治理的思想。

1981年中共中央批转的中央政法委《京、津、沪、穗、汉五大城市治安座谈会纪要》中提出"争取社会治安根本好转,必须各级党委来抓,全党动手,实行全面综合治理"。这里第一次明确提出"综合治理"是解决我国社会治安问题的方针。1982年中共中央发出《关于加强政法工作的指示》,更加明确地提出了社会治安综合治理方针的基本内容,强调在整治治安中,各级党委要加强领导,把维护良好的社会秩序看成是建设社会主义精神文明的一个重要方面,把各条战线、各个部门、各个方面的力量组织起来,采取思想的、政治的、行政的、法律的各种措施和多种方式,推广适合各种情况的安全保卫责任制,把"综合治理"真正落实。

1991年2月19日和3月2日,中共中央、国务院和全国人大常委会分别作出《关于加强社会治安综合治理的决定》。这是社会治安综合治理的第一个纲领性文件,为社会治安综合治理提供了重要的政策、法律保障。1991年3月21日,中共中央决定成立中央社会治安综合治理委员会,其作为党中央的常设议事机构,下设办公室与中央政法委合署办公。同年12月,中央社会治安综合治理委员会制定下发《关于社会治安综合治理工作实行"属地管理"原则的规定(试行)》《关于实行社会治安综合治理一票否决权制的规定(试行)》,有力促进了社会治安综合治理齐抓共管局面的形成和责任机制的落实。1992年10月,党的十四大把"加强社会治安综合治理,保持社会长期稳定"写入《中国共产党章程》总纲,进一步明确了把加强社会治安综合治理作为全党一项重要的政治任务。

(2)平安建设的提出和发展。2005年10月21日,中共中央办公厅、国务院办公厅转发了《中央政法委员会、中央社会治安综合治理委员会关于深入开展平安建设的意见》,标志着社会治安综合治理工作进入一个崭新的发展阶段。平安建设在全国各地蓬勃发展。

进入21世纪,随着我国改革发展进入攻坚阶段,人民内部矛盾日益凸显,社会治安综合治理工作也要不断适应形势和发展的需要,在内容、形式、层次和要求等方面都发生了很大变化,由对社会治安问题的综合治理扩展到维护整个社会的稳定,由基层安全创建升级到大范围的平安建设,这里所说的"平安"是一个涵盖政治、经济、文化和社会各个方面,宽领域、大范围、多层面的"平安",它不仅突出了政治稳定、治安稳定,还兼顾了经济安全和社会公共安全。可以说之前20年社会治安综合治理的成功实践,为深入开展平安建设奠定了坚实的工作基础。平安建设是社会治安综合治理工作适应形势和任务的变化,不断创新发展的必然结果,是新的形势下加强社会治安综合治理的重要举措。

随着我国进入以高质量发展为主题的新的发展阶段,建设更高水平平安中国成为时代必然。2012年11月,党的十八大报告指出,"要深化平安建设,完善立体化社会治安防控体系,强化司法基本保障,依法防范和惩治违法犯罪活动,保障人民生命财产安全"。2014年10月,党的十八届四中全会作出《关于全面推进依法治国若干重大问题的决定》，明确指出，深入推进社会治安综合治理，健全落实领导责任制，完善立体化社会治安防控体系，有效防范化解管控影响社会安定的问题，保障人民生命财产安全。2018年3月，根据中共中央印发的《深化党和国家机构改革方案》，为加强党对政法工作和社会治安综合治理等工作的统筹协调，加快社会治安防控体系建设，不再设立中央社会治安综合治理委员会及其办公室，有关职责交由中央政法委员会承担。

2019年10月，党的十九届四中全会审议通过了《中共中央关于坚持和完善中国特色社会主义制度、推进国家治理体系和治理能力现代化若干重大问题的决定》，明确提出要坚持和完善共建共治共享的社会治理制度，加强和创新社会治理，建设更高水平平安中国。2020年，党中央成立平安中国建设协调小组，下设社会治安、政治安全、市域社会治理、公共安全等专项组，各地普遍建立平安建设领导（协调）小组和各专项组，有效整合各方资源力量，推动各项工作有效深入开展，平安建设的体制机制逐步完善，风险防控的整体水平稳步提升，人民群众的平安质感不断增强。

3. 社会治安综合治理的主体

社会治安综合治理的主体，是指依法享有参加社会治安综合治理工作权、责、利的各方面力量，包括领导决策主体、组织实施主体及其他参与主体，具有广泛的社会性、层次性和统合性。主要包括以下几个方面：

（1）各级党委、政府。各级党委、政府是社会治安综合治理的领导决策主体，在维护社会治安和社会稳定工作中居于特别关键的领导地位。"保一方平安"是各级党委、政府的重要政治责任。各级党委、政府在社会治安综合治理工作中担负着重要的领导、决策、指挥职责：要把社会治安综合治理工作纳入当地社会发展规划和年度工作计划，摆上重要议事日程，从思想上、组织上和物质经费保障上，切实负起全面领导责任；加强调查研究，掌握社会治安和社会稳定的动态，及时做出重大工作部署，认真组织指挥贯彻实施，帮助解决工作中遇到的困难和问题，加强分类指导和检查督促，推动各项措施的落实。

（2）党政军各有关部门和各人民团体。党政军各有关部门和各人民团体是社会治安综合治理工作的具体实施者和重要的参与力量。其中，政法部门特别是公安部门，是打击和预防违法犯罪、维护社会治安的专门机关、职能部门和骨干力量，起着主力军作用；纪委监委、组织部门、人事部门在落实社会治安综合治理责任制方面担负着重要职责；党政军各部门和工会、共青团、妇联等人民团体，根据"谁主管谁负责"的原则，都担负着维护社会治安的共同社会责任，既要发挥自己的职能作用，结合本身业务，认真抓好本系统参与社会治安综合治理工作，主动承担减少违法犯罪、维护社会治安和社会稳定的整体责任，又要抓好本系统的社会治安综合治理工作，防止发生重大犯罪和重大治安问题。

（3）企业事业单位。各企业事业单位根据《内保条例》等法律、法规的规定，都要"管好自己的人、看好自己的门、办好自己的事"，切实加强内部人员的思想教育和各项治安防范工作。

（4）公民和群防群治组织。公民和群防群治组织是维护社会治安和社会稳定的重要主体和基本力量，人民群众是社会治安综合治理的力量源泉。维护社会治安人人有责，每个公民都要从自身做起，严格遵纪守法，自觉遵守公共秩序，勇于同危害社会治安的违法犯罪行为作斗争，积极参加社会有关方面组织的各项综合治理活动。基层社会治安群防群治组织是维护社会治安必不可少的重要力量，担负着宣传教育群众，组织群众开展治安巡逻，进行安全检查、矛盾纠纷排查调处和法制宣传活动，协助政法机关打击、预防违法犯罪等职责。

社会治安综合治理并不仅仅是各级党委、政府的职责任务，更是全党、全社会的共同任务，需要各部门、各方面齐抓共管、各负其责、协作配合。

4. 社会治安综合治理的内容

所谓社会治安综合治理的内容，是指社会治安综合治理所指向的客观对象，是通过实行综合治理所要整治、防范和解决的影响社会治安和社会稳定的突出问题。

（1）违法犯罪问题。违法犯罪问题是影响社会治安和社会稳定最突出的问题。社会治安综合治理的违法问题，主要是指违反国家有关治安管理和社会稳定的法律法规，危害社会管理秩序、公共安全和公民人身、财产权利，尚不够刑事处罚的行为和现象。违法问题的社会危害程度虽没有犯罪问题严重，但其数量大、危害面广，与日常社会秩序和群众安全感关系密切，对社会治安和社会稳定的影响突出，因而是社会治安综合治理的主要客体之一。社会治安综合治理的犯罪问题，主要是指具有严重社会危害性、触犯刑律、应受刑事处罚的行为和现象，是危害社会秩序的极端方式和最严重的突出问题，特别是危害国家安全的犯罪、黑社会性质的犯罪、严重暴力犯罪和多发性侵财犯罪等，严重危害社会治安和群众的安全感。

（2）社会矛盾纠纷。社会矛盾纠纷主要是指那些易引发社会治安问题、影响社会稳定的社会矛盾和民间纠纷，如果预防和处置不当，就可能导致"民转刑"案件和严重群体性事件，对社会治安和社会稳定造成严重危害。

（3）公共安全问题。公共安全问题主要是指危害不特定的多数人的生命、健康或造成重大公私财产损失的安全生产、产品质量和公共卫生等方面的安全问题。

5. 社会治安综合治理的工作范围

社会治安综合治理的工作范围主要包括打击、防范、教育、管理、建设、改造六个环节。

（1）打击。打击是指依法对各类违法犯罪分子和违法犯罪行为进行惩处的最严厉的手段，是社会治安综合治理的首要环节，是落实综合治理其他措施的前提条件。

（2）防范。防范是指对影响和危害社会治安的因素和行为进行主动预防和控制的活动。大力加强防范工作，是预防和减少违法犯罪、维护社会治安秩序的积极措施，是社会治安综合治理的治本之策。其主要内容包括人防、物防和技防，重点要抓好以下几方面工作：

1）广泛发动和组织群众，采取各种防范措施，消除安全隐患和不安定因素。特别是要大力排查、疏导、调解各种社会矛盾和民间纠纷，正确处理人民内部矛盾，避免矛盾激化，积极预防和妥善处置群体性事件，维护社会稳定。

2）加强机关、学校、企业事业单位内部的治安保卫工作和技防措施，加强城镇居民区的治安防范设施建设，并纳入城市建设规划。

3）广泛组织群众，积极协助公安机关，加强城乡治安联防，健全群防群治机制。大中城市和沿海、沿边地区要组织军、警、民联防。

4）加强群防群治队伍建设。在加强管理的前提下发挥保安服务公司的作用。群防群治队伍可以是义务的，也可以是有偿服务的。对有偿服务的，除地方财政适当拨款外，经当地人民政府按规定审批后，可以由企业事业单位和居民适当集一点资，出一点人，用于维护本单位或本地区的社会治安。但要坚持自愿、受益、适度、资金定向使用的原则，尽可能减轻企业和群众的负担。

5）大力弘扬见义勇为精神。推广建立"见义勇为奖励基金会"。对敢于同违法犯罪分子作斗争的人，应给予表彰和奖励。对人民群众同违法犯罪分子作斗争中依法采取的正当防卫，司法机关应坚决给予支持和保护。

（3）教育。教育是社会治安综合治理的根本环节，是维护社会治安的战略性措施。教育的内容包括思想政治教育、文化技能教育和道德与法制教育；教育的主体和形式包括学校教育、家庭教育、社会教育和自我教育，以及课堂教育、体验教育等；教育的对象包括对全体公民的教育，特别是对青少年的教育，以及对轻微违法犯罪人员的社会帮教等。加强教育，关键是要增强教育的针对性和实效性，通过各种丰富多彩、生动形象的教育活动，切实提高人们的思想文化素质，增强道德、法制观念，形成良好的社会风尚，从而有效预防和减少违法犯罪，维护社会治安秩序。

（4）管理。社会治安综合治理中的管理，主要是指与社会治安密切相关的治安管理及有关部门的行政管理活动。加强各方面的行政管理工作，是堵塞犯罪空隙，减少社会治安问题，建立良好社会秩序的重要手段。要突出抓好以流动人口管理为重点的社会管理，加强对旅店、出租房屋、废旧物品回收点等行业场所和KTV、网吧、洗浴室等文化娱乐、休闲场所的管理，加强文化市场和出版物的管理、集贸市场的管理和金库、重要物资仓库等主要部位的管理，加强对枪支弹药和易爆易燃、有毒有害等物品的管理。特别是当前在社会管理中，要注重把管理与服务结合起来，在服务中实施管理，在管理中体现服务。

（5）建设。建设主要是指社会治安综合治理的组织建设、制度建设和法制建设。加强基层组织建设和制度建设，为社会治安综合治理工作提供有力的组织保证和制度保障，是落实综合治理的关键。加强组织建设，主要是要抓好社会治安综合治理组织机构建设，建立和完善以综治工作中心为平台的基层综合治理组织网络，加强以党支部为核心的村级组织建设，使社会治安综合治理的各项措施落实到基层，落实到群众中去。加强制度建设，主要是要建立健全各种治安防范制度，特别是要建立健全各种形式的综合治理责任制。同时，要加快制定和完善综合治理的法律、法规，推进综合治理制度化、规范化和法制化建设。

（6）改造。改造是指对在监管羁押场所服刑的人员和在监所外社区矫正的人员进行教育改造和监督管理，以及对刑满释放人员进行帮教安置。改造工作是教育人、挽救人，防止重新犯罪的特殊预防工作。监狱机关要坚持"改造第一，生产第二"和"教育、感化、挽救"的方针，进一步提高改造质量。要动员全社会力量积极参与、支持改造工作，进一步做好刑满释放人员的促进就业和社会保障工作，落实衔接、管控和帮教措施，预防和减少重新违法犯罪，维护社会稳定。

二、单位保卫与社会治安综合治理的关系

1. 单位要服从所在地党委、政府社会治安综合治理工作的统一领导

社会治安综合治理工作涉及社会的各个领域、各个层次，必须由各地党委统一领导，党政共抓。按照属地管理原则，各行政区划的党委、政府对本辖区社会治安综合治理工作负全面责任，对辖区内所有机关、团体、企业、事业单位的社会治安综合治理工作，有协调指导权、监督检察权、表彰批评权和对主要领导、主管领导以及治安责任人的党纪、政纪处分建议权。垂直领导的铁路、金融、邮电、电力、石油石化、民航等系统，社会治安综合治理工作由部门和地方双重领导，以上级主管部门领导为主，对地方党委、政府统一布置的任务，也必须认真完成。实践中，地方党委、政府在部署工作时，也往往将社会面治安问题同单位内部治安问题联系起来，将社会面的治安管理措施和单位内部的保卫工作有机地结合起来，进行全面的社会治安综合治理。

2. 单位是社会治安综合治理各项措施落实的重要载体

坚持固本强基，切实加强基层基础工作，是将社会治安综合治理各项措施落到实处的重要保障。单位是社会构成的基本单元，是社会治安综合治理各项措施落地的重要载体，只有有效加强单位保卫工作，构建完善单位内部治安防范网络，从源头和基础上防范甚至杜绝违法犯罪问题，才能从根本上预防和减少违法犯罪。通过加强单位保卫机构的建设、人员力量的配备，建立多种形式的军警民联防、厂企联防、铁路公路联防队伍等，可以为社会治安综合治理提供扎实的组织保障。通过认真抓好"平安单位"创建、基层创安、群防群治等常规性、基础性工作，可以积"小安"为"大安"，营造稳定的社会大环境。通过积极推行物业安全管理、机动车看护管理、保安服务、外来人员集中公寓式管理等市场经济条件下的单位保卫和防范新举措，可以完善社会治安防控机制建设，健全社会治安防控大格局。

3. 单位要承担协助地方党委、政府和有关部门维护社会治安的责任

各单位要根据本地区社会治安综合治理的任务、要求和工作范围，结合自身业务，主动找准自己的位置，发挥职能作用，认真抓好本单位积极参与社会治安综合治理工作，尽力防止因本单位工作偏差对社会治安造成消极影响，承担起减少违法犯罪、维护社会治安和社会稳定的整体责任。这要求各单位都要"管好自己的人，看好自己的门，办好自己的事"，切实加强内部人员的思想教育和各项防

范工作，要加强单位内部治安防范设施建设，严格财物管理、生产流通等环节的规章制度，完善值班、巡逻等制度，努力消除产生违法犯罪的各类因素，减少本单位人员的违法犯罪率和案件、事故的发生率。单位负责人如果没有尽到应尽的责任，致使发生了案件问题，要视问题的性质和情节追究责任。

第六节 保卫工作与社会治安防控体系建设

一、社会治安防控体系的含义

2015年4月13日,中国政府网公布了中共中央办公厅、国务院办公厅印发的《关于加强社会治安防控体系建设的意见》。该意见提出,社会治安防控体系建设的目标任务是"形成党委领导、政府主导、综治协调、各部门齐抓共管、社会力量积极参与的社会治安防控体系建设工作格局,健全社会治安防控运行机制,编织社会治安防控网,提升社会治安防控体系建设法治化、社会化、信息化水平,增强社会治安整体防控能力,努力使影响公共安全的暴力恐怖犯罪、个人极端暴力犯罪等得到有效遏制,使影响群众安全感的多发性案件和公共安全事故得到有效防范,人民群众安全感和满意度明显提升,社会更加和谐有序"。

根据该意见的规定,社会治安防控体系是指在党委、政府领导下,以公安机关为主体,以维护治安秩序和公众安全感为目标,科学整合并利用警力与社会资源,综合运用各种措施和手段,对危害治安秩序的行为进行的有组织的系统化控制工程。

二、社会治安防控体系的主要内容

社会治安防控体系的主要架构是社会治安防控网,主要包括以下几个方面。

1. 加强社会面治安防控网建设

根据人口密度、治安状况和地理位置等因素,科学划分巡逻区域,优化防控力量布局,加强公安与武警联勤武装巡逻,建立健全指挥和保障机制,完善早晚高峰等节点人员密集场所重点勤务工作机制,减少死角和盲区,提升社会面动态控制能力。加强公共交通安保工作,强化人防、物防、技防建设和日常管理,完善和落实安检制度，加强对公交车站、地铁站、机场、火车站、码头、口岸、高铁沿线等重点区域的安全保卫，严防针对公共交通工具的暴力恐怖袭击和个人极端案（事）件。完善幼儿园、学校、金融机构、商业场所、医院等重点场所安全防范机制，强化重点场所及周边治安综合治理，确保秩序良好。加强对偏远农村、城乡接合部、"城中村"等社会治安重点地区、重点部位以及各类社会治安突出问题的排查整治。总结推广零命案县（市、区、旗）和刑事案件零发案社区的经验，加强规律性研究，及时发现和处置引发命案和极端事件的苗头性问题，预防和减少重特大案（事）件特别是命案的发生。

2. 加强重点行业治安防控网建设

切实加强旅馆业、旧货业、公章刻制业、机动车改装业、废品收购业、娱乐服务业等重点行业的治安管理工作，落实法人责任，推动实名制登记，推进治安管理信息系统建设。加强邮件、快件寄递和物流运输安全管理工作，完善禁寄物品名录，建立健全安全管理制度，有效预防利用寄递、物流渠道实施违法犯罪。持续开展治爆缉枪、管制刀具治理等整治行动，对危爆物品采取源头控制、定点销售、流向管控、实名登记等全过程管理措施，严防危爆物品非法流散社会。加强社区服刑人员、扬言报复社会人员、易肇事肇祸等严重精神障碍患者、刑满释放人员、吸毒人员、易感染艾滋病病毒危险行为人群等特殊人群的服务管理工作，健全政府、社会、家庭三位一体的关怀帮扶体系，加大政府经费支持力度，加强相关专业社会组织、社会工作人才队伍等建设，落实教育、矫治、管理以及综合干预措施。

3. 加强乡镇（街道）和村（社区）治安防控网建设

以网格化管理、社会化服务为方向，健全基层综合服务管理平台，推动社会治安防控力量下沉。把网格化管理列入城乡规划，将人、地、物、事、组织等基本治安要素纳入网格管理范畴，做到信息掌握到位、矛盾化解到位、治安防控到位、便民服务到位。因地制宜确定网格管理职责，并将其纳入社区服务工作或群防群治管理，通过政府购买服务等方式，加强社会治安防控网建设。实现全国各县（市、区、旗）的中心城区网格化管理全覆盖。整合各种资源力量，加强基层综合服务管理平台建设，逐步在乡镇（街道）推进建设社会治安综合治理中心，村（社区）以基层综合服务管理平台为依托建立实体化运行机制，强化实战功能，做到矛盾纠纷联调、社会治安联防、重点工作联动、治安突出问题联治、服务管理联抓、基层平安联创。深化社区警务战略，加强社区（驻村）警务室建设。将治安联防矛盾化解和纠纷调解纳入农村社区建设试点任务中。

4. 加强机关、企业事业单位内部安全防控网建设

按照预防为主、突出重点、单位负责、政府监管的原则，进一步加强机关、企业事业单位内部治安保卫工作，严格落实单位主要负责人治安保卫责任制，完善巡逻检查、守卫防护、重点保卫、治安隐患和问题排查处理等各项治安保卫制度。加强单位内部技防设施建设，普及视频监控系统应用，实行重要部位、易发案部位全覆盖。加强供水、供电、供气、供热、供油、交通、信息通信网络等关系国计民生基础设施的安全防范工作，全面完善和落实各项安全保卫措施，确保安全稳定。

5. 加强信息网络防控网建设

建设法律规范、行政监管、行业自律、技术保障、公众监督、社会教育相结合的信息网络管理体系。加强网络安全保护，落实相关主体的法律责任。落实手机和网络用户实名制。健全信息安全等级保护制度，加强公民个人信息安全保护。深入开展专项整治行动，坚决整治利用互联网和手机媒体传播暴力色情等违法信息及低俗信息。

2019年1月，习近平总书记在中央政法工作会议上强调，要加快推进立体化、信息化社会治安防控体系建设。同年3月，公安部党委审议通过了《全国公安机关加快社会治安防控体系建设行动计划》，要求进一步加强改进党政机关、学校、医院、银行、国防军工、水电油气热等重点单位的内部治安保卫工作，依托单位内部保卫组织和智能感知手段，对"人、车、物、事、组织"等进行全要素采集、全流程管控，推进"智慧内保"项目建设，实现内保要素可防、可控、可查。

三、单位在社会治安防控体系中的职责

各种类型的单位是社会治安防控的基本单元。在社会治安防控体系建设中，单位应当重点抓好以下六点：

1. 落实治安保卫责任

严格落实单位主要负责人治安保卫责任制，完善巡逻检查、守卫防护、重点保卫、治安隐患和问题排查处理等各项制度，健全保卫机构，充实保卫力量。加强单位保卫、保安人员教育培训和考核，确保治安保卫重点单位和重要部位保卫人员教育培训达标。

2. 加强单位内部技防、物防设施建设

按照国家、行业和地方有关标准和规范，加大技防、物防投入，对治安保卫重点单位和重要部位逐步普及入侵报警、视频监控系统，对一般企业事业单位在重要部位安装自动报警设施和视频监控系统，并逐步完成接入公安机关视频监控网和管理平台，实行重要部位、易发案部位视频监控全覆盖。

3. 加强重要基础设施保护

加强对重要基础设施的安全防范，供水、供电、供气、供油、交通、通信、网络等城市重要基础设施业主单位，要全面落实各项治安保卫措施，确保绝对安全。

4. 强化重点物品管控

全面落实各类民用爆炸物品、烟花爆竹、管制刀具、危险化学品等危险物品的安全管理，严防危险物品非法流入社会而引发安全事故或违法犯罪。利用信息化管理手段，逐步实现对危险物品流向的动态监控。

5. 加强单位周边治安防范

建立维护单位安全稳定的长效工作机制，积极配合公安机关、行业主管部门开展平安建设，及时集中开展单位周边治安秩序整治专项行动，强化单位周边巡逻防控，配齐配强保卫人员，提高防范水平。

6. 强化对单位内部矛盾纠纷的排查调处

强化不稳定事端摸排，单位保卫机构要充分发挥前沿优势作用，严密掌握不同时期、不同阶层对不同问题的思想动态，与公安机关保持密切联系，并建立不安定因素档案管理制度。

第二章
保卫管理员职业道德与职业守则

第一节 保卫管理员职业道德

一、职业

1. 职业的含义和特征

职业是指从业人员为获取主要生活来源从事的社会工作类别。职业需具备下列特征：

（1）目的性。职业活动以获得现金或实物等报酬为目的。

（2）社会性。职业是从业人员在特定社会生活环境中所从事的一种与其他社会成员相互关联、相互服务的社会活动。

（3）稳定性。职业是在一定的历史时期内形成的，并具有较长的生命周期。

（4）规范性。职业活动必须符合国家法律和社会道德规范。

（5）群体性。职业必须具有一定的从业人数。

2. 职业属性

（1）职业的社会属性。职业是人类在生产劳动过程中的分工现象，它体现的是劳动力与生产资料之间的结合关系、劳动者之间的关系，以及不同职业之间的劳动交换关系。这种劳动过程中结成的人与人的关系无疑是社会性的，他们之间的劳动交换反映的是不同职业之间的等价关系，这反映了职业活动的社会属性。

（2）职业的规范性。职业的规范性应该包含两层含义：一是指职业内部的操作规范性；二是指职业道德的规范性。不同的职业在其劳动过程中都有一定的操作规范性，这是保证职业活动的专业性要求。当不同职业对外展现其服务时，还存在一个伦理范畴的规范性，即职业道德。这两种规范性构成了职业规范的内涵与外延。

（3）职业的功利性。职业的功利性也称为职业的经济性，是指职业作为人们赖以谋生的劳动过程所具有的逐利性。职业活动既满足劳动者自己的需要，也满足社会的需要，只有把职业的个人功利性与社会功利性结合起来，职业活动及其职业生涯才具有生命力和价值。

（4）职业的技术性和时代性。职业的技术性是指每一种职业都表现出与职业活动相对应的技术要求和技能要求。职业的时代性是指由于社会进步和科学技术的发展，人们的生活方式、习惯等因素的变化导致职业打上符合时代要求的烙印。

3. 职业分类

（1）职业分类的含义。职业分类是指以工作性质的同一性或相似性为基本原则，对社会职业进行的系统划分与归类。职业分类作为制定职业标准的依据，是促进人力资源科学化、规范化管理的重要基础性工作。

（2）职业类型划分。目前，《中华人民共和国职业分类大典（2015年版）》将我国职业划分为以下八大类：第一大类，包含党的机关、国家机关、群众团体和社会组织、企事业单位负责人；第二大类，包含专业技术人员；第三大类，包含办事人员和有关人员；第四大类，包含社会生产服务和生活服务人员；第五大类，包含农、林、牧、渔业生产及辅助人员；第六大类，包含生产制造及有关人员；第七大类，包含军人；第八大类，包含不便分类的其他从业人员。其中，以职业活动所涉及的经济领域、知识领域以及所提供的产品和服务种类为主要参照，将职业划分为75个中类434个小类；以职业活动领域和所承担的职责，工作任务的专门性、专业性与技术性，服务类别与对象的相似性，工艺技术、使用工具设备或主要原材料、产品用途等的相似性，同时辅之以技能水平相似性为依据，共设置了1 481个职业。

保卫管理员属于国家职业分类中第三大类办事人员和有关人员中的第二中类安全保卫和消防人员中的第二小类保卫管理员中的唯一一个职业，职业编码为3-02-02-00。

4. 国家职业技能标准

（1）国家职业技能标准的含义。国家职业技能标准是指通过工作分析方法，描述胜任各种职业所需的能力，客观反映劳动者知识水平和技能水平的评价规范。国家职业技能标准既反映了企业和用人单位的用人要求，也为职业技能等级认定工作提供依据。目前，我国已颁布1 000余个国家职业技能标准。

（2）保卫管理员国家职业技能标准。该标准经人力资源社会保障部、公安部批准，于2020年3月6日颁布，自公布之日起施行。该标准以"职业活动为导向、职业技能为核心"为指导思想，对保卫管理员的职业活动内容进行规范细致描述，对各等级从业者的技能水平和理论知识水平进行了明确规定，本职业共设三个等级，分别为三级/高级工、二级/技师、一级/高级技师。该标准包括职业概况、基本要求、工作要求和权重表四个方面的内容，含有组织防范、技术防范、保卫管理、应急管理、培训与指导五个职业功能。

二、道德

1. 道德概述

（1）道德的含义。马克思主义伦理学认为，道德是人类社会特有的，由社会经济关系决定的，依靠内心信念和社会舆论、风俗习惯等方式来调整人与人之间、人与社会之间以及人与自然之间的关系的特殊行为规范的总和。它包含了三层含义：一是一个社会道德的性质、内容是由社会生产方式、经济关系（即物质利益关系）决定的，也就是说，有什么样的生产方式、经济关系，就有什么样的道德体系。二是道德是以善与恶、好与坏、偏私与公正等作为标准来调整人们之间的行为的。一方面，道德作为标准，影响着人们的价值取向和行为模式；另一方面，道德也是人们对行为选择、关系调整做出善恶判断的评价标准。三是道德不是由专门的机构来制定和强制执行的，而是依靠社会舆论和人们的内心信念、传统思想和教育的力量来调节的。根据马克思主义理论，道德属于社会上层建筑，是一种特殊的社会现象。

（2）道德的表现形式。根据道德的表现形式，人们通常把道德分为社会公德、职业道德、家庭美德、个人品德四大领域。作为从事某一特定职业的从业者，要结合自身实际，加强职业道德修养，担负职业道德责任。同时，作为社会和家庭的重要成员，从业人员也要加强社会公德、家庭美德、个人品德修养，担负起应尽的社会责任和家庭责任。

2. 职业道德

（1）职业道德的含义。职业道德是指从事一定职业的人们在职业活动中应该遵循的，依靠社会舆论、传统习惯和内心信念来维持的行为规范的总和。它调节从业人员与服务对象、从业人员之间、从业人员与职业之间的关系。它是职业或行业范围内的特殊要求，是社会道德在职业领域的具体体现。

（2）职业道德的基本要素。职业道德的基本要素包括以下七项内容。

1）职业理想。职业理想是人们对职业活动目标的追求和向往，是人们的世界观、人生观、价值观在职业活动中的集中体现。它是形成职业态度的基础，是实现职业目标的精神动力。

2）职业态度。职业态度是人们在一定社会环境的影响下，通过职业活动和自身体验所形成的、对岗位工作的一种相对稳定的劳动态度和心理倾向。它是从业者精神境界、职业道德素质和劳动态度的重要体现。

3）职业义务。职业义务是人们在职业活动中自觉地履行对他人、社会应尽的职业责任。我国的每一个从业者都有维护国家、集体利益，为人民服务的职业义务。

4）职业纪律。职业纪律是从业者在岗位工作中必须遵守的规章、制度、条例等职业行为规范。例如，国家公务员必须廉洁奉公、甘当公仆，公安、司法人员必须秉公执法、铁面无私等。这些规定和纪律要求，都是从业者做好本职工作的必要条件。

5）职业良心。职业良心是从业者在履行职业义务中所形成的对职业责任的自觉意识和自我评价活动。人们所从事的职业和岗位不同，其职业良心的表现形式也往往不同。例如，商业人员的职业良心是"诚实无欺"，医生的职业良心是"治病救人"。从业人员能做到这些，内心就会得到安宁；反之，内心会产生不安和愧疚感。

6）职业荣誉。职业荣誉是社会对从业者职业道德活动的价值所做出的褒奖和肯定评价，以及从业者在主观认识上对自己职业道德活动的一种自尊、自爱的荣辱意向。当一名从业者职业行为的社会价值赢得社会公认时，就会由此产生荣誉感；反之，会产生耻辱感。

7）职业作风。职业作风是从业者在职业活动中表现出来的相对稳定的工作态度和职业风范。从业者在职业岗位中表现出来的尽职尽责、诚实守信、奋力拼搏、艰苦奋斗的作风等，都属于职业作风。职业作风是一种无形的精神力量，对从业者事业的成功具有重要作用。

（3）职业道德的特征。职业道德作为职业行为的准则之一，与其他职业行为准则相比，体现出以下六个特征。

1）鲜明的行业性。行业之间存在差异，各行各业都有特殊的道德要求。

2）适用范围的有限性。一方面，职业道德一般只适用于从业人员的岗位活动。另一方面，不同的职业道德之间也有共同的特征和要求，存在共通的内容，如敬业、诚信、互助等，但在某些特定行业和具体的岗位上，必须有与该行业、该岗位相适应的具体的职业道德规范。这些特定的规范只在特定的职业范围内起作用，只对该行业和该岗位的从业人员具有指导和规范作用。

3）表现形式的多样性。职业领域的多样性决定了职业道德表现形式的多样性。随着社会经济的高速发展，社会分工将越来越细、越来越专，职业道德的内容也必然千差万别。各行各业为适应本行业的行业公约、规章制度、员工守则、岗位职责等要求，都会将职业道德的基本要求规范化、具体化，使职业道德的具体规范和要求呈现出多样性。

4）一定的强制性。职业道德除了通过社会舆论和从业人员的内心信念来对其职业行为进行调节外，与职业责任和职业纪律也紧密相连。职业纪律属于职业道德的范畴，当从业人员违反了具有一定法律效力的职业章程、职业合同、职业责任、操作规程，给企业和社会带来损失和危害时，职业道德就将用其具体的评价标准，对违规者进行处罚，轻则受到经济和纪律处罚，重则移交司法机关，由法律来进行制裁，这就是职业道德强制性的表现所在。但在这里需要注意的是，职业道德本身并不存在强制性，而是其总体要求与职业纪律、行业法规具有重叠内容，一旦从业人员违背了这些纪律和法规，除了受到职业道德的谴责外，还要受到纪律和法律的处罚。

5）相对稳定性。职业一般处于相对稳定的状态，决定了反映职业要求的职业道德必然处于相对稳定的状态。如商业行业"诚信为本、童叟无欺"的职业道德，医务行业"救死扶伤、治病救人"的职业道德等，千百年来为从事相关行业的人们所传承和遵守。

6）利益相关性。职业道德与物质利益具有一定的关联性。利益是道德的基础，各种职业道德规范及表现状况，关系到从业人员的利益。对于爱岗敬业的员工，单位不仅应该给予精神方面的鼓励，也应该给予物质方面的褒奖；相反，违背职业道德、漠视工作的员工则会受到批评，严重者还会受到纪律的处罚。一般情况下，当企业将职业道德规范，如爱岗敬业、诚实守信、团结互助、勤劳节俭等纳入企业管理时，都要将它与自身的行业特点、要求紧密结合在一起，变成更加具体、明确、严格的岗位责任或岗位要求，并制定出相应的奖励和处罚措施，与从业人员的物质利益挂钩，强调责、权、利的有机统一，便于监督、检查、评估，以促进从业人员更好地履行自己的职业责任和义务。

3. 保卫管理员职业道德

（1）保卫管理员职业道德的含义。保卫管理员职业道德是指保卫管理员在从事保卫职业活动中所遵循的道德原则和道德规范。它不仅是从业者对职业及职业活动的态度和行为，也是从业者个人内心对保卫职业的认同，同时也是个人内在品质在保卫职业活动中的具体体现。

（2）保卫管理员的基本职业道德。我国《新时代公民道德建设实施纲要》提出了从业人员职业道德的主要内容，即"爱岗敬业、诚实守信、办事公道、热情服务、奉献社会"。据此，结合保卫管理员职业特点，确定保卫管理员的基本职业道德内容为忠诚、文明、严谨、律己。

1）忠诚。忠于党、忠于国家、忠于人民，忠于事实和法律，忠于职业，恪尽职守，乐于奉献。

2）文明。仪容严整、尊重他人、平等待人、言语和蔼、态度诚恳，任何情况下都要保持冷静的头脑。

3）严谨。工作严肃、紧张、有序，一丝不苟、不敷衍塞责、不草率行事，尽心尽力、尽职尽责，及时准确完成各项工作。

4）律己。自尊自重、自省自警，自励奋进，树立正确的得失观，始终保持奋发有为的精神状态。

第二节 保卫管理员职业守则

保卫管理员职业守则是保卫管理员在职业活动中必须恪守的行为规范，可以概括为四个方面：遵纪守法，正直守信；爱岗敬业，恪尽职守；业务熟悉，技能熟练；依法履职，勇于奉献。

一、遵纪守法，正直守信

1. 遵纪守法

遵纪守法是指保卫管理员必须严格按照法律和纪律的规定行事，主要包括严守纪律和模范守法两个方面的内容。

（1）严守纪律。纪律是指一定的社会组织或团体制定的要求其所属成员必须遵守的行为规范的总和。作为维护和保障单位安全、秩序的保卫管理员，必须是遵纪守法的楷模。

1）严守政治纪律。主要包括：政治立场坚定，坚持党的基本路线，矢志不渝地坚持党的领导，始终与党中央保持高度一致，模范执行党的路线、方针和政策；不散布有损国家尊严、声誉、形象的言论，不参加非法组织，不参加违法的集会、游行、示威等活动。

2）严格保守秘密。保卫管理员必须严格保守党和国家的秘密以及业务工作的秘密。主要包括：一是不断增强保密意识。秘密关系到国家、组织的重大利益与安全，特别是国防军工等重点行业和高校、科研院所等重点单位的保卫工作涉及国家秘密较多，这在客观上要求保卫管理员必须有较强的保密意识。二是严格执行保密制度。保卫管理员应当严格遵守《中华人民共和国保守国家秘密法》和本单位保密制度规定，做到不该说的秘密不说，不该知悉的秘密不问，不该看的秘密不看，不在私人交往或公开发表的作品中涉及秘密，不在非保密场所阅办、谈论秘密，不擅自记录、复制、拍摄、摘抄、收藏秘密，不擅自携带秘密载体去公共场所或探亲访友，不使用无保密措施的通信设备、普通邮政和计算机互联网传递秘密。

3）严守工作纪律。主要包括：一是自觉听从各级领导的指挥，达到步调一致、行动统一；二是注重调查研究，坚持实事求是，决不主观臆断、偏听偏信；三是办事公道，不以权谋私，不贪赃枉法，不得敲诈勒索或者索取、收受贿赂；四是不得弄虚作假、隐瞒案情、包庇纵容各类违法犯罪活动；五是不得非法剥夺、限制他人人身自由，不得非法搜查他人的身体、物品；六是不得殴打他人或者唆使他人打人；七是不得违反国家规定乱没收、乱罚款，不得随意处罚或者收取费用；八是不得玩忽职守，不履行法定义务。

（2）模范守法。守法，就是严格遵守国家颁布的各项法律法规。法律法规的实施不仅靠国家强制力，更要靠人民群众的自觉遵守，二者结合起来，就能有效地保障法律法规的贯彻实施。保卫管理员模范守法主要包括以下内容：

1）提高对法律的认识。我国社会主义法律法规是由国家制定或认可，并以国家强制力保证实施的行为规范的总和。它反映最广大人民的根本利益和共同意志，它将坚持党的领导、人民当家作主和依法治国高度统一。它的作用主要体现在：一是巩固人民民主专政的国家政权；二是确认和保障人民的民主权利；三是保卫和促进我国的现代化建设；四是保障和促进社会主义的文化建设。

2）学法、知法、懂法。作为保卫管理员应当做学法、知法、懂法的模范。首先，必须精学《中华人民共和国宪法》。《中华人民共和国宪法》是我国的根本大法，它集中反映了全国人民的意志和利益。其次，对与职业行为和工作密切相关的法律法规应该熟记于心、认真执行、严格遵守。

3）善于运用法律捍卫自己的合法权益。法律必须遵守，同时法律也是捍卫保卫管理员自身合法权益的有力武器。如果保卫管理员的权利受到侵犯，就可以拿起法律武器捍卫自己的合法权益。

2. 正直守信

正直，即公正坦率，刚正无私。守信，就是讲信用、讲信誉、信守承诺，忠实于自己承担的义务，对人以诚、人不欺我，对事以诚、事无不成。正直守信是中华民族的传统美德，随着时代的不断发展和变化，正直守信也被赋予了体现时代精神的新内涵。

（1）秉持公正。公正是人类最古老的道德范畴之一，是人类社会追求的永恒价值理想。现代文明中,公正成为衡量一个社会法治水平和文明程度的重要标志。秉持公正,是指保卫管理员在工作中,必须具备高度的法治观念,向法律、向事实负责的责任意识和科学严谨的工作态度,行使管理权时必须公道正派,坚持以事实为依据,以法律为准绳,自觉做到有法可依、违法必究,不为权力、金钱及其他私利所动,做到公平公正。公平正义是社会主义核心价值观题中应有之义,作为保卫管理员追求的公平、正义,就是要求保卫管理员在日常工作中要秉持公正,捍卫法律的权威和尊严,树立保卫工作的良好形象和公信力,同时要学法懂法、增强法制观念,排除干扰,刚正不阿。

(2)诚实履职。诚实履职,是人的立身之基,是和谐社会建设的重要条件,是社会主义经济建设的核心竞争力,是民主政治建设的基础,更是单位公信力的前提和根本,是法治建设的根基。诚实履职要求人们在职业活动中重承诺,信守诺言,忠诚地履行自己应承担的职业义务。同时要敢讲真话,坚持真理,敢于同造假、坑蒙拐骗等行为做坚决斗争。诚实守信不仅是做人的准则,而且是做事的准则。我国著名教育家陶行知有一句名言:"千教万教,教人求真;千学万学,学做真人。"这里所说的真人就是诚实的人。

二、爱岗敬业,恪尽职守

1. 爱岗敬业

爱岗敬业就是要热爱本职工作,在工作中兢兢业业、忠于职守、持之以恒地完成工作任务,认真负责地履行全部岗位职责。在社会主义市场经济中,每个人无论在哪个岗位,都是通过自己的工作来为社会创造物质和精神财富的,因此,做好本职工作,就成为对每个人的职业道德行为的基本要求。

(1)热爱本职工作。保卫管理员若想在事业上取得优异的成绩,有所作为,首先就要对本职工作有深厚的热爱之情。只有热爱本职工作,才能尽好岗位职责,创出一流成绩。保卫管理员应当从思想上深刻认识到,保卫工作不仅保护生产力发展,更事关人民群众的生活福祉,这样的岗位是神圣的,从事这样的职业是幸福和光荣的。

(2)勤于学习。保卫管理员应积极主动地学习。树立长期学习、终生学习的理念,努力养成勤于学习、自觉学习的习惯,把学习当作一种政治责任、一种精神追求、一种人生态度、一种生活常态。要带着问题去学习,弄清原委,不达到通晓明了不能终止;将学习与思考结合起来,切实明确其中的道理;学习与实践相结合，不囿于书斋，不做书蠹，不达到所学可以致用不能终止。此外，要掌握正确的学习方法，提高学习效率。学习的方法有很多，有些适合自己，有些不适合自己，要注意归纳出适合自己的学习方法。

2. 恪尽职守

恪尽职守是指谨慎、认真、全力做好本职工作。对于保卫管理员来说，恪尽职守就是勤于工作，其核心内容及要求是忠于职守、勤勉尽责。

（1）忠于职守

1）敬畏自己所从事的职业岗位。孔子曰："君子有三畏：畏天命，畏大人，畏圣人之言。"这里的"畏"，就是敬畏。敬畏之情，是人内心对某种事物的一种崇敬和神圣的情感。有了对自己工作岗位的敬畏之情，便能认真对待自己的工作，自觉严格地要求自己去履行岗位职责，否则就会变得浮躁、懈怠、消极，甚至玩忽职守。

2）忠于自己的工作岗位。忠于自己的工作岗位是较之于坚守岗位更高的职业精神与境界，它是基于对自己工作岗位的充分认识与了解，基于对自身工作岗位意义和价值的理解与认同，表现为对所在岗位的热爱。忠于工作岗位反映了保卫管理员的职业责任感，是一种高尚的职业道德情操。

（2）勤勉尽责。勤勉尽责是指保卫管理员积极从事本职工作，并对工作认真负责的工作态度和行为状态。

1）积极主动履行岗位职责。勤于学习，努力掌握履行岗位责任需要的理论、知识、经验与技能；认真研究思考工作中的重点、难点、规律及对策；深入一线了解工作的实际问题和单位群众的具体要求，坚持管理与服务相结合，寓管理于服务之中，不断丰富服务内容、创新服务方式，切实落实各项具体工作任务，不断提高执行力。

2）以高度负责的态度尽心履行岗位职责。职业不仅是人们谋生的手段，而且是社会成员所承担的一份社会责任。以高度负责的精神努力做好本职工作是每个社会成员应尽的一种道德义务。一位优秀的保卫管理员不仅应该能够胜任岗位职责要求，更应该竭尽全力地履行岗位职责。

三、业务熟悉，技能熟练

业务熟悉，技能熟练，是保卫管理员基本职业道德在业务水平方面的重要表现，也是从业人员基本职业道德规范的一项重要要求。不懂业务，不具备过硬的专业技术技能，即使有完成好工作任务的良好愿望，也是不可能实现的。

1. 业务熟悉

作为保卫管理员的职业守则，业务熟悉包括三方面的内涵及要求，即熟悉职责、精通业务、优质高效。

（1）熟悉职责。充分认识单位保卫工作的意义，清醒认识到保卫工作绝不是简单的"看家护院"，而是更高要求的单位安全管理。熟悉岗位职责，掌握工作要求，掌握预防犯罪、应急管理、安全防范等方面的知识技能，具备与单位相关业务部门和属地公安机关良好沟通的能力素质，正确地处置工作中可能发生的各种事故和突发性事件，尽最大努力维护单位的安全稳定。

（2）精通业务。全面了解本职工作的实际需要，了解和掌握本职工作的特点、难点和重点，掌握保卫工作中所呈现出的规律，具备胜任本职工作所需要的素质、知识与技能。当前，保卫管理员面对经济社会的快速发展和风险因素的不断增多，特别需要掌握高超的分析与处理问题的能力。

（3）优质高效。对待工作应当严格要求。随着时代发展和社会进步，对保卫工作的水平和质量提出了更高的要求。这在客观上需要保卫管理员不仅注重提高自身的素质和能力，而且要注重提高工作的质量与效率，做到服务优质、管理高效。要以"没有最好、只有更好"的心态，以不断追求卓越的精神，去更新工作理念，完善工作机制，创新工作方法，提高工作效率，提升工作水平。

2. 技能熟练

技能熟练的主要内容及要求是：专心致志、勤学苦练、一专多能。

（1）专心致志。专心致志体现了一个普通劳动者对职业的热爱和执着追求，在工作中一丝不苟、耐心专注、严谨求实、精益求精，一生追求极致、至善至美。这就是保卫管理员不断完善职业能力和技术技能的道德体现。

（2）勤学苦练。"业精于勤"，这几乎是所有事业成功者的体验。保卫行业广泛应用各类科学技术知识，对保卫管理员的理论知识和专业能力要求较高，只有认真、刻苦，不断地学习、钻研，对工作精益求精，才能熟练掌握各项专业技能，成为优秀的管理人员。

（3）一专多能。一专多能是指在精通一门专业技术或一个职业的基础上，应该旁通相关的职业技术技能。在知识经济时代，科学技术飞速发展，知识和技术更新换代非常快，如不坚持学习，随时注意本职业的动态与变化，只满足于单一知识技能，就难以适应变化了的情况。要做到一专多能，就应有比较宽厚的基础知识（如公文写作、计算机、外语）；在专业知识方面，应尽可能精通一类、旁通其他。

四、依法履职，勇于奉献

1. 依法履职

依法履职作为保卫管理员职业道德的重要规范，主要包括两方面的内容：依照法律的规定履行职责；在法律规定的范围内行使权力。

（1）依照法律的规定履行职责

1）依法维护秩序、保障安全。根据《内保条例》的规定，单位保卫管理员应当履行以下职责：一是开展治安防范宣传教育，并落实本单位的内部治安保卫制度和治安防范措施；二是检查进入本单位人员的证件，登记出入的物品和车辆；三是在单位范围内进行治安防范巡逻和安全检查，建立巡逻、安全检查和治安隐患整改记录；四是维护单位内部的治安秩序，制止发生在本单位的违法行为，对难以制止的违法行为以及发生的治安案件、涉嫌刑事犯罪案件应当立即报警，并采取措施保护现场，配合公安机关的侦查、处置工作；五是督促落实单位内部治安防范设施的建设和维护。

2）与违法犯罪行为作坚决斗争。这是保卫管理员的职责要求，也是依法履职的职业道德规范在保卫管理活动中的具体体现，保卫管理员肩负着依法维护单位内部安全秩序的法定职责，这就要求保卫管理员时刻将单位的安全利益和群众的生命、财产安全放在首要位置，同违法犯罪行为作坚决斗争。

3）依法履职行为受法律保护。保卫管理员依法履行职责、行使职权受法律保护，不受妨害、阻碍，保卫管理员的人身财产安全不因依法履行职责、行使职权行为受到威胁、侵犯，保卫管理员的人格尊严不因依法履行职责、行使职权行为受到侮辱、贬损。行为人实施侵犯保卫管理员依法履职的行为，构成违反治安管理行为的，依法给予治安管理处罚；构成犯罪的，依法追究刑事责任。

（2）在法律规定的范围内行使权力

1）做遵守法律的模范。凡是法律规定的禁止做的事项，坚决不做；凡是法律规定必须做到的事项，必须带头做好；凡是法律赋予的职权，必须依照法律的规定行使。此外，保卫是一种比较特殊的职业，肩负着单位内部的安全管理职权，要坚决克服特权思想，做守法的模范。正己才能正人，保卫管理员只有模范地遵守法律，在管理和服务活动中才更有权威，更有说服力。

2）不得侵犯他人合法权利。主要包括：不得非法限制他人人身自由、搜查他人身体或者侮辱、殴打他人；不得扣押、没收他人证件、财物；不得阻碍依法执行公务；不得采用暴力或者以暴力相威胁的手段处置纠纷，删改或者扩散监控影像资料、报警记录；不得泄露在保卫工作中获知的国家秘密、商业秘密或者个人隐私；不得有违反法律、法规的其他行为。保卫管理员即使在执勤中抓获了违法犯罪嫌疑人，也无权关押、讯问，应当根据《内保条例》的规定，及时扭送到公安机关，由公安机关予以处置。

3）不得超越正当防卫的界限。保卫管理员在制止发生在本单位的违法行为时有权采取正当防卫措施，但不得滥用或超越正当防卫的界限，更不能以正当防卫为幌子，侵害公民的合法权利。在实施正当防卫时必须把握三个方面的尺度：一是防卫的目的是使国家、公共利益、本人或者他人的人身、财产和其他权利免受不法侵害；二是防卫人采取的必须是制止不法侵害的行为，不能对没有实施侵害行为的第三人造成损害；三是防卫的行为不能明显超过必要的限度而造成重大损害。

2. 勇于奉献

在保卫管理员职业道德规范中，勇于奉献的主要内容及要求是：任劳任怨、敢于担当、顾全大局。

（1）任劳任怨。保卫工作是实践性很强的工作，这决定了保卫管理员的工作要重视实干和实效，要围绕单位的中心工作来开展各种活动，要严格落实单位领导的各项工作部署，要招之即来，来之能干，在"滩多浪急、急难险重"的时刻，更要敢字为先，干字当头。在具体而紧张的保卫工作中，密切联系实际和群众，脚踏实地、兢兢业业、吃苦耐劳、不计得失、不计荣辱。

（2）敢于担当。担当就是克服困难，对职责的一种积极承担。从职业道德的角度来说，敢于担当既是一种崇高的境界，也是一种踏实工作、敢于负责、勇挑重担的品格和精神。对于保卫管理员而言，敢于担当就是在保卫工作中，积极承担责任，敢于直面苦难，勇于接受挑战的职业道德品格。

习近平总书记在讲话中多次强调党员干部要有担当精神。他指出，责任担当是领导干部必备的基本素质。干部要有担当，有多大担当才能干多大事业，尽多大责任才会有多大成就。敢于担当同样是保卫管理员重要的职业品质，保卫管理员肩负维护安全的重任，在履行职责的过程中，必然会遇到各种各样的困难、挑战、压力和诱惑，"大事难事看担当"，越是困难的情况下，越要求保卫管理员要有担当意识，遇事不推诿、不退避、不说谎，向组织说真话道实情，勇于承担责任。要在大是大非面前敢于担当、敢于坚持原则。

（3）顾全大局。保卫工作是一个单位管理工作的重要组成部分，顾全大局理所应当是保卫管理员的职业道德规范要求。大局，就是全局，就是一个单位的长远利益和根本利益。顾全大局就是增强全局观念，一切以单位的长远利益和根本利益为重，局部利益服从全局利益，个人利益服从国家和集体利益，必要时，为了全局利益，不惜牺牲局部利益和个人利益。

顾全大局是社会主义集体主义道德在保卫工作中的具体体现，也是集体主义原则对保卫管理员职业道德和职业精神的必然要求。在单位工作的大局中，在保卫事业的整体中，每位保卫管理员都是局部和个体。作为局部和个体的保卫管理员，只有服从大局和整体，树立一盘棋的思想，时时处处以大局利益为重，一切从全局利益出发，才能凝聚成众志成城的力量，各项工作才能更好地达到预定目标。

第三章
保卫工作专业基础知识

第一节 安全防范知识

一、安全防范概述

1. 安全防范的概念

安全防范是指综合运用人力防范、实体防范、技术防范等多种手段,预防、延迟、阻止入侵、盗窃、抢劫、破坏、爆炸、暴力袭击等事件的发生。

2. 安全防范的基本手段

安全防范的基本手段主要有三种:人力防范、实体防范、技术防范。

(1)人力防范。人力防范是指具有相应素质的人员有组织的防范、处置等安全管理行为,简称人防。

(2)实体防范。实体防范是指利用建(构)筑物、屏障、器具、设备(通常指门、窗、锁、柜等)或其组合,延迟或阻止风险事件发生的实体防护手段,又称物防。

(3)技术防范。技术防范是指利用传感、通信、计算机、信息处理及其控制、生物特征识别等技术,提高探测、延迟、反应能力的防护手段。技术防范又称电子防范,简称技防。

人防、物防是传统的防范手段:人防在发现、制止侵害行为发生、蔓延和发展中作用全面、灵活机动;物防坚固抗冲击、经济实用,既是人防的最佳补充,又可作为技防的基础。随着现代科学技术的不断发展和普及应用,"技术防范"的概念也越来越普及,越来越为公安执法部门和社会公众所认可和接受。当今科学技术迅猛发展,可以说几乎所有的高新技术都有可能应用于技术防范工作中。此外,随着时代的进步,人防的方式、方法也发生了巨大的变化,由最初人生存本能的自我设防到如今具有相应素质的人员或人员群体的一种有组织的防范行为;

同样，物防的内涵也更丰富多彩，典型的例子就是远古的木锁已发展到今天含有人体生物特征识别技术的锁。这些既是安全防范的进步，也是人类文明的进步。

人防、物防、技防三种不同的防范手段有各自的特点和适应性，同时也都有各自的局限性，如人防受限于生理、心理、成本等，而物防、技防受限于环境因素等。因此，在安全防范中采取哪种手段，以哪种手段为主，哪种手段为辅，应依据成本效益具体问题具体分析。但可以肯定的一点是，人防是较物防、技防更重要的防范手段，在各种类型的防范手段中，人防都是不能被完全替代的。人防、物防、技防合理组合，形成优势互补，可以更好地发挥它们的作用。

3. 安全防范技术

技防、物防手段所凭借的科学技术称为安全防范技术，它通常指专门用于安全防范的，以实现预防、制止违法犯罪和重大治安事件为目的的，多学科交叉的综合性应用科学技术。安全防范技术主要分为三类：物理防护技术（physical protection）、电子防护技术（electronic protection）、生物统计学防护技术（biometric protection）。这里的物理防护技术主要指实体防范技术，如建筑物和实体屏障以及与其匹配的各种实物设施、设备和产品（门、窗、柜、锁等）。这类防护技术与建筑科学技术、材料科学与制造工业技术的发展关系极为密切。电子防护技术主要是指利用各种电子信息产品、无线/有线通信产品、计算机网络产品组成系统或网络。这类防护技术与探测（传感）技术、监控技术、视频与多媒体技术、出入口控制技术、计算机网络技术、物联网、系统集成等科学技术的发展关系极为密切。生物统计学防护技术是法庭科学的物证鉴定技术和安全防范技术中的模式识别相结合的产物，是利用人体的生物学特征进行安全技术防范的一种特殊技术门类，现在应用较广的有指纹、掌纹、眼纹、声纹、面部等识别控制技术，在防护应用中作为目标特征识别的手段，本质还是从属于电子防护技术。

4. 安全防范常用术语

（1）安全防范系统。安全防范系统是指以安全为目的，综合运用实体防护、电子防护等技术构成的防范系统。

（2）安全防范工程。安全防范工程是指为建立安全防范系统而实施的建设项目。

（3）安全管理系统。安全管理系统是指对入侵报警、视频安防监控、出入口控制等子系统进行组合或集成，实现对各子系统的有效联动、管理和监控的电子系统。

（4）风险等级。风险等级是指存在于防护对象本身及其周围的、对其安全构成威胁的单一风险或组合风险的大小，以后果和可能性的组合来表达。

（5）防护级别。防护级别是指为保障保护对象的安全所采取的防范措施的水平。

（6）探测。探测是指对显性风险事件和（或）隐性风险事件的感知。

（7）延迟。延迟是指延长或（和）推迟风险事件发生的过程。

（8）反应。反应是指为应对风险事件的发生所采取的行动。

（9）误报警。误报警是指对未设计的事件做出响应而发出的报警。

（10）漏报警。漏报警是指对设计的报警事件未做出报警响应。

（11）周界。周界是指保护对象的区域边界。

（12）防护区。防护区是指允许公众出入的、防护目标所在的区域或部位。

（13）监视区。监视区是指实体周界防护系统和（或）电子周界防护系统所组成的周界警戒线与防护区边界之间的区域。

（14）禁区。禁区是指不允许未授权人员出入（或窥视）的防护区域或部位。

（15）盲区。盲区是指在警戒范围内，安全防范手段未能覆盖的区域。

（16）防区。防区是指在防护区域内，入侵和紧急报警系统可以探测到入侵或人为触发紧急报警装置的区域。

（17）监控区域。监控区域是指视频监控系统的视频采集装置摄取的图像所对应的现场空间范围。

（18）受控区。受控区是指出入口控制系统的一个或多个出入口控制点所对应的、由物理边界封闭的空间区域。

（19）纵深防护。纵深防护是指根据保护对象所处的环境条件和安全防范管理要求，对整个防范区域实施由外到里或由里到外层层设防的防护措施。纵深防护分为整体纵深防护和局部纵深防护两种类型。

（20）纵深防护体系。纵深防护体系是指兼有周界、防护区、监视区和禁区的防护体系。

（21）均衡防护。均衡防护是指安全防范系统各部分的安全防护水平基本一致，无明显薄弱环节。

（22）监控中心。监控中心是指接收处理安全防范系统信息、处置报警事件、管理控制系统设备的中央控制室，通常划分为值守区和设备区。

二、安全防范系统

安全防范系统是一个人防、物防、技防手段相结合,探测、延迟、反应组成要素相协调,可以预防、制止违法犯罪行为和重大治安事件,维护单位安全的有机整体。安全防范系统是要建立一个可以预测损失和损害的环境,以最大可能将风险事件抑制在萌芽状态。

安全防范的应用载体是安全防范系统,安全防范系统的运行和管理是单位保卫工作的重要组成部分。

1. 安全防范系统的要素、功能

(1)安全防范系统的三要素。通常将探测、延迟、反应称为安全防范系统的三要素。其中,探测要素的作用是感知风险事件发生并发出报警;延迟要素的作用是延长风险事件发生的进程;反应要素的作用则是采取快速有效的行动制止风险事件的发生。

(2)安全防范系统三要素间的关系。作为一个有机整体,上述三个要素之间具有相互联系、相互依存的关系。及时准确的探测,得以使反应力量掌握快速行动的主动权;充足合理的延迟,得以使反应力量把握主动出击的最佳时机;而迅速有效的反应,则最终使风险事件得到有效的预防和制止。这三个要素以时间参数为结合点,任何一个要素出了差错,都可能会导致防范达不到预期的效果甚至失效。

若将探测时间、延迟时间、反应时间分别用 $T_{探测}$、$T_{延迟}$、$T_{反应}$ 表示,则三者之间应满足以下关系:

$$T_{探测} + T_{反应} \leq T_{延迟}$$

即反应的总时间应小于(至多等于)延迟时间与探测时间之差。

组成系统的各要素间的有机联系,是安全防范系统与其他防范手段或措施的集合体的重要区别。也正是这种区别和防范理念,使安全防范发生了由传统的被动防范到主动防范的质的转变。

(3)安全防范系统的功能。安全防范系统的功能是其存在的作用和价值,也是其运用的具体目的。目前的安全防范系统主要用于预防、制止非法入侵、盗窃、抢劫、破坏、爆炸等违法犯罪行为和群体性事件等社会安全事件,维护和保障安全。每个安全防范系统的特定功能是由系统的组成要素和内部结构所确定的,与各组成要素的功能不同的新功能。系统的特定功能是区别不同系统的标志。

2. 安全防范系统的架构

安全防范系统的架构是由其组成要素及诸要素间相互联系的方式形成的，其基本架构模式可以参考应用较早且实际中应用仍较为普遍的防入侵盗窃系统，如图3-1所示。其他安全防范系统的架构模式均可以由防入侵盗窃系统的架构根据实际需要取舍演变而来。

（1）系统组成要素及诸要素间的联系。由图3-1可见，在基本要素层面，探测要素的功能由技防系统和值机、守卫、巡查等保卫人员的感官（如眼、耳）等共同作用实现；延迟要素的功能通过各类实体屏障和空间间隔共同作用实现，守卫、巡查人员在防护装备足够的情况下，也可起到一定的延迟作用；反应要素的功能通过反应力量、必要的交通、通信工具和处警装备共同作用实现。防范三手段是系统三要素功能形成的基础，但又非一一对应的关系，如：探测要素功能既含有技防手段，又含有人防手段，是两者结合的产物；延迟要素功能，虽主要由物防手段支持，但对于适当位置，装备精良的人防力量也能起到一定的延迟作用。

如图3-1所示系统由探测、延迟、反应三个要素构成，每个要素又都包含若干组成部分。通过安全技术防范系统和值机、守卫、巡查人员的感官（如眼、耳等）等共同作用实现探测要素的功能；通过具有一定强度的各类实体屏障共同作用实现延迟要素的功能；通过人、必要的交通、通信工具和武器装备共同作用实现反应要素的功能。防入侵盗窃是图示系统的特定功能，此特定功能是将探测、延迟、反应功能的三个要素作为一个有机整体，并依其时间关系相互作用、相互联系而产生的新功能。当三个要素间的关系相互协调、均衡时，系统整体功能最优。

在构成安全防范系统的要素中适情适度地综合运用人力防范措施、电子防护系统、实体防范设施，是安全防范中人防、技防、物防三个基本手段有机结合的具体体现。安全防范系统通过安全防范技术的应用，以及人防、物防与技防的有机结合，使人防功能大大延伸，物防阻滞力大大增强，进而使整体防范能力大大提高。

不同的系统架构的设计会因其特定功能、被保护对象、风险等级、资金投入、环境条件等因素的制约而不同。例如，公共区域治安监控系统，由于用于公共区域，探测功能要素在技术上依赖于视频监控子系统，需略掉不适用的入侵报警、出入口控制等子系统；延迟功能要素需略掉有形的实体设施，同时作为补偿，需优化巡查勤务机制（如实行网格巡查来提高见警率），一方面形成威慑延迟，另一方面缩短处警反应时间，由此实现区域治安监控与控制的特定功能。

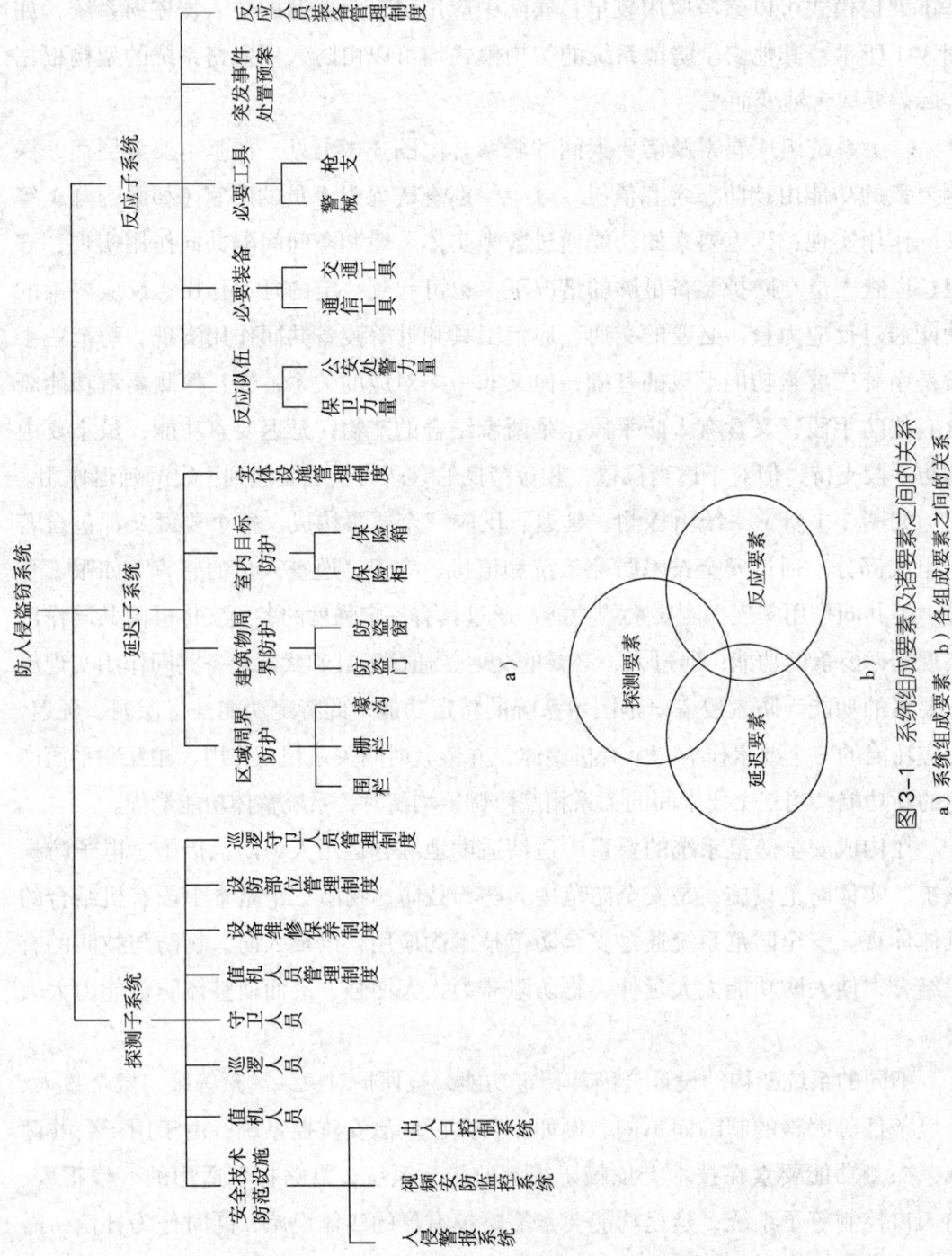

图 3-1 系统组成要素及诸要素之间的关系
a) 系统组成要素 b) 各组成要素之间的关系

（2）电子防护系统。电子防护系统，是以安全防范为目的，运用电子防护产品和其他相关产品所构成的入侵报警系统、视频安防监控系统、出入口控制系统、楼宇对讲系统、电子巡查系统、停车场管理系统、防爆安全检查系统、安全管理系统、GPS系统等，或以这些系统为子系统组成或集成的电子系统或网络。在一些标准和教材中，电子防护系统又被称为安全技术防范系统，本教材根据《安全防范工程技术标准》（GB 50348—2018）的规定，统称为电子防护系统。

1）入侵报警系统。入侵报警系统是采用物理方法与电子技术，由前端的报警探测器自动探测发生在布防监测区域内的入侵行为，产生报警信号，并将发生报警的区域部位向值班人员提示和显示的系统。

入侵报警系统的基本结构有两种形式：一种是独立和专门的报警系统，由报警探测器、报警控制主机和报警监控中心三级组成；另一种则是从属于视频安防监控系统或门禁控制系统，报警探测器的输出信号被送往视频安防监控系统或门禁控制系统，由它们完成对报警信号的接收、处理、复核、联动和上传，这实际上实现了报警系统与视频安防监控系统的集成或报警系统与门禁控制系统的集成。

入侵报警系统的使用环境有两类。一是室外周界。根据纵深防护体系的要求，在建筑物或园区周边，除了采用实体防护的栏杆以外，入侵报警系统主要由红外对射、激光对射、电子红外栅栏、泄漏电缆、电子围栏等构成，当发生非法入侵时发出报警信号，是保障建筑物安全及正常运行的第一道屏障。二是室内重点防护区域。在需要重点防护的防护区、禁区，根据防护级别和防护要求，通过设置被动红外/微波入侵报警探测器、玻璃破碎探测器、方向式幕帘红外探测器、震动入侵探测器、微波入侵探测器、紧急按钮等构成的报警系统，来实现防护区、禁区的报警防护。

2）视频安防监控系统。视频安防监控系统分为一般性监控和密切监控两类。一般性监控是利用云台扫描做全方位、大面积的巡视；密切监控是对固定场所或目标利用带云台摄像机的预置位设置和定焦的固定摄像机实施的监控，监控部位尽量不留死角和盲区。

在建筑物的出入口、周界、主要通道、车库、财务室等重要部位安装摄像机，与先期安装的周界入侵报警系统、防盗报警系统联动，平时将监控区域的实际情况以图像方式实时传输到监控中心。当出现警情时，相应区域摄像机的画面切换到电视墙主要位置，用以实现图像和声音的复核，以便值班人员按照预案及时做出响应。

视频监控由前端装置、传输系统和终端设备组成。

①前端装置。前端装置包括各类摄像机、定焦或变焦镜头、实现摄像机上下左右运动及旋转扫描的云台、解码器、摄像机防护罩等。

②传输系统。传输系统的功能是将前端摄像机的视频图像传输到终端控制主机,并将终端控制主机的控制信号传送给前端摄像机。传输方式有同轴电缆、光缆或双绞线构成的有线传输方式,以及由发射机、接收机组成的无线传输方式。

③终端设备。终端设备主要由系统控制主机、图像显示及记录装置组成,包括视频信号控制矩阵、视频监视器、视频分配器、多画面图像分割器、图像记录装置等。视频信号控制矩阵主要用于接收传输来的视频图像并按需要切换到指定的监视器上,同时对前端云台上下俯仰、左右旋转以及镜头光圈、聚焦和变倍进行调节控制。图像记录装置对前端传输来的图像进行记录保存,便于日后查找。

3)出入口控制系统。出入口控制系统根据建筑使用类别的不同,一般采用智能卡方式、生物识别方式和密码输入方式等,在大部分有对讲系统的建筑物内,一般用来实现住户和访客的出入控制。

出入口控制系统由三部分组成,分别是出入口目标识别子系统、出入口管理子系统、出入口执行子系统。

①出入口目标识别子系统。出入口目标识别子系统的主要功能是通过对出入凭证所提供的出入人员身份信息进行识别和校验,从而判断出入人员是否有出入授权。出入凭证的种类很多,例如:

a. 以各种卡片作为出入凭证,有磁卡、条码卡、IC 卡等。

b. 以输入个人识别码为凭证,主要有固定键盘和乱序键盘输入技术。

c. 以人体生物特征作为判别凭证,如指纹、掌形、虹膜、视网膜、声音等。

②出入口管理子系统。出入口管理子系统是出入口控制系统的管理与控制中心,它负责接收从出入口目标识别子系统发来的目标身份信息,负责指挥、驱动出入口执行子系统的动作,实现对出入目标的授权管理,如出入目标的访问级别、出入目标何时可以出某个出入口、出入目标可以出入的次数等。

③出入口执行子系统。出入口执行子系统由控制主机控制,执行从出入口管理子系统发来的控制命令,在出入口做出相应的动作,实现出入口控制系统的拒绝与放行操作,从而最终实现出入者出入控制。

4)楼宇对讲系统。楼宇对讲系统亦称访客对讲系统,它的作用是对来访的客人与住户提供双向通话或者可视通话,住户能够遥控防盗门的开关并向保安管理中心进行紧急报警。

对讲系统是智能小区非常重要的系统之一，可分为直按式对讲系统、小户型套装对讲系统、普通数码式对讲系统、可视对讲系统、联网可视对讲系统等。

5）电子巡查系统。电子巡查系统是对巡查人员是否按规定的路线、时间和数量巡查了规定的地点，进行监督管理的最有效、最科学、技防与人防协调一致的工具。它有助于提高巡逻、维护等工作人员的责任心、积极性，及时消除隐患，防患于未然。

电子巡查系统一般有在线式巡查系统和离线式巡查系统。在线式巡查系统一般利用先期建设的出入口控制系统，把门禁卡读卡器作为巡查点，设置相应的智能卡为巡更卡来实现在线式的巡查。

离线式巡查系统又有接触式和非接触式两种方式。接触式的离线式巡查系统采用模块化设计的信息按钮和巡查棒，信息按钮固定在每个巡查点，巡查棒由巡查人员携带。当巡查人员按照规定的路线、时间到达巡查点时，以巡查棒碰触信息按钮，自动记录下巡更日期、时间、位置等信息，返回后将巡查棒通过接口模块与计算机通信，由专用软件解读出巡查棒内的信息。非接触式的离线式巡查系统的原理和操作流程与接触式相同，区别是把接触式的巡查棒和信息按钮更换成了非接触式的 IC 卡和读卡器。

6）停车场管理系统。随着智能大厦和智能小区等智能建筑的不断发展，与之配套的停车场管理系统应运而生。停车场管理系统本着安全性、可靠性、实用性、开放性、可扩充性、高效性、智能化的指导思想和分布式结构进行设计。停车场管理设施主要由计算机、停车场管理主机、自动识别装置、IC 卡发卡机、挡车器、车辆探测器、监控摄像机、可控提示牌等部分组成。

停车场管理设施分为三部分：入口部分、出口部分和控制管理中心。

入口部分主要由感应式 IC 卡读写器、IC 卡发卡机、摄像设备、入口控制板、挡车器、车辆检测线圈组成。

出口部分主要由挡车器、车辆检测线圈、摄像设备、控制器及读卡器等组成。

控制管理中心主要由管理计算机、IC 卡发卡机、报表打印机、收费显示屏、操作台等设备组成。控制管理中心的管理计算机除负责与出入口计算机通信外，还具有打印报表、统计分析、系统维护和月租卡发售等功能。

7）防爆安全检查系统。防爆安全检查系统是检查有关人员、行李、货物是否携带武器、爆炸物品或其他危险物品的电子设备、系统或网络。

随着航空事业的发展，各类大型活动的不断增多，以及国际恐怖主义的威胁不断增长，为预防爆炸等重大案件的发生，防爆安全检查设备和排爆设备在国内机场、大型体育场馆、大型集会场所、文艺演出场所等公共场所中广泛安装使用，已成为检查武器、爆炸物品以及其他危险物品，并排除其危害的利器。防爆安全检查设备按照使用技术的不同，可以分为X射线检查设备、中子探测设备、四极矩阵谐振分析设备、质谱分析设备、毫米波探测设备、金属探测设备等。

8）安全管理系统。安全管理系统也可称为综合报警安全管理系统，它是指在安全防范系统中，将入侵报警、视频安防监控、出入口控制等子系统进行组合或集成，实现对各子系统的有效联动、管理和监控的电子系统。除提供报警信息服务外，它还可利用网络中的信息资源提供其他综合信息服务（如物业管理、社区医疗、网上购物等）。

9）GPS系统。GPS系统，即全球定位系统，是具有在海陆空进行全方位实时三维导航与定位能力的卫星导航与定位系统。GPS系统由三大部分组成：空间部分——GPS卫星，地面控制部分——地面监控系统，用户设备部分——GPS信号接收机。

GPS系统能实时监控车辆，实现反劫防盗；可以实施对车辆的导航及最优行驶路径导向。

各种电子防护系统具有能对风险事件信息进行自动采集、传输、处理和控制的共性和各自的专长。在不同的条件和应用中，电子防护系统和保卫人员在探测功能方面有各自的优势。在进行系统集成时，注意通过对集成系统的成本和性能进行权衡分析，找到平衡点。

（3）安全防范系统的管理。一个有效的安全防范系统，除了系统设计要科学合理之外，还离不开科学的管理，安全防范系统由于落后的管理方式而失效、瘫痪、造成巨大浪费的例子已屡见不鲜。因此，建立健全图3-1中所列各项规章制度并严格实施，对于调控制约各子系统，保证整个系统有条不紊、长期有效工作是非常必要和重要的。

3. 安全防范系统目标的实现

安全防范系统目标的实现过程如图3-2所示。

这个过程分为三个步骤：首先，通过对被保护对象的风险评估确定系统目标；然后，设计一个系统以满足系统目标要求；最后，评估系统满足系统目标的程度，即对系统的效能进行评估。如果达不到要求，将需要重新设计或改进该系统。上述程序在保证所设计的安全防范系统能够有效防范风险事件发生的同时，还应能保证其具有合理的性价比。

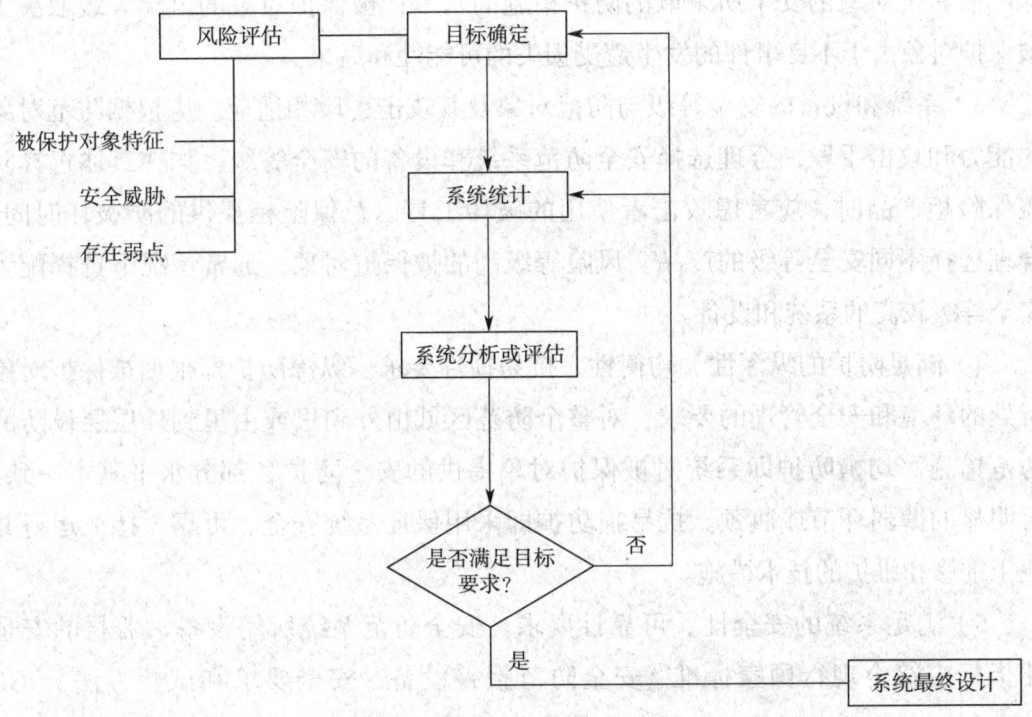

图 3-2 安全防范系统目标的实现过程

（1）确定安全防范系统目标。确定安全防范系统目标，必须重点弄清两个问题：一是要保护什么，二是保护至何等程度。现阶段，我国有些安全防范系统的设计还存在一定的盲目性，这与系统目标不明确有直接的关系。

对被保护对象进行风险评估是明确系统目标的有效途径。要知道哪些被保护对象最敏感，被保护对象的哪些弱点最易受到何种威胁的侵害，以使设计者详细掌握以下三方面的重要信息：被保护对象的价值、可能的威胁和弱点。在此基础上综合评估被保护对象风险程度，从而明确需要保护的对象、需要防范的威胁和需要对弱点提供的防护水平，最终确定系统的目标。

当系统要达到的目标不止一个时，就要从整体出发，优先考虑主要目标，全面协调地实现所有目标。

（2）设计安全防范系统满足系统目标要求。系统设计过程，实质上就是决定如何将人、物、技资源最优化整合，以实现系统目标的过程。设计良好的安全防范系统应具备以下基本特征：

1)人防、物防、技防相结合,探测、延迟、反应相协调。

2)被保护对象的防护级别与风险等级相适应。被保护对象的防护级别是指为保障被保护对象的安全所采取的防护措施的水平;被保护对象的风险等级取决于被保护对象由于不良事件的发生遭受损失的可能性和后果。

3)系统和设备的安全等级与防范对象及其攻击手段相适应。应根据防范对象的能力和攻击手段,合理选择安全防范系统和设备的安全等级。如在具体选择防盗保险柜产品时,应考虑攻击者使用的破坏工具以及保险柜提供的防破坏时间,合理选择不同安全等级的产品。风险等级高的被保护对象,通常情况下选择配置安全等级较高的系统和设备。

4)满足防护的纵深性、均衡性、抗易损性要求。纵深防护即根据被保护对象所处的环境和安全管理的要求,对整个防范区域由外到里或由里到外层层设防的防范措施。均衡防护即系统对被保护对象提供的安全防护各部分水平基本一致,无明显的薄弱环节或瓶颈。抗易损防护即采用保证系统安全、可靠、持久运行并便于维修和维护的技术措施。

5)满足系统的安全性、可靠性要求。安全防范系统所用设备、器材的安全性指标应符合现行国家标准《安全防范报警设备 安全要求和试验方法》(GB 16796—2009)和相关产品标准规定的安全性能要求。安全防范系统本身就是为了提高防护单位的安全而建设的,由于系统所用的设备大多是电子产品,因此,在进行设备配置、安装时要与现场相结合,不要造成安全隐患,不对被防护的目标造成损害。

在理论上,所谓可靠性,是指产品(系统)在规定条件下(使用条件=工作条件+环境条件)和规定时间内完成规定功能的能力。定量表示可靠性的数学特征量很多,《安全防范工程技术标准》(GB 50348—2018)采用其最常用的特征量——平均无故障时间MTBF(mean time between failure)作为衡量系统(产品)可靠性的技术指标。在进行系统功能设计时,需同时考虑系统的功能、性能指标与可靠性指标的相容问题,避免盲目追求过多的功能、过高的指标而牺牲系统可靠性的倾向。

6)满足系统的电磁兼容性、环境适应性要求。安全防范系统的电磁兼容性设计应综合考虑现场的电磁环境、系统电磁敏感度、电磁骚扰和周边其他系统的电磁敏感度等因素。

安全防范系统选用的设备和材料应满足其使用环境(如室内/外温度、湿度、大气压等）的要求，并应符合现行国家标准《安全防范报警设备 环境适应性要求和试验方法》（GB/T 15211—2013）中相应环境类别的规定。

7）满足系统的实时性和原始完整性要求。安全防范系统是一个实战系统，兼具指挥调度的功能。系统的实时性和原始完整性是实战系统的必然要求。

安全防范系统中的电子防护系统就是要以极小的时延和极高的可靠度，将现场的信息及时、准确、完整地呈现给系统的后续环节或值机人员等，以便进一步进行各资源的协同配合和及时处置。

原始完整性是指防止信息被未经授权地篡改，保护信息保持原始的状态，使信息保持其真实性。如果这些信息被蓄意地修改、插入、删除等而形成虚假信息，就会带来严重的后果。

8）满足系统的兼容性、可维护性、可扩展性要求。兼容性是指安全防范系统架构规划应按照安全可控、开放共享的原则，统筹考虑子系统组成、信息资源、集成/联网方式、传输网络、安全防范管理平台、信息共享应用模式、存储管理模式、系统供电、接口协议、智能应用、系统运行维护、系统安全等要素。

可维护性体现的是系统整体可靠性在故障发生条件下的恢复能力，特别是关键部件、关键模块出现故障后在技术上的快速替换和恢复、数据保全等措施的支持，是对系统进行更好维护运行的前提条件。

可扩展性是指安全防范系统设计时应充分考虑今后的发展需要，系统应具有预备容量的扩充与升级换代的可能。

9）满足系统的经济性、适用性要求。经济性是指在满足安全防范级别要求的前提下，在确保系统稳定可靠、性能良好的基础上，在考虑系统的先进性的同时，按需选择系统和设备，做到合理、实用，降低成本，从而达到极高的性价比，降低安全防范系统的运营成本。

适用性是指单位要根据自己的实际需要确定防护设计要求。系统应为适应本单位具体情况的安全防范系统；系统设计应适应单位内部建（构）筑物、设施设备的特点，管线与设备点位留有足够的设计点位和冗余度，应以结构化、集成化、规模化、规范化的方式实现，应采用先进而成熟的技术、可靠而实用的设计。

（3）评估安全防范系统效能，保障系统目标实现。评估系统效能就是运用定性的、定量的或定性与定量相结合的方法，借助一定的指标体系，对照一定的标准，按照一定的程序，对系统满足目标要求的程度作出综合评判。经过效能评估，仅当所设计的系统能满足系统目标要求时，才可以将其作为系统最终设计进行工程实施，否则需找出系统设计中的缺失或不足，并进行整改，直至满意为止。

安全防范系统效能评估对于促进安全防范系统目标实现至少有如下3个方面的重要功能。

1）系统描述功能。安全防范系统效能评估指标体系，从系统观点出发，能对系统规律性的、关键的、具有重要意义的特征作出描述。它可以综合地反映出有效、可靠的安全防范系统的概况，对新建安全防范系统具有指导意义。充分考虑安全防范系统效能评估指标体系所包含的内容，就能够建立一个在防范工作中能切实发挥作用的安全防范系统。

2）监测反馈功能。对已建立的安全防范系统，可以运用效能评估指标体系适时作出自我评估，发现已建安全防范系统的优势以及缺陷和弱点，分析问题所在，明确改进的方向。通过对所建安全防范系统的不断完善，使其更好地发挥作用，并长期有效运行。

3）评价比较功能。安全防范系统效能评估指标体系就好似检测安全防范系统建设水准的尺子和标杆。评估结果能为安全防范管理工作提供客观的、量化的依据，有利于管理部门的宏观管理和指导。

在实际中，系统效能评估应定期进行，以确保系统目标总是正确的，并且保证系统始终满足目标要求。

4. 安全防范系统运行管理与保卫工作

在一个完整的安全防范系统中，人是基础和根本。随着安全防范系统的高速发展，对保卫人员的要求也随之提高。保卫人员作为人防的主力军，也需要与时俱进，不断提高自身的专业水平和职业素质。保卫人员应做到不断深化对安全防范系统的认识，及时适应各种对安全防范的新要求。

（1）加强知识培训和实战训练。由于电子防护系统向着数字化、网络化、智能化的方向快速发展，对保卫人员特别是操作和管理人员也提出了更高要求，所以单位保卫部门要注重对保卫人员的业务培训，建立技术、技能培训机制，确保人员胜任工作岗位。与此同时，保卫人员要强化日常实战训练，对电子防护产品的更新、使用、管理要做到熟练掌握、灵活运用，让安全防范系统发挥最大效能，做到人、机、环境、管理的有机集合，实现安全管理和应急处置的科学、快速、高效，确保单位安全。

（2）统筹规划人力防范。单位应根据人防、物防、技防相结合，探测、延迟、反应相协调的原则，综合考虑物防、技防能力以及系统正常运行、应急处置的需要，进行人力防范规划。应合理配备保卫人员、系统值机操作和维护人员等人力资源以及必要的防护、防御和对抗性设备、设施和装备。

（3）制定完善安全防范管理制度、业务流程、预案。对保卫部门而言，建立健全与系统运行配套的各项规章制度、程序、预案并严格实施，对于调控制约各安全防范子系统，保证整个系统有条不紊、长期有效工作是非常必要和重要的。

安全防范管理制度是指为了保障安全而制定的各种规则、章程和制度。与系统运行配套的管理制度主要包括值机人员管理制度、巡逻守卫人员管理制度、设备维护保养制度、设防部位管理制度、实体设施管理制度、反应人员装备管理制度等。安全防范管理制度应制定得尽可能健全，但关键是落实。

业务流程是指完成一项工作的先后顺序。与安全防范系统运行配套的业务流程主要包括接警流程、报警复核流程、处警流程等。通过业务流程的制定与实施，可以规范操作，提高效率，减少失误，明确责任。

预案是指为应付某种情况的发生而预先制定的处置方案。与系统运行配套的预案主要有处警预案及突发事件的应急预案等，预案通过对安全防范活动中各种复杂的情况如违法犯罪、重大治安事件的历史、现状、未来的发展趋势的研究分析，总结处置上述事件过程中的具体措施、处置的经验、教训，不断地修订、充实、完善而形成。预案的制定过程，是对各种风险因素进行预测的过程。制定预案是争取防范主动权的重要一环，它可以使人们从容地应付各种复杂的情况和局面，使防范工作有的放矢，并且做到处变不惊，临危不乱。

在管理制度、业务流程、预案制定与落实中应注意以下几个问题：处理好必要性和可行性的问题；要突出重点；要合理合法，可操作；要狠抓落实；不断补充调整，适应形势变化。

（4）做好对安全防范系统的维护和保养。安全防范系统在完成实施、投入正常运行之后，就进入了系统运行与维护阶段。一般来说，系统的使用寿命短则5~6年，长可达10年以上，在系统的整个使用寿命中，都将伴随着系统维护工作的运行。系统维护离不开维护人员，离不开保卫人员对系统运行状况的了解和管理，系统维护的目的是保证系统正常可靠地运行，并能使系统性能不断得到保持和改善，以充分发挥作用。因此，保卫人员的任务就是要有计划、有组织地对系统进行必要的操作，随时了解系统中的各个要素随着系统老化、环境变化、发生的事件等所处的工作状态，为系统的维护和功能的改进提供决策依据。

三、安全防范标准

1. 标准的概念

根据《中华人民共和国标准化法》的规定,标准是指农业、工业、服务业以及社会事业等领域需要统一的技术要求。标准的本质属性是对标准对象的"统一规定"。标准有一套规定的格式和制定办法程序。

标准是以科学、技术和经验的综合成果为基础的,通常是在所有关联方的合作和一致同意下制定的,代表发展方向和新的水平,具有公开、成熟、可行、共享的应用属性。标准作为技术法规的一部分,在推广先进而成熟的技术应用、限制落后技术应用、提高效率、防止资源过度使用或浪费、保护环境、保护人身健康和安全等方面具有不可替代的重大作用。

2. 安全防范标准机构

(1)国际标准化机构。国际标准化机构中和安全防范行业关联较为紧密的是国际标准化组织(ISO,international standardization organization)、国际电工委员会(IEC,international electrotechnical commission)、国际电信联盟(ITU,international telecommunication union)。其中,国际电工委员会/报警系统技术委员会(IEC/TC79)和我国的安全防范标准化机构是对口的。

(2)我国安全防范标准化机构。在国家市场监督管理总局管理下,由国家标准化管理委员会统一管理全国标准化工作,设立相关专业(行业)标准化技术委员会。

受国家标准化管理委员会委托,国务院有关行政主管部门负责领导和管理本部门的标准化工作,省、自治区、直辖市标准化行政主管部门管理本行政区域的标准化工作。

1987年成立的全国安全防范报警系统标准化技术委员会(简称全国安防标委会,代号为SAC/TC100,其秘书处设在公安部第一研究所)是经国家标准化管理委员会批准的全国性安全防范专业标准化技术工作组织,主要负责我国安全防范报警系统技术领域的国家标准和行业标准制定、修订工作,归口工作范围涉及入侵和紧急报警、视频监控、出入口控制、防爆安检、安防工程、实体防护和人体生物特征识别应用等专业技术领域。根据安全防范行业技术发展和应用的需要,经国家标准化管理委员会批准,2000年,SAC/TC100成立了实体防护设备分技术委员会(代号为SAC/TC100/SC1)。

近年来,全国也有不少地区相继成立了地方安全防范行业应用方面的标准化工作组织,如北京、上海、广东等。上海市社会公共安全技术防范标准化技术委员会在重点单位重要部位安全技术防范要求领域制定、修订了20余项上海市地方标准,对于落实《内保条例》、促进行业发展、推动安全防范系统应用发挥了重要作用。

3. 标准分类

(1)标准类型。根据《中华人民共和国标准化法》的规定,我国标准分为五级,分别是国家标准、行业标准、地方标准、团体标准和企业标准。我国的标准代号通常采用大写汉语拼音字母,见表3-1至表3-4。国际标准代号通常采用大写英语字母,与我国安全防范标准关联密切的国际标准代号见表3-5。

表3-1 国家标准代号

代号	含义	管理部门
GB	中华人民共和国强制性国家标准	国家标准化管理委员会
GB/T	中华人民共和国推荐性国家标准	
GB/Z	中华人民共和国国家标准化指导性技术文件	

注:国家标准的编号由国家标准代号、标准顺序号和发布年号组成。国家标准的代号由大写的汉语拼音字母构成。

表3-2 公共安全行业标准代号

代号	含义	管理部门
GA	中华人民共和国公共安全行业标准	公安部科技信息化局

注:行业标准的编号由行业标准代号、标准顺序号和发布年号组成。

表3-3 地方标准代号

代号	含义	管理部门
DB+××	中华人民共和国地方标准	省、自治区、直辖市质量技术监督部门

注:地方标准的编号由地方标准代号、标准顺序号和发布年号组成。××表示省级行政区划代码前两位。

表3-4 企业标准代号

代号	含义	管理部门
Q	中华人民共和国企业标准	企业

注:企业标准的编号由企业标准代号、标准顺序号和发布年号组成。

表3-5 与我国安全防范标准关联密切的国际标准代号

代号	含义	管理部门
IEC	国际电工委员会标准	国际电工委员会
ISO	国际标准化组织标准	国际标准化组织
ITU	国际电信联盟标准	国际电信联盟
CISPR	国际无线电干扰特别委员会标准	国际无线电干扰特别委员会

1）国家标准。国家标准是指由国务院标准化行政主管部门制定的需要在全国范围内统一的技术和管理要求。国家标准一般为基础性、通用性较强的标准，是我国标准体系中的主体。根据《中华人民共和国标准化法实施条例》的规定，国家标准的复审年限一般为5年。

2）行业标准。行业标准是指在没有国家标准的条件下，而又需要在全国某个行业内统一技术和管理要求的标准，由国务院有关行政主管部门制定，并报国务院标准化行政主管部门备案。

3）地方标准。地方标准是指没有相应的国家标准和行业标准，而又需要在特定行政区域内统一技术和管理要求的标准，由省、自治区、直辖市人民政府标准化行政主管部门制定。地方标准为推荐性标准，在公布国家标准或者行业标准后，该项地方标准自行废止。

4）团体标准。团体标准是指依法成立的社会团体制定的，供社会自愿采用的标准，由国务院标准化行政主管部门会同国务院有关行政主管部门对团体标准进行规范、引导和监督。根据国务院《深化标准化工作改革方案》（国发〔2015〕13号）的要求，国家标准委制定了《关于培育和发展团体标准的指导意见》，明确了团体标准的合法地位并纳入最新修订的《中华人民共和国标准化法》。

5）企业标准。企业标准是指企业自行制定的标准。企业标准体现的是企业的利益，而且是企业的自有资源，在企业内部是具有强制力的。通常在以下情况需要制定企业标准：

①国家标准、行业标准和地方标准不可能做出的具体规定和要求，因而由企业制定适应自己需要的标准。

②在国家标准、行业标准和地方标准的基础上，企业制定高于国家标准、行业标准和地方标准水平的标准，或是对国家标准、行业标准和地方标准的规定和要求进行补充和完善。

③没有相应的国家标准、行业标准和地方标准，因而由企业自主制定标准，特别是创新的标准。

（2）标准属性。按照标准属性，又分为三种：强制性标准（GB）、推荐性标准（GB/T）、指导性技术文件（GB/Z）。

1）强制性标准。《中华人民共和国标准化法》规定，保障人体健康，人身、财产安全的标准和法律、行政法规规定强制执行的标准属于强制性标准。它是在一定范围内通过法律、行政法规规定强制执行加以实施的标准，具有法律属性。强制性标准一经颁布，必须贯彻执行。根据《强制性国家标准管理办法》（2020年1月6日国家市场监督管理总局令第25号公布）的规定，强制性国家标准的技术要求应当全部强制，并且可验证、可操作。

2）推荐性标准。推荐性标准是指生产、交换、使用等方面，通过经济手段调节而自愿采用的一类标准，又称自愿标准。这类标准任何单位都有权决定是否采用，违反这类标准，不承担经济或法律方面的责任。但是，一经接受并采用，或各方商定同意纳入经济合同中，就成为各方必须共同遵守的技术依据，具有法律上的约束性。

3）指导性技术文件。指导性技术文件是指生产、交换、使用等方面，由组织（企业）自愿采用的国家标准，不具有强制性，也不具有法律上的约束性，只是相关方约定参照的技术依据，又称资料性标准或技术指南。它是为仍处于技术发展过程中（如变化快的技术领域）的标准化工作提供指南或信息，供科研、设计、生产、使用和管理等有关人员参考使用而制定的标准文件。符合下列两种情况之一的项目，可制定指导性技术文件：①技术尚在发展中，需要有相应的标准文件引导其发展或具有标准化价值，尚不能制定为标准的项目；②采用国际标准化组织、国际电工委员会及其他国际组织（包括区域国际组织）的技术报告的项目。指导性技术文件由国务院标准化行政主管部门编制计划和组织草拟，并统一审批、编号和发布。

4. 标准应用

根据我国标准化法的有关规定，产品（系统）标准与工程建设标准分属不同的标准体系，标准的主管部门不同，标准的格式、内容、审查、批准、发布和实施监督等的具体要求也不同。因此，标准在使用中的衔接、配合、协调相当重要。

使用标准主要包括两个方面：第一，直接对照、采用对应的标准与条文；第二，参考、等效采用间接关联的标准与条文。因此，需要查询、跟踪标准及其发展，掌握现有标准中哪些是需要使用的，然后获得批准，加以研究、使用。

5. 标准用词

（1）表示很严格，非这样做不可的用词：正面词采用"必须"；反面词采用"严禁"。

（2）表示严格，在正常情况下均应这样做的用词：正面词采用"应"；反面词采用"不应"或"不得"。

（3）表示允许稍有原则，在条件许可时，首先应这样做的用词：正面词采用"宜"；反面词采用"不宜"。

（4）表示有选择，在一定条件下可以这样做的用词：采用"可"。

第二节 事故预防和调查知识

一、事故概述

事故是伴随着人类社会的生产生活活动过程出现的一种社会现象，也是人类社会发展的必然产物。事故不仅会造成人员伤亡、物质损失和环境破坏，而且会对社会安定、公共安全及国家和地区的经济文化建设造成影响。为了保护人民生命财产安全、维护社会稳定，我国制定出台了一系列有关事故预防、处置、救援、调查的方针政策，国家有关法律法规中也对事故的预防、管理等工作有明确详细的规定。单位对预防和调查各种事故，保护单位内部人员生命财产安全有重要职责。特别是随着社会安全需求的增长，掌握对事故进行预防、调查等方面的基本理论、方法和知识，是保卫管理员这一职业应当具备的能力。

1. 事故的定义

事故是指个人或集体在进行有目的的活动过程中，突然发生的、违背人的意愿，并可能使有目的的活动发生暂时性或永久性中止，造成人员伤亡或财产损失的意外事件。简单来说，凡是引起人身伤害、导致生产中断或财产损失的事件统称为事故。

理解事故的含义，应注意掌握以下特征：

（1）事故一般发生在人们所从事的各种生产活动过程中。生产活动是广义的，包括各种产业活动在内。在非生产活动过程中也有发生事故的可能。

（2）导致事故发生的人为因素包括人的过失行为，如错误的判断、错误的操作以及违章作业、管理失误等；也包括人的故意行为，如故意违反规章制度，或故意以危险方法制造事故。

（3）事故的后果造成或可能造成一定程度的物质损毁、人员伤亡或不良社会影响,严重时会影响社会治安的稳定。

(4)事故在发生的过程中一般要经历潜伏期、爆发期、衰败期三个阶段,从潜伏期到爆发期有一突变过程,而事故的整个过程则呈现一种连续性。

(5)事故涉及的法律法规或规章制度包括国家制定的法律、国务院根据宪法和法律制定的行政法规、有关部门制定的部门性规章以及各单位制定的规章制度。

2. 事故的分类

事故有不同的属性,因此就有不同的分类方法。同一个事故,由于分类标准不一样,可能归属于不同的类型。

(1)按行业分类。根据《国务院关于特大安全事故行政责任追究的规定》(国务院令第302号),按行业类型不同,将安全事故分为:

1)火灾事故。

2)交通安全事故。

3)建筑质量安全事故。

4)民用爆炸物品和化学危险品安全事故。

5)煤矿和其他矿山安全事故。

6)锅炉、压力容器、压力管道和特种设备安全事故。

7)其他安全事故。

(2)按事故等级分类。根据国务院2007年颁布实施的《生产安全事故报告和调查处理条例》,按事故造成的人员伤亡或者直接经济损失,事故一般分为以下等级:

1)特别重大事故,是指造成30人以上死亡,或者100人以上重伤,或者1亿元以上直接经济损失的事故。

2)重大事故,是指造成10人以上30人以下死亡,或者50人以上100人以下重伤,或者5 000万元以上1亿元以下直接经济损失的事故。

3)较大事故,是指造成3人以上10人以下死亡,或者10人以上50人以下重伤,或者1 000万元以上5 000万元以下直接经济损失的事故。

4)一般事故,是指造成3人以下死亡,或者10人以下重伤,或者1 000万元以下直接经济损失的事故。

上述分类中所称的"以上"包括本数,所称的"以下"不包括本数。

此外,近年来,国家相继颁布实施了《电力安全事故应急处置和调查处理条例》《铁路交通事故调查处理规则》《特种设备事故报告和调查处理规定》《道路交通事故信息调查》(GA/T 1082—2021)等法规和部门规章、标准，这些法规、规章和标准虽然对不同行业、不同部门的事故类型作了相应规定，但总体上均将事故分为特别重大事故、重大事故、较大事故和一般事故四种类型。

（3）按伤害程度分类。根据《企业职工伤亡事故分类》(GB/T 6441—1986)，按照事故对受伤害者造成损伤以致劳动力丧失的程度，可将事故分为以下三大类：

1）轻伤事故。轻伤事故是指造成职工肢体伤残，或某器官功能性或器质性轻度损伤，表现为劳动能力轻度或暂时丧失的伤害事故。一般指受伤职工歇工在1个工作日以上，计算损失工作日低于105日的失能伤害，但够不上重伤者。

2）重伤事故。重伤事故是指造成职工肢体残缺或视觉、听觉等器官受到严重损伤，一般能引起身体长期存在功能障碍，或损失工作日等于或超过105日（最多不超过6 000日），劳动能力有重大损失的失能伤害事故。

3）死亡事故。死亡事故是指事故发生后当即死亡（含急性中毒死亡）或负伤后30日以内死亡的事故。其损失工作日定为6 000日，由我国职工平均退休年龄和平均死亡年龄计算得出。

此种分类按照伤亡事故造成损失工作日的多少来衡量，损失工作日是指受伤害者丧失劳动能力的工作日，各种伤害情况的损失工作日数按《企业职工伤亡事故分类》(GB/T 6441—1986)中的有关规定计算或选取。

（4）按事故责任性质分类。这是在我国保卫工作历史上，从工作需要出发而采用的分类方法。根据事故行为人的行为性质和造成的后果决定是否应当负法律责任和其他责任，一般把事故分为破坏事故、责任事故与技术事故三类。

1）破坏事故。破坏事故是指事故行为人处于某种动机或为了达到某种目的而故意毁坏生产设施、机械设备或以其他方式破坏生产、科研和其他业务活动的正常进行，或以特定的危险方法危害公共安全，使国家、集体和个人的生命财产遭受损失的事故。对于破坏事故的行为人，构成犯罪的，要依照《中华人民共和国刑法》的有关规定追究其刑事责任。

2）责任事故。责任事故是指直接从事生产、科研及其他业务活动的工作人员，由于对工作不负责任或不服从管理，存在违反规章制度或操作规程，或强令工人违章冒险作业等过失行为，使公共安全受到危害或使国家、集体和个人的生命财产遭受损失的事故。造成严重后果的称为重大责任事故。对造成责任事故的行为人，应根据事故所造成的后果决定其是否应负法律责任。构成重大责任事故犯罪的，应根据《中华人民共和国刑法》的有关规定追究其刑事责任。

3）技术事故。技术事故是指由于受专业知识和技术水平的限制，事物的发展变化超出了与事故有关的人所应当预见和认识的范围，或者超出了目前科学技术水平所能认识和控制的范围而造成的事故。技术事故在主观上既不是故意，也不是过失，即使造成一定损失，也不应追究责任，而应当总结经验教训，提高知识和技术水平。

3. 治安灾害事故

治安灾害事故是公安机关在工作中长期使用的一种业务用语。治安灾害事故在一般情况下是以事故造成的后果为判定条件的，既包括了一部分破坏事故，也包括了一部分责任事故。通常对治安灾害事故的解释是：事故的行为人由于故意或过失行为，违反治安行政管理法规或其他有关规章制度，造成重大经济损失或人员伤亡的事故。治安灾害事故的一般特征是：

（1）事故的发生源于事故行为人的故意行为或过失行为。

（2）事故行为人的行为违反治安管理法规或其他有关规章制度，如违反消防法、违反劳动保护法规以及有关安全生产的其他管理规定和操作规程。

（3）事故的后果造成了重大经济损失或人员伤亡，并危及治安秩序。

治安灾害事故以造成的后果为判定条件，但造成多大后果才算得上治安灾害事故，没有明确的界限。一般来讲，治安灾害事故是人为的事故，是损失较大的事故，是和公安工作有密切联系的事故。

二、事故预防

预防为主是保卫工作的方针之一，也是事故预防的重要方针。只有把事故预防工作摆在重要位置，才能掌握工作的主动权，也只有把预防工作做好，事故预防才能取得真正的成效。事故预防工作不仅要对物质危险因素采取控制措施，更重要的是做好日常管理工作，防止管理工作中的漏洞。特别是对涉及人的不安全行为的预防，避免人为失误的出现，应作为事故预防的重要途径之一。

1. 事故预防应遵循的原则

（1）事故可以预防的原则。现实生活中人们总是感到事故不可避免，认为事故是社会生活中的一种正常现象，这种认识并不说明事故不可预防，而是说明了事故本身影响因素和预防工作的复杂性，说明了在事故发生的背后还有复杂的、深层次的原因。无论是生产领域还是日常生活中发生的事故，其原因有人的不安全行为，有物的不安全状态，有管理和决策方面的失误，有管理体制不完善，还有社会环境和历史因素等。

事故之所以可以预防，是因为它和其他客观事物一样，具有一定的特性和规律，只要掌握了这些特性和规律，事先采取有效措施加以控制就可以预防事故的发生并减少造成的损失。如果能对物质方面的因素进行科学的控制，如果社会各行各业的职工和群众都能严格遵守事故预防的各项规章制度，如果有关部门能严格依法进行管理，则事故是可以预防的。

作为单位保卫部门和保卫人员，一方面要坚持事故可以预防的原则，以此来要求和教育相关人员，从主观上努力做好事故预防工作；另一方面也要承认事故在一定程度上是不可避免的，事故预防工作的目标就是通过各方面的努力，把事故发生的频率和造成的损失尽可能控制在最低水平。

（2）防患于未然的原则。防患于未然的原则也称为偶然损失原则，该原则的意义在于克服人们在事故预防问题上存在的各种侥幸心理。事故和事故发生的原因之间有一定的因果关系，这种因果关系一般是必然因果关系。而事故与所造成的后果之间的关系则是由偶然因素决定的，事故的后果取决于事故发生的事件、地点、环境条件等因素，具有不确定性和随机性。

美国著名安全工程师海因里希曾对55万起伤害事故案例进行了详细的调查研究，根据调查结果的统计处理得出：在同一个人发生的330起同种事故中，300起事故没有造成伤害，29起造成了轻微伤害，1起造成了严重伤害。比例1∶29∶300称为"海因里希法则"，也称为事故金字塔或事故法则，它反映了事故发生频率与事故后果严重度之间的一般规律。从事故预防的角度，由于事前不可能知道330起事故中造成重伤的究竟是哪一起，因此，要预防其中的一起重伤事故，就必须对330起事故全部进行预防。

对单位各类事故的预防也是如此，要防止损失重大的灾害性事故的发生，就必须从预防小事故抓起。尽管损失重大的灾害事故在所有事故中所占比例很小，也不能以此作为忽视预防小事故的理由，一定要做到防患于未然。从此意义上讲，无论哪个部门和单位，在预防事故中的选择性都是很小的，必须进行全面预防。

（3）对造成事故的原因必须根除的原则。对造成事故的原因必须根除的原则也称为继发原因原则，该原则的意义在于克服人们在分析事故原因或分析事故隐患时，只注意分析直接原因而忽视分析间接原因和基础原因的做法，从而使人们认识到事故不仅有不同的原因层次，而且各层次之间有继发关系。造成直接原因的间接原因不根除，它还会转化为直接原因。同理，如果基础原因不根除，它也会转化为间接原因，继而转化为直接原因。

事故的直接原因具有显在性、表观性，容易被人们发现；而事故的间接原因和基础原因则具有潜在性和本质性。在分析事故原因时，往往只注意到那些直接的、明显的原因，而不注意从显在的、表观的直接原因去分析潜在的、本质的原因，而这些原因才是事故发生的最根本原因。

如对工作严重不负责任的行为不根除，重大灾害事故的直接原因就不容易消除；安全教育水平落后、劳动者安全素质低下的状况不改变，在生产过程中发生的各种行为差错就不可能避免。这些都是事故原因的继发性在起作用。因此在事故预防工作中，要根据这一原则去分析可能造成事故的各种直接原因、间接原因和基础原因，并尽可能采取相应的控制措施。

（4）综合治理原则。综合治理原则也称为选择对策原则，它说明了事故预防工作在手段和途径方面必须遵循技术对策、教育对策与管理对策三者综合应用的原则。事故是人、物质、环境等诸多因素共同作用的结果，必须深入分析各种影响因素及其相互关系，采取多种途径和手段，才能有效预防事故。

采取多种手段和途径，不能仅依靠社会的单一力量和部门，从事故综合治理所需要的社会力量来讲，又需要社会各有关部门的共同努力和相互配合，需要不同社会功能的发挥和实现，才能充分、有效地发挥技术、管理和教育在事故预防中的整体功能。在我国，各级政府的公安机关、应急管理部门，各行业的主管部门，各单位内部的保卫部门、安全生产部门以及有关的社会组织，都对预防灾害事故负有安全检查和监督管理的职能，也体现了在事故预防中进行综合治理的原则。

在国外，综合治理原则称为"3E原则"：

· Engineering——工程技术。运用工程技术手段消除不安全因素，实现生产工艺、机械设备等生产条件的安全。

· Education——教育。利用各种形式的教育和训练，使职工树立安全第一的思想，掌握安全生产所必需的知识和技能。

· Enforcement——强制/法制。借助于规章制度、法规等必要的行政乃至法律的手段约束人们的行为。

即使在采取了工程技术措施，减少、控制了不安全因素的情况下，仍然要通过教育、训练和强制手段来规范人的行为，避免不安全行为的发生。实际工作中，应该针对不安全行为和不安全状态的产生原因，灵活地采取对策。

（5）以人为本的原则。社会发展和生产力构成中，人是最宝贵的财富，保护国家和人民群众的生命财产安全，是事故预防的本质要求。因此，在事故预防工作中应始终把保护人民群众的生命与健康、维护公共安全放在第一位。在事故预防中必须充分重视人的生命和健康，坚持以人为本的原则。

2. 事故预防工作的五个阶段

事故预防工作包括以下五个阶段：

第一阶段，建立健全事故预防工作组织，形成由单位主要负责人牵头，包括技术部门、安全管理部门、保卫部门及人事、财务等相关部门在内的事故预防工作机制，并切实发挥其效能。

第二阶段，通过实地调查、检查、观察及对有关人员的询问，加以认真的判断、研究，以及对事故原始记录的反复研究，收集第一手资料，找出事故预防工作中存在的问题。

第三阶段，分析事故及不安全问题产生的原因。包括各类事故发生的频率、严重程度、场所、工种、生产工序，有关的工具、设备及事故类型等，找出其直接原因和间接原因，主要原因和次要原因。

第四阶段，针对分析事故和不安全问题得到的原因，选择恰当的改进措施。改进措施包括工程技术方面的改进、对人员进行教育培训、制定及执行规章制度等。

第五阶段，实施改进措施。通过工程技术措施实现设备设施、生产作业条件的安全，消除物的不安全状态；通过人员调整、教育、训练，消除人的不安全行为。在实施过程中要进行监督。

以上对事故预防工作的认识称为事故预防工作五阶段模型，该模型包含了事故预防工作的基本内容。事故预防工作是一个不断循环、不断提高的过程，不可能一劳永逸。

3. 事故预防过程的决策

单位事故预防工作实践中，面临的一个重要问题就是如何正确理解和处理安全与经济效益之间的关系。在实际工作中，当事故预防工作与经济效益发生矛盾时，需要权衡利弊，作出正确的决策，做到既保证安全又获得最大的经济效益。

（1）要坚持长期规划与短期问题解决相结合。在事故预防工作中，有些问题需要作出长期的规划，而且经过长时间的努力才能见效。如安全法规和规章制度的制定、安全管理机构的设置、对单位人员进行的安全培训和训练、安全管理工作方针政策的制定完善等，这些都需要进行长期的调查研究。而有些问题，如年度工作计划、阶段性的工作重点等则是需要在短时间内解决的问题。实践中需要把事故预防中遇到的问题分轻重缓急来考虑。

（2）要坚持全面预防和具体问题处理相结合。事故是一种复杂的社会现象，涉及的因素很多，在预防工作中既要坚持全面预防，又要解决具体问题，两者不可偏废任何一方。全面预防是对具体问题处理的基础，没有全面预防，就会使事故预防工作漏洞百出、防不胜防。但对具体问题不解决，全面预防的作用也不可能有效地发挥。

（3）要坚持安全性和经济性相结合。预防事故发生对国家的经济文化建设有着重要的保障和促进作用，经济文化建设和发展离不开良好的安全环境与秩序。只有对事故预防工作常抓不懈，经常在安全教育、安全管理、技术保障设施等方面保持一定的投入，才能减少事故的发生，进一步促进经济文化的发展。在事故预防与经济效益的关系处理中，任何急功近利的短期行为都是不足取的。局部利益服从全局利益，眼前利益服从长远利益，对国家和人民群众的生命财产负责，是处理事故预防和经济效益之间的关系时正确的选择。

（4）要坚持科学的评估和预测。对事故预防工作作出正确的决策，离不开对涉及的有关场所和设施的安全性（或危险性）的科学评估以及对事故发生的可能性的预测。比如一个有可燃气体存在的生产场所，它在什么情况下会产生什么后果以及产生后果的可能性有多大，都需要有科学的评估和预测。有了科学的评估和预测，才可能作出正确的决策，选择适当的预防措施。针对各种不同的事故现象和场所，可以使用不同的评估和预测方法。安全检查表法、事件树法等分析方法，都可以用来进行安全评估和事故预测。

（5）要作出多种方案供决策选择。在事故预防工作中，正确的决策尤为重要，而要作出正确的决策，就需要提供两个以上的方案供选择。只有对多种方案反复进行比较和权衡，才可能作出最优的选择。对多种方案进行选择时，需要考虑以下两个因素：第一，事故发生的频率有多大，是属于频繁发生的事故，还是属于极少发生的事故；第二，事故造成的损害程度有多大，是属于轻微损害，还是属于毁灭性的破坏。要在考虑以上两个因素的基础上，根据具体情况作出正确的选择。

4. 人的不安全行为的预防措施

人的失误是导致事故发生的重要原因之一，其影响因素包括个人因素和外界因素两个方面。其中，个人因素包括发生事故时或在从事和事故有关的工作时自身的生理状态、心理状态、行为能力和知识水平等；外界因素则包括发生事故时有关人员所处的空间场地的特征、环境的质量、人际关系的和谐程度、个人在工作时的心情等。因此，预防事故发生过程中人的失误，要从多方面采取措施。

（1）重视工作环境对人的行为的影响。广义的工作环境包括社会环境和人际关系。这里的工作环境是指对人的不安全行为能产生直接影响的物质微观环境，如工作场地的温度、湿度、色彩、噪声、照明度以及工作场地的环境布置等。实践证明，这些因素对人的行为有明显的影响作用，如良好的色彩调节可以使人精神振奋、心情愉快，提高工作兴趣，减少行为差错，促进注意力集中，缓解疲劳并提高警惕性，而这些对事故预防又是十分重要的。不良的工作环境不仅影响人的工作能力和功能状态，而且容易在心理上产生不舒适或不能忍受的感觉，从而产生烦躁和不安情绪，导致人的不安全行为产生。因此，工作环境和场地既要有利于提高工作效率，又要有利于预防人的不安全行为，减少事故的发生。

（2）注意人的行为特征和不安全行为之间的关系。人的行为具有规律性，也有明显的特征，工作环境和作业场所的布置要适应人的一般行为特征和规律。为了防止发生事故，要考虑以下因素：

1）人的心理和生理特点，防止人的"意识中断"或"意识迂回"，即走神时产生的不安全行为和危险。

2）防止人在能力不足时发生事故。

3）环境要适合人的要求，不危害人的健康。

4）作业方式、作业负荷、作业范围要合适。

总之，要使人、生产资料和工具以及周围的环境符合和适应人的行为特征和规律。

（3）注意人的生物节律在预防不安全行为中的应用。生物节律指人的体力、智力和情绪的周期性变化规律。生物节律理论认为，人从出生到死亡，其体力、情绪和智力就一直处于周期性的变化之中，一般人的体力、情绪和智力的变化周期分别为23天、28天和33天，其变化规律就像正弦函数的图形一样。每一个周期都可以分为低潮期、临界期和高潮期。人处于高潮期时精力充沛、情绪高涨、智力发达，而处于低潮期时就会显得疲劳、烦躁、喜怒无常且精力不集中，临界期处于两者之间。生物节律现在广泛地用于预防人的不安全行为，并取得了较明显的减少事故的效果。

（4）注意不断地强化人的安全动机。人的安全动机是履行安全行为的主观愿望,人在自觉地实施每一个具体行为之前,必然明确地意识到进行这一行为的原因和预期要达到的目的。预防人的不安全行为首先要强化人的安全行为,而人的安全行为首先要有安全的动机。人的安全动机的形成主要是靠直接的或间接的实践经验,直接经验来自通过自身体验而认识到的周围存在的危险,而间接经验则是通过安全教育、安全管理或别人的经验传授以及书本知识等途径认识到的周围环境存在的危险。因此,要形成安全动机,必须使每一个劳动者或每一个社会成员都认识到自身工作和生活环境中的危险,养成安全行为的习惯。这一过程是不断循环的,有时是可逆的。如存在不安全行为而未发生事故,会使人产生侥幸心理,从而发展为习惯的不安全行为,直到发生了事故才吸取教训,认识到危险。而长时间的安全行为未发生事故,又可能产生麻痹思想、放松警惕,进而转化成不安全行为。事故预防的任务就是要坚持不懈地去促进和强化安全动机的形成。

(5)注意危险信息的沟通和应用。在当今社会处处都存在不安全因素的情况下,运用各种途径和方法告知人们生产和生活中的各种危险信息,已成为人们保持适当的警戒心理状态、加强自我保护、达到事故预防目的的一种重要的、基本的措施。反之,当危险的信息不能及时地被有关人员获得时,或者获得的是错误信息时,就容易导致事故的发生。

造成危险信息沟通障碍主要表现在对信息的含义表达不清,或给出了错误的解释,或有关人员对危险信息的注意不够,或信息缺乏沟通。如在危险信息的表达上使用难懂的名词术语,或者错误地选择沟通的语言,或管理人员未传递必需的信息等。因此,在实际工作中,要注重对危险信息的收集、传递和沟通,在一些危险场所或在一些危险行业,要重视特殊符号和标志的使用,且必须准确无误地给人以安全或危险的信息,以使人保持清醒,时刻对自己的行为作出正确的判断和决策。

三、事故调查

事故调查是指调查人员为了查明事故性质、经过及原因,利用现代科学技术手段,对与事故有关的地点、场所、物品、人身等进行的实地勘验、现场访问和分析研究的活动。

事故调查是一项综合性的工作,其内容既包括现场访问,通过被害人、知情人的陈述,搜集线索和证据,又包括对实地进行勘验、检查,发现、提取痕迹物证，记录现场情况，还要对现场情况进行分析，作出初步判断。事故调查的任务是查明事故的性质、经过和原因，搜集线索和证据，为分析、认定事故责任提供依据。

1. 事故调查的目的

事故调查的目的是掌握事故情况，找出事故原因，分清事故责任，制定改进措施，提高安全水平。具体包括以下几个方面：

（1）弄清事故发生经过。调查人员通过现场访问、实地勘验、现场实验等工作查明事故经过。

（2）找出事故原因。事故原因分析是事故调查工作的中心环节，事故调查过程就是对造成事故的人为因素、管理因素、环境因素等进行综合分析，用科学的方法客观地揭示出与事故密切关联的各种因素及其相互作用、相互关联的内在关系，揭示出事故发生的真正原因。

（3）分清事故责任。通过事故调查，澄清有关责任人应对事故所承担的刑事责任、行政责任以及民事责任，并给予相应的刑事处罚、行政处罚和民事处罚。

（4）吸取事故教训，提高安全意识。通过事故调查，追究责任，可使人们接受教训，提高安全意识，防止同类事故发生。

（5）研究事故发生规律，从宏观上预防事故的发生。通过事故调查，可以建立事故档案资料，利用档案资料进行科学研究或综合分析，发现事故发生规律，从宏观上预防事故的发生。

2. 事故调查的组织领导

（1）事故调查组的组成。根据国务院和有关部门的规定，事故调查工作应组成事故调查组，具体组织事故的调查工作。

特别重大事故由国务院或者国务院授权的部门组织事故调查组进行调查；重大事故由省级人民政府负责调查；较大事故由设区的市级人民政府负责调查；一般事故由县级人民政府负责调查。

省级人民政府、设区的市级人民政府、县级人民政府可以直接组织事故调查组进行调查，也可以授权或委托有关部门组织事故调查组进行调查。

对于未造成人员伤亡的一般事故，县级人民政府也可以委托事故发生单位组织事故调查组进行调查。

事故调查组的组成应当遵循精简、效能的原则。根据事故的具体情况，事故调查组由有关人民政府、安全生产监督管理部门、负有安全生产监督管理职责的有关部门、监察机关、公安机关以及工会派人组成,并应当邀请人民检察院派人参加,且可以聘请有关专家参与调查。

(2)事故调查组的职责和权限

1)人员要求。调查组人员应当具有事故调查所需的知识和专长,且与调查的事故没有直接利害关系。事故调查组成员在事故调查工作中应当诚信公正、恪尽职守,遵守事故调查组的纪律,保守事故调查的秘密。未经事故调查组组长的允许,事故调查组成员不得擅自发布有关事故的信息。

2)主要职责。事故调查组的主要职责有:查明事故发生的经过、原因、人员伤亡情况及直接经济损失;认定事故的性质和事故责任;提出对事故责任者的处理建议;总结事故教训,提出防范和整改措施;提交事故调查报告。

3)主要权限。事故调查组有权向有关单位和个人了解与事故有关的情况,并要求提供相关文件、资料,有关单位和个人不得拒绝;事故发生单位的负责人和有关人员在事故调查期间不得擅离职守,并应当随时接受事故调查组的询问,如实提供有关情况;事故调查中发现涉嫌犯罪的,事故调查组应当及时将有关材料或者其复印件移交司法机关处理;事故调查中需要进行技术鉴定的,事故调查组应委托具有国家规定资质的单位进行技术鉴定,必要时,可以直接组织专家进行技术鉴定。

3. 事故调查的主要内容

事故调查的主要内容可以分为事故现场勘查和事故原因调查分析两个部分:

(1)事故现场勘查

1)查找事故原点。事故原点是形成事故的过程中在空间上的最初起点,是在事故发生过程中与事故后果有直接因果关系的空间位置。一般来说,一起事故只有一个事故原点,如火灾事故的最初起火点、爆炸事故的爆炸点。事故原点不同于事故原因,两者既有联系又有区别。事故原点是在事故现场客观存在的空间位置;而事故原因则是在形成事故隐患和事故隐患的转化过程中出现的主客观条件。它们之间的联系在于事故原点的确定有助于分析事故原因和确定事故的性质。

查找事故原点是一项细致的工作。一般情况下,在勘查事故现场时,通过直接观察就可以发现事故原点。如果事故现场比较复杂,就需要通过其他方式确定,如通过技术鉴定、模拟实验、逻辑推理。通过这些方法,找到事故发生、发展过程的顺序和因果关系,事故原点也就随之而定。

2)收集与事故原因、性质有关的痕迹、物证。收集与事故原因、性质有关的痕迹、物证的工作包括：

①事故现场的变化与变动情况，事故的有关人员在现场的活动情况。

②收集事故现场的破损部件、碎片、残留物、致害物。

③对有关的物体进行勘验。

④对事故中的受害人以及其他有关人员的身体伤害情况进行检查。

3）记录事故现场情况。事故的现场情况包括：

①事故现场所在地区、单位、场所的物质环境。

②破损部件、碎片、残留物、致害物的位置。

记录方法可采用现场照相、现场笔记、现场录像与绘制现场图等方式。

（2）事故原因调查分析

1）事故发生前有关设备、设施的性能和质量情况。

2）事故发生前生产、科研以及其他业务活动的基本情况，各种规章制度的执行情况，以及能反映上述情况的各种记录、报表。

3）工作环境和条件方面的调查，如工作场地的照明、湿度、温度、通风、噪声以及天气等条件。

4）受害人与事故行为人的基本情况，包括技术水平、安全素质、思想动态、情绪变化等。

5）对事故的有关责任人员进行责任分析，包括直接责任、间接责任和领导责任。

4. 事故调查程序

事故调查是一项法律性、政策性、科学性与技术性都很强的工作，需要遵循科学的调查程序。事故调查的基本程序如下：

（1）抢险救灾，防止事故蔓延、扩大。无论发生何种事故，首先应组织人员进行抢险救灾，减少事故造成的损失，并采取必要的措施，对事故现场进行初步处置，以防止事故进一步蔓延、扩大。

（2）保护事故现场。保护事故现场就是在现场勘查实施之前，保护现场的原始状态。要根据事故发生现场的具体情况和周围环境，划定保护范围，布置警戒，禁止随意触摸或移动事故现场的任何物品，更不允许擅自进行勘查。为抢救受伤害者需要移动现场的某些物体时，必须做好现场标志。

（3）报告事故情况。事故发生之后，事故发生单位或其他有关人员应在保护事故现场的同时，将事故的基本情况上报有关部门。报告的内容包括：

1）事故发生的时间、地点和所在单位。

2）事故发生的简要经过，人员伤亡的情况以及造成的经济损失的初步估算。

3）事故原因的初步分析和判断。

4）事故发生后采取的措施及事故的控制情况。

报告事故情况的时间要求、报告的顺序以及应该向哪些部门报告，都要按有关的规定执行。

（4）成立事故调查组。事故调查组在事故原因的分析和事故性质的认定方面起着重要的作用，其职责是查明事故发生的原因、过程和人员伤亡、经济损失的情况，确定事故的责任者，并提出对事故的处理意见，写出事故调查报告。

（5）勘查事故现场。对事故现场进行勘查，寻找事故发生的物质原因与事故原点，收集事故的原始物证。

（6）走访。以走访的形式调查、了解与事故有关的人员的情况，包括事故的受害者、见证人、肇事者、知情者等。对证人的口述材料，要认真核实，与现场勘查中获取的物证材料互相印证。

（7）分析、确定事故原因和事故性质，提出对事故的处理意见。

（8）写出事故调查报告。

（9）整理事故案卷。事故案卷是在事故调查工作中形成的原始记录，具有重要的查考作用。事故案卷的内容包括：

1）事故报告情况。

2）现场勘查记录、图纸、照片、物证、书证、事故模拟实验记录和技术鉴定材料。

3）询问当事人和证人的笔录。

4）对事故的定性处理意见、报告和领导批示。

5）对事故责任者的定性裁决书、罚没财物的收据，以及其他的法律文书和手续。

6）调查过程中形成的其他材料。

第三节 单位内部犯罪预防知识

一、单位内部犯罪预防概述

1. 单位内部犯罪预防的概念

单位内部犯罪预防是单位为消除犯罪分子可利用的各种违法犯罪的因素和条件，减少或避免危及国家安全、公私财物和人身安全的各类犯罪案件的发生，维护单位安全而开展的防范工作。

2. 单位内部犯罪预防主要理论

（1）可防卫空间理论（defensible space theory）。可防卫空间理论是指利用环境设计改变物理环境空间样式的功能，以此改变居民行为的方式和增加相互间的社会联系，达到预防犯罪的目的。

美国的建筑行业记者雅各布是第一位提出实质环境设计可以影响安全感的学者，她认为最安全的地方是居民可以自然监视的区域，譬如，居民通过窗户可以看到发生活动的大街是安全的，那些由于街道太宽而导致居民看不到街对面闲逛者的街道是不安全的。她认为从减少犯罪的角度，公共空间和私有空间应明显地区分开来，公共空间应安排在交通集中的地方等。这种想法被美国建筑学家奥斯卡·纽曼接受，并建立了"可防卫空间理论"。

可防卫空间理论可以总结为以下四要素：

1）区域性。可防卫空间理论强调明确的领域范围，公共、半公共、半私密与私密领域泾渭分明，这有助于扩大居民占有空间的活动范围，增加居民对周围环境的责任感和认同感，加强居民对环境的控制。各级领域的界线可以是真实的障碍物，也可以是象征性的设施。前者如建筑物形成的分界、墙、门等，后者如敞开着的入口、灯柱、绿篱、台阶等，都能让外来者明显意识到他正从一个公共领域进入私密或半私密的领域。

2）自然监视。在环境设计时即考虑该区域的合法使用者能够观察到这一区域内的日常活动，以便于发现可疑活动并采取对策。

3）小区域要求。区域的设计与一般的空间并无区别，同时设计的各种细节都要消除便于犯罪的条件，使得区域的外观既不吸引犯罪人，也不与周围的社区隔离。

4）大环境要求。既然是预防犯罪的空间，那么必然以降低犯罪率为目标，因此应将房屋建造在低犯罪率的地方。

"可防卫空间"的这四个要素能够在一定程度上预防被犯罪侵害，因为犯罪分子在这种空间内犯罪要冒很大的风险，犯罪分子通过犯罪成本和收益的经济分析，会盘算出在这里犯罪得不偿失，从而放弃犯罪的念头，使这个地区保持较低的犯罪率。该理论还提出两种减少犯罪机会的环境设计，即通道设计和监视系统控制。前者就是通过设计栅栏屏障、加强过道守卫、增加门锁等防止未经允许的人进入某建筑物或者区域以预防和减少犯罪；后者就是配置现代的观察监视系统，将闯入社区的人和潜在的犯罪者置于监视之下。

【北京居民小区可防卫空间案例】北京某小区曾经是北京市崇文区（现已并入东城区）盗窃犯罪率最低的居民小区。这是一个三、四层高的住宅楼组成的中密度小区，住宅楼入口开向内庭院，住宅外廊也面向庭院，在廊里走动的人看得见庭院里的情形，庭院里活动的人也看得见各家的出入口，这就起到了自然监视的作用，潜在犯罪分子会发现在如此环境中犯罪的难度将大大增加。

（2）环境设计预防犯罪理论（crime prevention through environmental design，CPTED）。环境设计预防犯罪理论是指应用工程学方法，建造防范性高的建筑设施、街区和城市，加强建筑设施、街区和城市的区域性监视作用，提高城市自身和城市居民预防犯罪和预防被害的能力，避免形成有利于犯罪的治安死角。

在各地空间防控中的视频监控探头、智能卡口、防盗门窗、出入口设计等常见措施均渗透着环境设计预防犯罪的理念，即"掌握直接影响犯罪动机产生和转化的环境的控制权"。微观层面的环境设计主要体现两个目的：一是提高现场抓获率，制造作案障碍；二是增加犯罪成本，减少诱发实施犯罪的各种情景因素。

【浙江玉环县筑墙护村案例】2011年，浙江省台州市玉环县楚门镇坑郑村吞底自然村的76户村民自发集资修了一道围墙将村子"围"了起来。村里给每户人家发放门禁磁卡，村里住户刷卡方可入内。"城门"每天早上6点开门，晚上10点关闭，并有专人值守。这种做法起到了较好的防范效果。

筑"墙"护村做法的背景是入室盗窃高发，该做法意图改变该村的出入口，以增加对潜在犯罪分子的监控，属于环境设计预防犯罪的策略。运用环境设计预防犯罪是一个事前采取的、积极的犯罪预防策略。它认为正确的设计和利用建筑环境可以减少犯罪和对犯罪的恐惧，提高生活质量。它的重点在于利用物理环境、有用的空间、人们的行为去抑制犯罪行为。

（3）犯罪情境预防理论（situational crime prevention）。犯罪情境预防是指通过确认、管理、设计、调整等方式，持久有机地改变情境，以此影响行为人的理性选择，减少犯罪机会和促成犯罪的情境因素，从而达到犯罪预防的目的。犯罪情境预防策略于1973年由英国学者罗纳德·克拉克提出，并于20世纪90年代引入我国。犯罪情境预防在2002年被联合国经济及社会理事会正式列入《预防犯罪准则》，得到国际社会认可。犯罪情境预防的具体策略方法是由五大类策略和二十五小类手段组成的实践操作体系。

1）提高违法犯罪难度。此项犯罪情境预防策略主要是保护标的物，强化标的物本身，使标的物处在安全、受到保护的情境之下，从而提高犯罪得逞的难度，使潜在的犯罪人员知难而退。此项措施是最基本的犯罪情境预防措施。

①目标加固。所谓目标加固，就是指设置物防设施，例如锁、保险箱、栅栏、铁窗等的设置。现实中这一策略得到了广泛的应用，其效果也得到了充分的印证。例如英国伦敦于20世纪80年代为邮局柜台设计了反匪徒防护罩，有效减少了40%的抢劫案件；而澳大利亚则在银行设置固定式防护玻璃罩，以防止歹徒翻越柜台抢劫。

②门禁控制。门禁控制指的是通过控制措施，避免潜在的犯罪人员进入对象场所，从而减少该场所犯罪发生的概率。此控制策略可谓源远流长，在我国古代就被广泛采用，如古代城防设置可收式吊桥和护城河，可以有效地抵御外敌的入侵。现代社会中这一策略主要表现为建筑物的出入口管制等，如在建筑物入口大厅设置接待柜台要求来访者出示有效证件。很多城市的住宅小区使用多重混合式的出入口管制、入口对讲机、住宅围墙、停车场入口电子系统管制等方式，最终有效减少恶意毁损财物及盗窃等行为的发生。

③分散转移潜在犯罪人员。此项技术通过对环境及情境妥善的控制与管理，从而分散转移犯罪人员，避免其聚合活动而引发犯罪行为，如关闭某些常发犯罪的街道，关闭经常滋事的酒馆，使潜在犯罪人员无从聚集等。该方法在现实中的

公共场所也得到了广泛的应用。

④控制危险物品。此项技术通过对枪支、管制刀具、非法机动车等容易导致犯罪行为的危险物品加以管制，以减少此类犯罪案件的发生。1975年苏格兰犯罪预防委员会建议酒吧内应该使用塑料杯或强化的玻璃杯，而不可使用易碎的玻璃杯，以避免杯子被作为攻击武器。该项措施得到应用的另外一个例证就是来电显示电话的使用，最初是美国新泽西州引入该项电话技术以显示来电者的号码，从而遏制色情电话骚扰。

⑤出入口检查。此项技术的用意在于加强使用人力或者是运用仪器进行检查。入口检查针对不遵守规定者，或者是检查违禁物品；出口检查针对商店或书店等场所内顺手牵羊或是不付账的顾客。而电子仪器、商品电子标签、条码的配合使用，对于商店等场所的自我防卫具有相当大的帮助。登机之前的安全检查就是入口控制在生活中的实例，通过人力和电子设备的检查防止潜在的犯罪人员进入飞机以及违禁品（如液体或者金属刀具等）流入，大大降低了犯罪的发生。

2）增加违法犯罪风险。增加犯罪风险就是通过改变具体场景，使得犯罪一旦实施，犯罪人员被抓获的可能性大大增加，从而消除潜在犯罪人员的侥幸心理，以期达到较好的预防效果。增加犯罪风险在预防犯罪的措施体系中也越来越受到关注，目前被广泛采用的措施主要有：

①扩大监控。扩大监控是根据常规行为理论的设想，引入有能力的看护人要素，包括两种具体的途径：一是采取常规的预防措施，如夜间结伴出行，在房子长久未使用的情况下给外人留下有人居住的假象等；二是引入邻里守望计划，使社区的居民能够分享有关当地犯罪的信息、交换犯罪预防的方法、制订监视社区的计划。正是鉴于扩大监护对预防犯罪的积极效果，此项措施在现实生活中也被更加广泛地应用。

②自然监视。此项措施是通过修剪路边的灌木丛或者改善街边路灯的照明效果等使得犯罪行为发生时被发现的概率增大，从而增大监控的效果，达到威慑犯罪发生的目的。1992年，加拿大渥太华市的四个住宅区实施住宅守望和夜间照明计划，成功地降低了盗窃案的发生率。

③专业监控。专业监控是指由警察、保卫人员来执行的监控，以对潜在犯罪人员产生威慑，减少非法行为的发生。随着技术的进一步发展，许多电子设备如视频监控、入侵报警等的使用增加了专业监控的效果。

④减少匿名。减少匿名可以使犯罪人员的身份暴露在社会的关注之下，犯罪

人员在继续行为选择时能够考虑到这种风险的增加，从而放弃犯罪。实践中应用减少匿名的实例主要有：学校让学生统一穿校服，校服在学校之间甚至在同一学校不同年级之间形成区分，一旦学生实施犯罪或越轨行为就很容易被旁观者识别其身份；通过出租车司机的身份标识牌，乘客对于该司机的身份一目了然，也有效地减少了宰客现象的发生。

⑤员工一岗双责。本策略旨在通过运用公共服务业的员工充当监视者的角色，有效地监控潜在犯罪人员的活动，以协助维护治安。这些员工包括商店雇员、饭店服务员、停车场管理员、公寓管理员等。这些雇员除了完成其本职工作之外，还能承担起监视相邻环境犯罪行为的监视者的角色。这一措施在日常生活中也比较常见，如在英国位于酒吧雇员视野内的公共电话的损坏率较低，在美国的佛罗里达便利店防止被抢的最有效的方法是夜间安排两个雇员值班。

3）降低违法犯罪回报。潜在犯罪人员在犯罪之前会对犯罪行为所带来的回报进行衡量，该类预防措施旨在减少犯罪行为能为犯罪人员带来的回报，降低对潜在犯罪人员的吸引力。减少犯罪收益的基本方法就是使犯罪的对象变得不再有价值，或将对犯罪人员有价值的目标置于其控制之外。减少犯罪回报的手段有以下几种：

①隐藏犯罪目标。如不要戴很显眼的贵重首饰。

②转移犯罪目标。此项措施是指将易成为犯罪对象的物体进行移动和置换，避免其成为犯罪人员作案的对象。例如将现金交易改成票据转让，商店柜台减少现金存放等。

③财产标定。此项措施是指通过在财产上进行标记，例如在名贵的手表上标识其独特的表号、在牲畜身上进行烙印等，增加其可识别性，使其在流动中很容易被发现其真正的物主，即使该物被盗或者被抢之后也难以使用或销赃。现代社会，这一措施已经被广泛应用，例如机动车登记制度。

④瓦解黑市。将财产进行标识可以增加其在流通中被发现的可能性，大大降低其流通的价值，但是这些财产仍然可以流入黑市，犯罪人员仍然可以通过黑市的交易得到其因犯罪行为所带来的利益。瓦解黑市就是通过对黑市的打击，彻底消灭犯罪人员销赃和变现的机会，从而使犯罪收益降到最低，减少其对犯罪人员的吸引力。

⑤抑制获利。此项措施是指通过一些手段，达到即使犯罪成功犯罪收益也很低或为零的目的。2016年，郑州市金水区针对各类"城市小广告"，专门开发了

"城市管理行政执法语音提示系统"。执法人员看到小广告后，就带着相机到现场取证，然后由另一名执法人员对上面的电话号码进行核实，核实后将电话录入语音提示系统。随后，执法人员开始给该电话进行提示，如果对方拒不接受处理又不自行整改，执法部门将利用"城市管理行政执法语音提示系统"，对其进行24小时不间断呼叫或语音提示，直至其停机，这是此种犯罪预防思路的体现。

4）降低违法犯罪的刺激。减少犯罪刺激主要有以下五项内容：

①减少挫折与压力。减少挫折与压力的手段包括：增设服务窗口以减少排队，改善服务态度，增设座位，播放舒缓的音乐等。许多暴力犯罪是由于日常琐事引发的，如遭遇态度恶劣的服务，服务机构效率低下导致很多人排队等候，有人在排得很长的队伍中插队等。面对这些状况，大多数人都会心生怨气，而其中有的人就会诉诸暴力发泄。另外，许多娱乐场所人声嘈杂、拥挤过度，没有空间和座位供人休息，很容易使人焦躁冲动，因而在这些场所多设座位，使用较为柔和的灯光，播放舒缓的音乐，可以有效平息人们的焦虑，从而达到预防暴力犯罪发生的目的。

②避免纷争。球迷暴力是足球运动挥之不去的一个阴影。为了解决这一顽疾，现代足球发达国家多采用将双方球迷进行隔离的方式避免双方的摩擦。通常采用的措施包括：将敌对双方的球迷分看台就座；在双方看台之间架起隔离物或者安排大量保安将双方严格分开；双方的出入口分离，并且错时进场以及退场。这些措施的目的就是避免双方接触而产生纠纷。

③降低诱惑和刺激。降低诱惑和刺激就是减少人们在生活和工作中所面临的诱惑。例如，淫秽和暴力内容的视频、图画和网络游戏对青少年的腐蚀性极大，为了减少色情和暴力对青少年的危害，许多国家已经建立了作品的分级制度，或者采用特殊软件对青少年可能接触的不良信息进行过滤，以防止这些作品的不当传播。

④化解同伴不良影响力。同伴的行为对个体行为有较大影响，许多意志薄弱的人多是由于同伴的原因才走上犯罪道路，所以化解同伴的不良影响和负面压力很有必要。

【北京市未成年人犯罪调查案例】2015年，共青团北京市委员会联合首都师范大学少年司法研究与服务中心，共同就北京市青少年不良行为展开调研，课题组将调研对象锁定为233名2010年以来的京籍未成年犯罪嫌疑人，发现随着青少年的成长，"同伴"成为他们的主导影响源，青少年总是非常在意同伴群体对自己的评价，他们把这些评价视作自我价值的体现和获得自尊的途径。可以说，同伴群体就是青少年通往成人世界的"交通工具"。因此，不良同伴的影响成为不良行为产生的重要原因，而且不良交往具有"交叉感染"效应。如果某个青少年对一个由不良行为青少年组成的同伴群体产生兴趣，他会无条件支持同伴的不良行为，从而融入这个群体。比如许多青少年其实并没有烟瘾、酒瘾，但他们会通过模仿同伴抽烟喝酒寻找归属感。同时，不良交往也是青少年不良行为的催化剂。不良交往使青少年互相壮胆，减轻罪责感，产生"法不治众"的心理，为不良行为的实施"推波助澜"。

⑤阻止不良模仿。一个小过错所带来的负面影响如果不能快速地消除，就会引发一系列的模仿行为，甚至带来更为严重的违法行为，例如公园里一个被人涂花了的长凳与完好的长凳相比更容易招致损坏，一个社区如果刚出现不良现象时不加以改良，就会导致该类行为的增加，从而加速社区环境的恶化，这就是破窗理论。破窗理论也称为破窗效应，该理论认为一扇窗户被打破后，如果没有修复，将会导致更多的窗户被打破，甚至整栋楼被拆毁。该理论指出环境可以对一个人产生强烈的暗示作用和诱导作用。因此为了预防犯罪，就需要快速地消除轻微违法所造成的后果，以防止后来者的模仿。常见的阻止不良模仿的措施有：快速修复被损坏的房屋和财产，以防止其遭受更为严重的侵害；网络安全管理员要删除有关犯罪方法的详细描述，防止人们进行模仿。

5）消除违法犯罪的借口。行为人常常对其行为作出道德判断，如果其行为不符合通常的道德准则，就会以当时的规则不明确或类似行为的存在作为借口，抵消内心产生或可能产生的耻辱感，从而达到内心合理化的目的。

①制定规则。通过制定严格的行为守则和规范，明确合法与非法的界限，如有的城市社区要求在城市的"城中村"采用统一格式的房屋租赁合同、用工合同等，对房屋租赁制定明确的管理办法，降低违法犯罪发生的概率。

②激发良知。例如在商店、火车站等容易发生盗窃的公共场所设立"偷盗违法"的警示牌，在公路旁设置限速告示等，使得人们在即将实施违法行为的那一刻因为环境的警示而激发其良知，放弃违法行为。

③张贴警示标语。这里所说的张贴告示就是将有关的公共行为准则张贴于特定场合，以防止人们声称自己不知道而故意违法。例如在禁止停车场所张贴"禁止停车"告示牌，在个人所有的房屋、汽车等财产上贴上"私人财产"的标签，以防有人误以为是公共财物加以损坏。

④帮助守法。给行为人提供合法的且容易实施的机会，使行为人无法再为自己实施违法行为寻找借口。例如在公共场所提供更多的免费卫生间，会有效地减少随地大小便现象；设置更多的垃圾箱，就会有效地减少随手乱扔垃圾的现象。

⑤管制酒精和毒品。酒精和毒品削弱人的自控能力，钝化人的感觉，影响人的认知，许多人在酒精或毒品的影响下走上犯罪的道路，更多的人则是借助醉酒或吸毒时的失控状态为自己辩护。除了在法律中规定因醉酒或吸食毒品的人犯罪应负刑事责任外，还应当通过对酒精和毒品的严格控制措施，使潜在的犯罪人员没有机会得到酒精和毒品，也无法找到借口消除其失控状态下犯罪的耻辱感。常见的控制措施有：在酒吧等设置酒精测试器，以免顾客饮酒过量；禁止在公共场合饮酒，并采取严厉的干预措施；禁止将酒带入特定区域。

【广州市白云区情境预防案例】 针对白云区特殊的地理环境和其面临的突出问题，广州市公安局采取了一系列旨在预防和控制犯罪的情境改善实践。

1. **目标加固**

通过围墙、栅栏和闸门等，将原来开放式的居住区转变为封闭的或半封闭的社区，尽量减少车辆的进入，增加公共娱乐设施。

2. **扩大监控**

在案件高发的地区、路段增加监视与防控。通过上一年的犯罪统计，找出白云区犯罪热点地区。在辖区案件高发的关键路段和关键节点，实行动态布警和动态查车，强化重点时段、重点路段和重点部位的治安防控。

3. **增加犯罪风险**

在自然监控方面，安排社区建筑的布局，增加采光度，在建筑设计上尽量避免昏暗、缺少光线的地方；在基础设施建设方面，尽可能在路上安装路灯，减少黑暗角落。为补充自然监控的不足，在案件高发路段、重点场所、重要路口和昏暗角落安装视频监控设备，配置监控管理人员。在人员监控方面，巡逻民警、联防队员和小区管理者相互配合，以达到增加犯罪风险的目的。

4. **增加犯罪难度**

根据近郊地区的特点，白云区重点整治和清除各种无牌照、超范围经营、藏污纳垢的场所和行业，使之规范经营，清除不利于预防犯罪的环境，减少引发各类案件的诱因。

无论哪种犯罪预防理论，都只是提供了一种犯罪预防的思路和方法，还需要单位保卫部门和保卫人员充分结合本单位、本地区实际，采取积极的态度和适当的措施，犯罪预防才能达到预期的效果。犯罪不是孤立存在的现象，它的发生也有其内在的规律。只有认识犯罪发生的客观规律，采取相应的防范措施，消除和减少各种犯罪原因，犯罪预防才可以实现。

二、单位内部犯罪预防的基本措施

在借鉴上述单位内部犯罪预防理论的基础上，根据单位内部犯罪的发案特点，应有针对性地重点做好以下预防措施。

1. 环境预防

环境预防是对犯罪机会的限制和减少，使单位内部犯罪预防由被动应对转向主动预防，包括下列九点内容。

（1）制定建筑物环境预防的标准和法规。

（2）在办公区、住宅区内设置公共活动空间，以便员工、居民的交往，改善社区关系并能发挥人群自然监视的作用。

（3）对易遭受侵害的场所，采取特定技术手段和增设特定装置，如加装视频监控设备，配齐物防设施，对目标进行加固，提高抗击力。

（4）消除环境中的视觉污染（如低级趣味的招贴广告等）。

（5）增加照明度，形成有效的自然监视。

（6）设计封闭停车场或车辆集中停放，安排专人看管。

（7）对公共道路与通道进行合理设计，减少民宅周边开放度。

（8）在人群聚集区域设置监控系统。

（9）在居民住宅底层安置商业服务机构，使二者作息时间有效衔接，产生相互保护的作用。

【某国某市环境预防案例】某国某市在20世纪初就规定，任何商业、公园或住宅建筑许可证的发放都必须得到警察部门的批准，以确保建筑物能够充分保护其住户。该市官员认为：建筑物周围的围墙至少应该有8英尺（约2.4 m）高；停车场禁放石块，以防被用作武器；透明的围栏比围墙更有利于监视；洗手间灯的开关应进行远程控制，以防止被破坏；洗手间不应设在走廊的末端。通过一系列环境预防措施的实施，该市的犯罪问题得到有效控制。

2. 科技预防

在犯罪日益科技化、智能化的情况下，传统意义上的群防群治或主要依靠人力防范的方式防范犯罪已明显暴露出它的局限性。单位内部防范如果没有科学技术作保障，仅靠人海战术、拼体力，效能就不可能提高。因此，单位必须加大对治安防范的投入，这种投入还必须与单位的性质、规模和当时当地的治安形势相适应。由于技术防范手段代表了安全防范的发展方向，因此，单位尤其要加大对技防的投入，以提高犯罪成本，减少单位犯罪案件发生的概率，建立起人防物防技防相结合的治安防范网络。

技术防范手段可以说是人力防范手段和实体防范手段的功能延伸和加强，是对人力防范和实体防范在技术手段上的补充和加强。它要融入人力防范和实体防范之中，使人力防范和实体防范在探测、延迟、反应三个基本要素中不断地增加高科技含量，不断提高探测能力、延迟能力和反应能力，使防范手段真正起到作用，达到预期的目的。要结合单位承受能力、安全现状、社会地位等因素，按照先易后难，分步骤、分阶段、多层次、多格局的方式安装切实可行、覆盖面广的视频监控系统、入侵报警、出入口控制等设施。要加强技防工作专业培训，维护技防设施的正常运转。

【某军工集团技术中心涉密计算机被盗案例】2001年9月中旬，某军工集团技术中心涉密计算机被盗。某日凌晨，大楼一楼监控室报警器报警。两名值班保安立即关掉报警器，查看报警显示区位。监控系统显示8个防区中的2、3、5、7防区皆出现异常。二人急忙按照这一区位顺序进行检查。发现两台计算机主机被拆开扔在窗外，技术中心第三设计室后窗防盗网被剪断，玻璃窗窗扣被撬断。经清点，被盗物品包括一台计算机主机、两块主板、两个硬盘以及内存条、显卡、网卡等，涉及三台计算机。其中两台计算机硬盘内共存有24份秘密文件和内部资料，包括我国尖端武器的有关技术资料。

一个如此重要的国防科研单位，设置有围墙、防盗网、监控系统、安保值班人员，防范不可谓不严，犯罪分子为何如此轻易地就盗走了涉密计算机？保卫部门到现场查看了技术中心的安全保密防范措施，听取了情况汇报，发现技术中心存在重大的防范隐患。

技术中心大楼外有一道围墙，这是技术中心的第一道安全屏障。但围墙外的环境却很复杂，周围居住着许多流动人员，而且就倚着围墙外侧搭盖民居、工棚，给犯罪分子攀越围墙提供了条件。第二道防线是大楼窗户上的防盗网。但防盗网用一把普通的剪刀就可以剪断。第三道防线是监控系统。实际上，监控系统发挥了作用，报警器及时报了警。但遗憾的是安保人员却不会使用此系统。一处报警，竟显示有4处报警方位，致使未能准确判断出事防区。第四道安全保障，也是最重要的安全保障是安保人员。技术中心聘有5名安保人员，都不是正规的保安。这几人责任心不强，未按值班要求进行巡逻，案发当晚报警器响后，查找行动迟缓，未能及时发现异常情况，延误了时机。此外，按规定，密件不能在计算机硬盘中过夜，技术中心对此竟没有管理措施，以致密件随计算机一起被盗。

3. 制度预防

制度预防主要有以下几个方面的内容：

（1）认真落实治安综合治理的方针，建立、健全内部各项管理制度，并严格落实执行。

（2）依照有关法规与制度落实内部治安责任制，如管理规章、作业规程、操作规程、劳动纪律等，严格单位负责人和岗位员工的责任追究。

（3）有效发挥保卫"三道防线"的作用。"三道防线"建设是单位全面加强保卫工作的重要措施，它将单位各业务部门和保卫部门紧密融合在一起，形成一个相互制约、互为补充的防控体系。首先，单位所有干部员工都要承担起保卫责任，强化对风险隐患的自评、自控、自查和自纠能力，切实守好保卫工作的第一道防线。其次，保卫部门作为第二道防线，要抓好保卫工作的统筹、督导、检查工作，既要帮助业务部门发展业务，又要控制治安隐患和风险，为业务发展保驾护航。第三，单位内部纪检监察部门作为第三道防线，要求其忠诚履职、敢于亮剑、敢于揭盖子，做"长牙的老虎"，加大对第一、二道防线的监督力度。

（4）加强重要部位管理。要加强对重要部位的管理，要对重要部位从名称、所处位置、重要作用等方面逐一进行调查摸底、登记造册、归类建档，留下翔实的资料。在重要部位配备必要的安保力量，确保安全。

（5）加强人员管理。首先，加强对外来施工队伍和临时用工的管理，与施工单位签订治安责任书，做到谁主管、谁负责。把好重要部门和部位入口关。其次，对进入单位重要部门（部位）的人员，要坚持先审后用，不符合条件的坚决不让进。在日常工作中不断了解、掌握单位人员的情况。在普遍了解的基础上，重点掌握现实表现不好的人员情况，配合有关部门及时做好工作。例如，对党的路线、方针、政策和重大措施不满的，有严重抵触情绪的，在生产和生活中与其他同事有比较激烈的矛盾纠纷的，对某些涉及个人利益的决定，不能正确对待，情绪对立、行为反常，有可能铤而走险的，工作不负责，经常违反规章制度，不能正确地履行本岗位职责的，有进行破坏或其他犯罪嫌疑的人员。

（6）建立防范与地方公安机关打击犯罪的长效机制。加强与属地公安机关的协作配合，建立经常性的沟通联系机制，密切配合公安机关打击各类违法犯罪活动，整治周边治安问题，净化单位周边治安环境。

【邯郸农行金库盗窃案例】 2007年4月14日下午2点，河北省邯郸市农业银行工作人员在清点金库时发现，金库里的近5 100万元现金不翼而飞。2007年4月16日，邯郸市公安局接到报警随即展开调查，警方发现这家银行的现金管理中心管库员任某某、马某某有重大作案嫌疑，案发后两人潜逃。五天之后，警方分别将两人抓获。据犯罪嫌疑人任某某、马某某交代，银行的5 100万元巨款是他们从三月份开始，分多次盗窃的，其中的近4 300万元都被他们用于购买了彩票。本来他们想等彩票中了奖，就把偷的钱还回去，但最后几乎是血本无归。眼看着偷的钱越来越多，他们怕警察发现，决定最后偷一次就逃跑。

该案暴露了银行系统特别是金融部门等要害单位在防范方面的漏洞，从以下几方面敲响了警钟：

（1）职员"监守自盗"问题。金库固若金汤的防范都是面向外的，对于管理员的防范可能就不如防范外面的人严格。邯郸农业银行金库特大被盗案给我们敲响了警钟，防范工作必须内外一致。

（2）如何让看似严格的制度真正执行到位？此案刚发生时，人们对运走现金等存在疑问，现在嫌疑人落网，疑点开始解开，被盗的5 100万元现金是分很多次偷出来的。根据银行金库管理制度相关规定，两名管库员各有一把钥匙，每天24小时值班，进出金库至少有3道门，每道门都必须由两名管库员同时带齐钥匙才能开启，制约这两名管库员的是金库门口的监控探头。每拿一次钱按规定都要登记。金库必须坚持查库制度，中心库管辖行的出纳负责人每旬对中心库和分金库查库不少于一次，分管行长每月对中心库和分金库查库不少于一次。上级行要对下级行进行定期或不定期的查库，采用出纳部门逐级检查、越级抽查，分管行长督促查库、检查查库记录、抽查的方式。那么，这么多的检查怎么就没有发现这种"老鼠搬仓"的行为呢？任某某不断偷盗的5个月里，本应进行的15次查库形同虚设。同时，金库的监控系统也没有发挥有效作用。经公安机关排查，任某某、马某某作案时都是先切断电源，使异地监控系统无法正常工作后，再盗取库款。据保安押运公司监控值班人员记载，4月13日晚11时45分监控显示屏不显示，4月14日12时12分左右再次不显示，且自动向110报警。110迅速查问保安押运公司守库室，守库员电话询问任某某，任某某回答："未通知撤防导致误报。"恰恰在此时间段，任某某等人疯狂作案。此外，4月14日，任某某拿了1 800万元，通过银行后门出去,在被保安拦住检查时,他谎称是银行的一个存款大户要取钱。他还抱怨钱太多不好拿,让保安帮忙到街上买了3个化纤袋用来装钱。

该起案件中,体彩中心也同样存在着巨大的漏洞,任某某买彩票的钱,绝对够得上大额投注,但省市两级体彩中心却不问来路,通通照收不误,监督形同虚设,加剧了犯罪嫌疑人的赌博心理。层层关口,层层失守,这起银行盗窃案用一种极致的方式给我们敲响了警钟。

4. 教育预防

教育预防是指利用媒介的传播沟通效能,提高单位内部人员的防卫意识和防卫技能。主要包括:

(1)提高防范意识,变"要我安全"为"我要安全",产生自我预防犯罪的需要,激发接受防范教育培训的动机,形成积极学习的行为。

(2)规范行为,通过法律法规、规章、政策教育和企业保卫管理责任制等的落实,规范职工群众的行为,做到不危害自己,不危害他人,不被他人危害。

(3)强化防范技能,通过自我防范知识和岗位技能教育,提高职工群众的防范技能和紧急情况应变能力。

【石家庄靳某某爆炸案例——凸显四被告人的法律意识淡薄】2001年3月16日,河北省石家庄市发生了一起恶性爆炸刑事案件,共造成108人死亡,38人受伤。事后主犯靳某某被广西警方抓获,同年因犯有故意杀人罪、爆炸罪,被河北省石家庄市中级人民法院判处死刑并立即执行。

在石家庄市中级人民法院公开审理"3·16"特大爆炸案的法庭上,公诉人问靳某某:"你怎么知道到什么地方能买到炸药?"答:"我从《燕赵都市报》上看到了鹿泉市有人非法制造、买卖炸药受处罚的消息,知道那里能买到。"公诉人问身为鹿泉人的被告人王某某:"你有没有生产炸药的许可证?"答:"没有。"问:"有没有销售炸药的许可证?"答:"没有。"问:"知不知道非法生产、买卖炸药是违法的?"答:"不知道。做这种买卖的人很多,有时被抓到,也就是罚点钱。"高中毕业的被告人郝某某是被告人中文化程度最高的。即使是她,也从来没有意识到自己生产、销售爆炸物品是违法的。郝某某的丈夫患脑血栓长达9年,两年前去世。郝某某长期担负着养育两个女儿、赡养两位老人、照顾身患重疾的丈夫的重任。为了生活,她养过鸡,卖过鞋,做过蛋糕。后来听人说卖硝铵赚钱,她就帮别人熬硝铵,最后自己学着制作炸药。在她眼里,做炸药和做蛋糕一样,都是她谋生持家的手段。

公诉人问靳某某:"你为什么要搞爆炸?"答:"我只想吓唬吓唬他们。"爆炸,这种极端恐怖的犯罪手段却被靳某某视为处理问题的常规做法。

胡某某,"3·16"特大爆炸案的第四被告人,在一个采石厂打工。胡某某打工的采石厂没有让他接受《民用爆炸物品管理条例》所要求的培训,就让他担任爆破员,致使他对私自买卖雷管和纸药捻的违法行为性质缺乏认识。当靳某某告诉他想买雷管"崩土"用时,为贪图小利,他将50枚雷管、20余根纸药捻卖给靳某某,得利33元。

第四节 治安保卫重点单位及重要部位

一、治安保卫重点单位、重要部位概述

1. 治安保卫重点单位、重要部位的概念

治安保卫重点单位、重要部位历史上也称为要害单位、要害部位。从保卫工作的角度来讲，要害单位是指对国家安危、国计民生起重大作用和影响的单位。要害部位是指单位内部，对生产、科研等业务活动的全局起关键作用的场所。要害保卫是在 1950 年第一次全国经济保卫工作会议上，由时任公安部部长的罗瑞卿提出后逐步建立和完善起来的一项重要的公安业务工作。要害保卫业务形成了独有的概念和业务用语，以及独具特色的业务内容和工作措施。长期以来，要害保卫工作一直是我国保卫工作的重要组成部分，在维护我国经济文化建设安全、促进社会稳定方面发挥了重要的作用。

2004 年颁布实施的《内保条例》将要害单位、要害部位改称为重点单位、重要部位，统一使用了治安保卫重点单位、治安保卫重要部位的概念。

（1）治安保卫重点单位。根据《内保条例》的规定，治安保卫重点单位是指关系全国或者所在地区国计民生、国家安全和公共安全的单位，其可简称为重点单位。治安保卫重点单位由县级以上地方各级人民政府公安机关按照下列范围提出，报本级人民政府确定：

1）广播电台、电视台、通讯社等重要新闻单位。中央和地方的广播电台、电视台以及新华社、人民日报社等重要的新闻单位是党和国家对内对外进行宣传的喉舌，是发布政令、传播信息的重要工具，其政治性强、影响面广。尤其是战时或国家处于紧急状态时，这些部门的地位显得更为重要。广播电台、电视台保卫工作的重点是播音部位及与播音有直接关系的部位，对广播电视的信号传输起关

键作用的设施、设备，广播电视器材设备、物资储备库以及涉及重要国家秘密的部位。

2）机场、港口、大型车站等重要交通枢纽。机场、港口、大型车站等重要交通枢纽，是人、财、物流动的中心，对社会经济发展起着重要的促进作用，与人民群众的生产、生活息息相关。民航担负着国际、国内航班运输的重要任务，具有点多、线长、面广的特点。当前，国际恐怖主义活动加剧，民航安全受到很大的威胁。机场范围大、重要部位多、人员多、流动性大，保障机场的安全，对于维护航运秩序，保障人员和物资的安全流通，维护国家形象，促进社会经济发展具有十分重要的意义。港口、大型车站等场所也一样，人员流动性大，人员成分及治安情况复杂，违法犯罪活动突出，治安防范漏洞隐患多，需要加强治安保卫工作。

3）国防科技工业重要产品的研制、生产单位。国防科技工业重要产品的研制，是为了保卫国家安全，加强和壮大国防力量，防御和打击外来武装侵略势力，它关系到国防现代化的进程，关系到国家的安全和领土的完整。国防科技工业重要产品的研制、生产单位，具有许多重要的特点。一是保密性强，这些单位的分布、产量、储量，尖端武器的种类、战术技术性能、生产数据、试验和作战频率等都是核心机密，必须确保安全。二是协作面广，一项尖端武器的研制、生产，往往需要数十乃至上百上千家单位的密切合作。针对这一特点，应根据各个单位承担的不同任务，将生产尖端武器主体的工厂和承担绝密零部件生产的工厂作为保卫的重点。三是使用易燃、易爆、放射性等危险物品多。在国防尖端产品的生产过程中，有的部门生产加工放射性物质和核材料，有的使用炸药、雷管进行试验，这些危险物品在生产、使用、运输、储存中稍有不慎，就会酿成重大灾祸。

4）电信、金融单位。电信通信枢纽保卫工作的重点是在电信通信过程中起关键作用的设备、价值昂贵的设备、担负重要通信任务的部位、经常和大量接触国家秘密的部位、专门或主要担负外事通信和国际通信的部位以及为外国驻华机构服务的通信部位。金融单位集中了国家和社会的巨大财富，也是犯罪分子觊觎的主要目标。

5）大型能源动力设施、水利设施和城市水、电、热力、燃气供应设施。这些重要设施都是社会生产、生活所必需的设施。电力企业的产、供、销过程，依靠高度自动化、庞大的发供电设备和完整的电力系统来完成，对安全管理要求高。重要动力单位的保卫重点是电气主控制室、锅炉控制室、汽轮发电机控制室、指挥发电生产的通信室、气动控制设备的空压机室，发电机、汽轮机、锅炉本体和控制盘，变电站、电缆沟、油库、煤气站、天然气站、氢站等。

6）大型物资储备单位和大型商贸中心。大型物资储备单位主要有综合储备库、火炸药储备库和油类储备库等。国家储备物资是国民经济的重要组成部分，在国民经济中有着特殊的重要作用，是为了应付战争、自然灾害和国民经济严重失调而备用的物资，它不同于日常民用物资，具有战略性、秘密性、应急性。其所储备的物资集中、数量大、价值大，有许多物资还有易燃、易爆的危险性，如果发生安全问题，将给国家和人民造成严重危害。大型商贸中心也是物资的储存地和集散地，物资集中、人员多、流动性大、安全隐患多，需要加强治安保卫工作。

7）教育、科研、医疗单位和大型文化、体育场所。教育、科研单位承担着培养人才和科学研究的重要任务，是创造知识和传播知识的主要阵地。重要科研单位的秘密项目多，先进、贵重的仪器设备多，使用的危险物品多。重要科研单位保卫工作的重点是：为国防建设服务的尖端科研项目中，能反映研究项目的性能、用途、战术技术指标、试验时间、总体规划、综合资料和总体结构的有关环节和部位；涉及我国独有的具有国际先进水平的发明创造的有关保密部位；对国民经济具有重大技术价值和经济效益的项目；重大科学试验项目以及在研制、试验中有可能严重危及人身安全的项目；集中存放科学技术资料、成果档案的场所；大中型计算机以及其他贵重、关键的设备。

8）博物馆、档案馆和重点文物保护单位。博物馆、档案馆和重点文物保护单位是国家珍贵文物、标本和重要资料的主要收藏处所，确保文物、标本、资料的安全十分重要。文物保护单位是指人民政府按照法定程序审核公布的历代遗留下来的，具有历史、艺术、科学价值的革命遗址、纪念建筑物、古文化遗址、古墓葬、古建筑物、石窟寺、石刻等一般不能整体移动的文物。《中华人民共和国文物保护法》规定，国务院文物行政部门在省级、市级、县级文物保护单位中，选择具有重大历史、艺术、科学价值的确定为全国重点文物保护单位，或者直接确定为全国重点文物保护单位，报国务院核定公布。

9）研制、生产、销售、储存危险物品或者试验、保藏传染性菌种、毒种的单位。研制、生产、销售、储存危险物品的单位，其安全不仅仅是自身的安全问题，而且关系到国家安全和社会安全。传染性菌种、毒种的治安保卫，在当前更是重中之重。对这些危险物品的管理，国家制定了许多法律、法规和规章，在保卫工作中都应当严格遵守。

10）国家重点建设工程单位。重点建设工程，是指列入国家或地方政府发展计划，由中央或地方集中人力、物力、财力进行建设的重点项目。现阶段的重点建设工程主要是能源、交通、通信、重点原材料和水利等基础工业和基础设施的建设项目。除新建工程外，还有一部分是扩建、改建的大中型电站（包括水电、火电和核电）、煤矿、油田、铁路和公路干线、港口、机场、通信干线、水利等骨干工程，以及冶金、化工项目工程。有的是我国自行设计，制造设备，投资兴建的；有的是从国外引进成套设备或单项技术设备兴建的；有的是从国外引进资金，中外合营兴建的。重点建设工程技术先进，机械化、自动化程度高，生产能力强，经济效益高，是国家集中财力、物力保证的重点。

11）其他需要列为治安保卫重点的单位。

（2）治安保卫重要部位。按照《内保条例》的规定，治安保卫重点单位应当确定本单位的治安保卫重要部位，按照有关国家标准对重要部位设置必要的技术防范措施，并实施重点保护。

治安保卫重要部位是指在治安保卫重点单位内部，对生产、科研、经营等业务活动的全局具有关键作用和影响的部位，可简称为重要部位。治安保卫重要部位的主要类型如下：

1）人员密集场所。单位内部人员密集场所主要有车间、办公室、礼堂、图书馆、教室、宿舍等。

2）掌管重要国家秘密的部位。包括：各单位的机要部门、机密资料室、档案室、文件室；掌管国家尚未公布的国民经济中期、长期计划和年度计划，战略物资和军用物资的生产、储备、调运及自然资源储量等数字的计划、统计部门；掌管重大决策，以及掌管需要保密的重要技术、工艺的业务部门。

3）生产、科研等业务活动的关键部位。指对单位生产、科研等业务活动有全局性影响的，能起主要作用或决定作用的部位。

4）生产、使用、储存危险物品的部位以及实验和保藏有害菌种、毒种的部位。主要有制造火药、炸药及其他弹药的部位，石油、化工企业中生产、使用易燃、易爆、剧毒等物质的部位，生产、使用核材料以及其他放射性元素的部位，培养、使用菌种、病毒的部位，矿山、基建、交通等工程部门中的爆破作业部位。

5）重要的供电、供气、供水、供油、供热部位。电力是输送和取用方便的动力能源。在现代化工业、交通运输、科学研究等活动中，无一不使用电力作为主要动力。在单位内部，重要的供电部位通常是变电站（所）或配电室。供气部位主要有三种类型：一是可燃性气体供气，如氢气、煤气、乙炔气等；二是热力蒸气供气，其主要通过锅炉产生和输送；三是空气供气。供水部位主要是指重要的生产、科研单位中的水源泵房等。供油部位主要是指加油站、油库、输油站等。供热部位主要是指为生产、科研等单位和居民社区供热的供热泵站、热力网络等。

6）贵重、稀有、关键设备。现代化大生产离不开设备，贵重、稀有、关键设备一旦被破坏或发生其他问题，势必严重地影响生产、科研，造成财物损毁甚至人身伤亡。贵重设备，是指经济价值昂贵的机器、仪器设备。稀有设备，是指国内稀少，甚至独一无二的重要设备。关键设备，是指在生产、科研中起决定作用的设备。

7）集中储存钱财物资的部位。集中储存钱财物资的部位主要是指各单位内部掌管钱款票证的财务部门，工厂的重要原材料库和成品、半成品库，商业部门的物资仓库，银行、储蓄所存放钱款、金银、外汇的部位。

8）存放珍贵文物的部位。存放珍贵文物的部位主要是指陈列珍贵文物的展厅、展室、文物库房以及文献资料室等。

2. 与重点单位、重要部位近似的三个概念

（1）重点目标。《中华人民共和国反恐怖主义法》规定，公安机关应当会同有关部门，将遭受恐怖袭击的可能性较大以及遭受恐怖袭击可能造成重大的人身伤亡、财产损失或者社会影响的单位、场所、活动、设施等确定为防范恐怖袭击的重点目标，报本级反恐怖主义工作领导机构备案。《中华人民共和国反恐怖主义法》未明确列举重点目标的范围，重点目标的确定以对恐怖分子的吸引力和遭受损失产生的后果和严重性两个因素为依据，其范围比治安保卫重点单位、重要部位要广。除治安保卫重点单位、重要部位之外，重点目标还包括：

1）大型群众性活动和重大活动。根据《大型群众性活动安全管理条例》，大型群众性活动是指法人或者其他组织面向社会公众举办的每场次预计参加人数达到1 000人以上的活动。重大活动一般指各级政府举办的涉及政治、经济、科技、文化、体育、宗教等领域的具有重大社会影响的活动。大型群众性活动和重大活动都有参加人数多、涉及面广、关注度高、临时性强等特点，是反恐怖防范和治安保卫工作的重点。

2）重要人物。包括党和国家领导人、来访重要外宾、知名专家等。

3）重要机关办公地。包括党委、政府、公检法机关办公地点，外国及国际组织驻我国使领馆。

4）驻外人员和机构。包括中国在境外的公民以及驻外机构、设施，特别是在战乱或恐怖袭击多发国家的机构、设施。

（2）重要（关键）基础设施。重要（关键）基础设施是指能对整个国家和全体国民生活具有基础性作用的设施。近年来，我国逐渐引入重要（关键）基础设施的概念，如《中华人民共和国网络安全法》规定，国家对关键信息基础设施，在网络安全等级保护制度的基础上，实行重点保护。

2021年9月1日，《关键信息基础设施保护条例》正式施行，这是我国首部专门针对关键信息基础设施安全保护工作的行政法规。该条例规定，关键信息基础设施是指公共通信和信息服务、能源、交通、水利、金融、公共服务、电子政务、国防科技工业等重要行业和领域的，以及其他一旦遭到破坏、丧失功能或者数据泄露，可能严重危害国家安全、国计民生、公共利益的重要网络设施、信息系统等。

重要（关键）基础设施与治安保卫重点单位、重要部位有相似之处，却也存在明显不同。《内保条例》规定的11类重点单位均具有重要（关键）基础设施的性质，但是一些重要（关键）基础设施并不在治安保卫重点单位之列，如军事设施等。此外，单位是中国社会结构的一个基本组成部分，是从事职业性活动的社会组织。治安保卫重点单位不仅包括单位内部各类设施、设备，还包括在单位工作的人员和内部组织机构，而重要（关键）基础设施一般指静态的设施、系统等。根据《内保条例》的规定，治安保卫重要部位是治安保卫重点单位的下位概念和属概念，其与重要（关键）基础设施的概念类似于部分和整体的关系，例如，某大型城市交通枢纽是治安保卫重点单位，属于重要（关键）基础设施，其内部的调度中心就应当是这个重点单位内的治安保卫重要部位。

（3）反间谍安全防范重点单位。2021年4月26日，国家安全部公布了《反间谍安全防范工作规定》，规定国家安全机关根据单位性质、所属行业、涉密等级、涉外程度以及是否发生过危害国家安全案事件等因素，会同有关部门制定并定期调整反间谍安全防范重点单位名录，以书面形式告知重点单位。反间谍安全防范重点单位除履行一般单位的义务外，还应当履行下列义务：

1）建立健全反间谍安全防范工作制度。

2）明确本单位相关机构和人员承担反间谍安全防范职责。

3）加强对涉密事项、场所、载体、数据、岗位和人员的日常安全防范管理，对涉密人员实行上岗前反间谍安全防范审查，与涉密人员签订安全防范承诺书。

4）组织涉密、涉外人员向本单位报告涉及国家安全事项，并做好数据信息动态管理。

5）做好涉外交流合作中的反间谍安全防范工作，制定并落实有关预案措施。

6）做好本单位出国（境）团组、人员和长期驻外人员的反间谍安全防范行前教育、境外管理和回国（境）访谈工作。

7）定期对涉密、涉外人员开展反间谍安全防范教育、培训。

8）按照反间谍技术安全防范标准，配备必要的设备、设施，落实有关技术安全防范措施。

9）定期对本单位反间谍安全防范工作进行自查，及时发现和消除安全隐患。

反间谍安全防范重点单位的范围与治安保卫重点单位、重要部位虽有交叉，但其立足点是反间谍安全防范，它的确定标准与治安保卫重点单位、重要部位不同。此外，反间谍安全防范的主管机关是各级国家安全机关而非公安机关。

3. 治安保卫重点单位及重要部位的特点

治安保卫重点单位、重要部位对其所在地区乃至全国都具有重要的影响，这是由其性质所决定的。

（1）性质重要。性质重要体现在保密性、贵重性、危险性三个方面。保密性强，比如国防科技工业单位和部门，掌握着大量的国家秘密，关系到国家的安全和利益。贵重性高，比如国家金库，国家重要物资储备仓库，高、精、尖的仪器设备，珍贵文物等，都是国家重要的财富，具有极高的经济价值。危险性大，比如生产和储存易燃、易爆、剧毒、放射性等危险物品的部门和部位，都直接关系到国家财产和人民生命安全。

（2）作用大。作用大，是指治安保卫重点单位、重要部位在经济建设、文化建设中起着举足轻重的作用，对生产、科研等业务活动具有决定性影响。

（3）影响大。影响大的表现形式有三种。一是直接危害，即一旦发生问题，直接造成人员伤亡和财物毁损。二是间接危害。现代生产和管理社会化程度很高，某一部分、某一环节发生问题，都会出现连锁反应，辐射到其他部位、行业和环节。社会化程度越高，其影响越大，后果越强烈。三是潜在危害，即其危害后果在目前还没有显露出来，只是存在客观的危害可能性，但当具备一定条件后，危害可能性即可转化为危害现实。

作用大与影响大是两个不同的侧面，前者是正面效应，后者是负面效应。两者相辅相成，作用大的机构、部位，一旦发生问题，其后果也必然严重。

二、治安保卫重点单位、重要部位保卫工作的基本措施

1. 安全管理与业务管理相结合

重点保卫的对象存在于生产、科研等业务活动之中，只有将安全管理与业务管理相结合，才能确保重点保卫对象的安全。

（1）提高全员安全意识，调动全员参与保卫工作。广大职工在生产、科研的第一线，最熟悉生产、科研等业务活动的基本情况，了解重点保卫的特点和规律。保卫措施需要广大职工群众在业务活动中贯彻执行，否则再好再完备的保卫措施也形同虚设。同时，保卫的方案和措施也需要广大职工群众在实践中检验和改进。

（2）单位的保卫部门应发挥好职能作用。单位的保卫部门是本单位主管保卫工作的职能部门，保卫干部应当有高度的责任感，有较高的业务水平，掌握重点保卫的理论、方法、技术、技能，能组织群众、协调工作、处理日常事务和应付突发事件。重视治安保卫宣传教育工作，通过各种形式对职工进行法制教育，治安形势、敌情、社情、政情、舆情教育，安全生产教育，保守国家秘密教育。提高职工群众对加强重点保卫重要性的认识，增强参与意识。提高预防犯罪的警惕性以及防范能力。自觉维护生产、科研秩序，预防和减少灾害事故。

（3）公安机关应加强重点保卫的业务指导。一是做好本地区治安保卫重点单位的审定。通过调查研究，掌握第一手资料，准确确定本地区的重点单位。二是加强对治安保卫重点单位及其重要部位的安全检查。对查出的隐患和不安全因素，应指导、帮助单位及时进行整改，指导单位有针对性地加强保卫措施。三是加强与重点单位的业务联系。向重点单位提供治安动态信息、犯罪信息、安全防范的经验教训，使之能进行有效的犯罪预测和事故预测，做到预防为主、保障安全。

2. 建立健全保卫责任制

所谓保卫责任制，就是根据各个工作岗位的性质和职权，将其保卫工作的任务明确纳入岗位责任范围的一种管理制度。保卫责任制将保卫工作与该单位的生产、科研等业务工作融为一体，使之与业务管理、经济责任相结合，与业务工作同计划、同布置、同检查、同考核、同奖惩。

（1）根据治安保卫重点单位、重要部位的实际情况制定保卫责任制。严密的保卫责任制，有利于保障重点单位及其重要部位的生产、科研等业务活动有组织、有秩序地进行，有利于堵住犯罪分子可以利用的漏洞以及排除事故隐患，有利于

强化职工的治安保卫意识，调动职工参与重点保卫的积极性。实践证明，凡是保卫责任制健全并能贯彻执行的单位，职工的责任心就强，安全就有保障。

（2）强化检查、考核，防止保卫责任制流于形式。检查、考核的方式一般是月检查、季评比、年终考核，并制定具体的考核评分标准，实行奖惩兑现。

（3）将保卫工作纳入本单位的目标管理中。保卫工作是单位管理工作的重要组成部分，是企业法定代表人的法定职责。应将保卫工作纳入单位的全面管理中，以确保重点保卫对象的安全。将保卫工作纳入本单位目标管理中，利于明确工作方向和本单位对保卫工作的统筹兼顾，利于增强保卫人员的责任感和吸引职工群众关心本单位的保卫工作，利于促进保卫工作"预防为主"方针的落实，利于对保卫部门和保卫人员工作实绩的考核。

3. 开展保卫检查

保卫检查的对象，主要是保卫对象本身以及为确保安全而制定的制度和设置的设施。一般可将安全检查的主要内容概括为以下四个方面。

（1）查制度的制定和执行情况。检查各项保卫制度是否健全，制度的制定和执行还存在哪些问题和漏洞，如值班守护制度、保密制度、出入管理制度、交接班制度、参观实习制度、消防制度、岗位责任制度等。保卫制度不健全会使犯罪分子有机可乘或导致灾害事故的发生。同样，有章不循也会给予犯罪分子可乘之机或埋下事故隐患。因此在安全检查时应当注意检查并纠正无章可循和有章不循的现象。

（2）查关键设备的运行及维修保养情况。即检查重要机器、仪器、设备以及贵重器材物资的保护、使用情况，有无事故隐患和其他不安全因素。如设备的材料、结构不良，通常会造成各种容器、管道的跑、冒、滴、漏和强度不够，这也是造成案件和事故的常见原因。应结合具体的生产业务活动情况、具体的设备材料和结构情况，经常进行检查分析，及早发现和消除隐患。

（3）查危险物品的管理情况。检查易燃易爆危险品、放射性物品的生产、运输、储存、使用是否符合安全要求，温度、湿度、通风和周围环境是否适宜，仓库内危险物品是否有超高、超储、混储的现象，有关设施是否符合安全要求，设施本身是否设置得合理，是否有相应的安全设施。

（4）查保卫措施的落实情况。检查值班守护情况，是否安排值班守护，守护人员的责任心如何，是否能严守制度要求，守护的形式是否科学合理；检查消防设备的设置和维护、保养情况；检查是否按规定设置了必要的视频监控、周界报警、防雷装置，物防、技防设备是否设置得合理（包括种类的选择和安装的方式、部位），是否安全有效。

在工作实践中，保卫检查的种类、方式很多，主要有经常性检查、节假日检查、重点检查、普遍检查、本部门检查、同类部门互查等。

4. 加强对不安全因素的整改

保卫检查的目的，在于发现和解决安全保卫工作中存在的漏洞和隐患。发现漏洞、隐患固然重要，但这只是消除不安全因素的前提条件，只有抓好整改，消除隐患，才能确保安全。抓好对不安全因素的整改是安全检查的重要一环。对单位的保卫部门来讲，应重点抓好以下几项工作：

（1）及时反馈情况。保卫部门要将检查出来的问题及时报告单位党政领导，并通知有关部门。重大问题还应向公安机关有关业务部门报告。

（2）提出整改建议。对检查出来的问题，保卫部门应主动与有关部门协商，提出整改建议，并按部门分工，请有关部门制定整改方案。方案中须定人员、定时间、定措施，把整改方案落到实处。

（3）检查整改的进展情况。保卫部门要经常了解整改方案的执行情况，督促有关部门抓紧整改；对于短期内难以解决的问题，要有临时性的安全措施。安全无保障的，要将情况如实报告单位党政领导和公安机关有关业务部门，想方设法创造条件解决问题。

5. 加强对重要岗位人员的管理

加强重要岗位人员的管理是《中华人民共和国反恐怖主义法》等法律法规赋予单位保卫部门的法定职责，主要内容如下：

（1）做好人员背景审查。加强对重点单位内部人员，特别是重要岗位人员的背景审查，是确保重点单位及其重要部位安全，防范各类破坏活动的重要一环。审查可以通过谈话，查阅相关资料，请公安机关、国家安全机关和有关部门协助提供情况等多种方式进行。从保卫工作实践看，下列人员不适合在重要岗位工作：

1）被依法判处缓刑、假释、监外执行及剥夺政治权利的人员。

2）有进行破坏或其他犯罪的嫌疑人员。

3）刑满释放后表现不好的人员。

4）被依法采取取保候审、监视居住强制措施的犯罪嫌疑人。

5）对党的路线、方针、政策有严重抵触情绪的人员。

6）对某些涉及个人利益的情况，不能正确对待，情绪对立、行为反常，有可能铤而走险的人员。

7）工作不负责任，经常违反规章制度，不能正确地履行本职职责的人员。

把好入口关是纯洁重要岗位人员的重要措施。对新进入重要岗位工作的人员，要坚持先审后用，严格把关。这样才能从源头上保证人员的纯洁性。在审查工作中，单位保卫部门应积极向组织、人事部门提供情况，配合进行好人事审查。

（2）定期开展适岗评估。要定期开展重点岗位人员的适岗评估，保卫人员对重要岗位人员的情况要清楚，尤其是清楚其现在所担负的工作、现实表现、家庭情况和与之较为密切的社会关系，及时发现问题并采取相应的对策措施。保卫部门发现在岗工作人员不符合条件的，应及时向单位党政领导报告，建议有关部门将其调离，并将情况通报给公安机关。在调离前要求部门领导在安排这些人员的工作时采取适当措施（如不让其单独操作或单独掌握某项工作），并密切掌握其表现情况，控制其动态，防止发生危害。

6. 加强守护

（1）加强对守护力量的管理教育

1）加强对本单位护卫队的管理教育。护卫队是指单位组建的保护单位内部安全、维护内部治安稳定的组织。对护卫队要选派得力人员担任负责人，吸收队员要做好政审工作，保证队伍的纯洁性。保卫部门在日常业务工作中，应加强政治思想工作，不断地进行政策、法律教育，定期进行业务训练，不断提高业务素质，熟悉职责范围，明确所担负的任务、管辖的范围以及具体的工作要求；明确看管的重点和易于发生问题的部位；要具备一定的保卫常识，特别是防盗、防火、防爆炸、防破坏所应具有的常识；具有识别风险隐患和可疑人员的本领。

2）加强对保安员的管理教育。单位保卫部门要加强对外聘保安公司及其保安员的指导，采取多种形式培训保安员，加强政治教育和业务训练。对于新招聘的保安员，要先进行教育训练，工作一定时间后还应分期轮训。要严格外聘保安公司的管理制度，制定公司章程、管理方式和保安员守则等。坚持考核工作经常化、奖励先进，激发保安员的工作热情。

此外，按照《中华人民共和国人民武装警察法》的规定，人民武装警察部队负责重要的公共设施、核设施、企业、仓库、水源地、水利工程、电力设施、通信枢纽等目标的核心要害部位的武装守卫。中央军委对人民武装警察部队的执勤任务的具体范围有明确的规定，一般情况下，人民武装警察部队负责守卫的部位也都是所在地方的治安保卫重点单位，单位应当积极配合人民武装警察部队，关心关爱守卫执勤官兵，向干部战士进行敌情和治安问题以及设备设施情况的宣传教育，提高警惕性和增强责任感。

（2）加强业务指导、完善守卫方式

1）定点守卫。定点守卫的目标主要有银行金库，存放贵重财物的房间和仓库，存放重要的国家秘密文件、资料、实物的部位，存放珍贵文物的部位，存放武器弹药的房间和仓库等。定点守卫的要领有四点。一是上岗清场，尤其是对那些对外营业的单位、部位更显重要，如银行、博物馆、展览馆、商店等，可防止犯罪分子事先潜伏下来，夜间伺机作案。二是室内坚守，守卫人员不应离开现场，也不允许无关人员进入现场。三要注意观察，守卫工作从接班开始到交班止，都要时刻注意发现各种可疑情况。四要严格履行交接班制度，若没有履行交接手续，进行必要的检查，则不应上岗或离岗。守卫人员在值勤中不能早退、迟到和中途脱岗。

2）巡逻守卫。这种守卫方式是以守卫人员的值班室为根据地，不断地巡视查看整个防区范围内的守卫对象，由此来掌握动态、保障安全。巡逻守卫的要领有三点。一是不断巡视。巡逻守卫对象数量多，存放场地广阔，决定了守卫人员必须要不断地巡视。二是机动灵活。如果巡视的时间、区域、线路固定，就会形成漏洞，为犯罪分子提供作案机会，因此使犯罪分子抓不到守卫人员的巡视规律，是巡逻守卫成功的关键。三是突出重点。由于巡逻守卫对象的种类、数量较多，所以应当分清主次、区别对待。例如，从同一种物的状态看，有箱装的，有散放的，因散放易被盗，故应作为重点；从感知的角度讲，视不明听不清的部位是重点；从犯罪分子作案的难易度来讲，易作案的地方是重点；发案的高峰时间是守护的重点。

3）人防、物防、技防相结合。一是严格技防、物防设备的管理。各类设备设施都要有专人负责操作、保养，并建立值班、交接、登记使用和保管制度，使设备设施能处于正常运行状态。对技防、物防设施的性能、安装方法、安装部位、线路走向等都应严格保密。对安装的部位要做好隐蔽和掩护工作。使用中知情人要限制在最小范围之内。二是坚持"人物技"相结合的原则。要加强对有关人员的选配、教育和管理。坚持先审后用。实行双人值班守卫，昼夜警戒。制定应急预案。要分工明确，责任到人，做到定人、定位、定职责。一旦发生情况，能快速反应、有效反应。

4）联防互动。联防的主要形式有三种。一是内外联防。守护力量在单位保卫部门领导下，与驻地周围街道、社区实行区域联防，为维护区域内社会治安稳定和保障内部单位、街道、社区安全，共同担负警戒、巡逻、安全检查任务，分工负责，各有侧重。二是警民联防。在驻地公安机关的组织协调下，区域内各单位建立联防关系，统一进行安全巡查，一旦发生案件或事故，迅速与公安机关和相邻单位沟通信息和取得支援。三是军民联防。在驻军营地、军事设施、军用机场、军用仓库、军工企业所在地，以军事单位为主，联合周围单位的警卫守护力量，组成区域性联防组织，共同维护一方平安。

第五节 单位信息安全与保密知识

一、单位信息安全与保密工作概述

1. 单位信息安全概述

（1）单位信息安全的概念与特征。单位信息安全，是指单位在日常管理和生产经营过程中，对于计算机硬件、软件、数据和网络运行等方面进行的安全保护工作，以确保单位人员、财产和业务运营安全。

单位信息安全具有如下特征：

1）责任主体明确。单位信息安全的责任主体是单位。即使是存储、流通、传阅的信息被确定为国家秘密，只要是与正常工作相关，本单位都应当对该信息承担保护责任，同时知悉单位信息的人员负有保密的义务和责任。

2）与单位密切相关。无论是单位自身产生的，还是由于业务合作关系获得的，单位信息安全都与单位的业务活动有密切的关系，单位必须在业务活动各环节、流程对其进行保护。

3）具有重要价值。一方面单位信息可能会给本单位带来经济效益，另一方面单位信息安全出现问题可能会对员工、单位和国家造成不良影响、经济损失甚至政治风险。

4）受法律保护。单位信息安全受到《中华人民共和国网络安全法》《计算机信息系统安全保护条例》《计算机软件保护条例》等法律法规保护，如果采用非法的手段获取单位信息将受到法律制裁。

（2）单位信息安全的范围。单位信息的内容非常宽泛。按照不同的分类依据，单位信息分为不同的类型。如按照单位信息的应用领域划分，可分为工业信息、农业信息、军事信息、政治信息、科技信息、文化信息、经济信息等；按照单位信息的存在形态划分,可分为音频信息、图像信息、文本信息、视频信息等;按照单位信息的载体性质划分,可分为电子信息、光学信息、生物信息等。

(3)单位信息安全工作的基本要求

1)真实性。能够对信息的来源进行判断,能够对伪造来源的信息予以鉴别。

2)保密性。保证涉密信息不被窃取、不被窃听,或窃听者不能了解信息的真实含义。

3)完整性。保证信息的一致性,特别是防止文件、资料、数据被非法用户篡改。

4)可用性。保证合法用户对信息和资源的使用不会被不正当地拒绝。

5)可控制性。能够对信息的传播及内容进行控制。

6)可审查性。能够对出现的信息安全问题提供调查的依据和手段。

2. 国家秘密概述

(1)国家秘密的概念。按照《中华人民共和国保守国家秘密法》(以下简称《保密法》)的规定,国家秘密是指关系国家安全和利益,依照法定程序确定,在一定时间内只限一定范围的人员知悉的事项。保守国家秘密是单位和个人的基本义务。

从上述定义看,国家秘密由三个基本要素组成:

1)关系国家安全和利益。这是构成国家秘密的实质要素,是准确判定某一信息是否属于国家秘密的关键。这里的"关系"是指某一事项被泄露后的客观危害性,而不是指该事项本身是否重大。在现实生活中,有的重大事项是应当公开的,而有的非重大事项却不宜公开。因此,关键在于这一事项被公开后是否会损害国家安全和利益。

2)依照法定程序确定。这是国家秘密的程序要素。关系国家安全和利益的信息,必须在履行确定相应密级的程序后,才能成为法律认可的国家秘密。所谓法定程序,是指《保密法》和《中华人民共和国保守国家秘密法实施条例》就确定、变更国家秘密的密级和保密期限以及解密所做出的一系列相应的规定。国家秘密的这一要素,是强调确定国家秘密的统一性与合法性,防止主观随意性。

3)在一定时间内只限一定范围的人员知悉。这是国家秘密的时空要素。国家秘密会随着一定的时间和客观情况的变化而发生变化,或变更密级或解密。在特殊情况下,也会发生密级由低变高的现象。国家秘密的接触、知悉的范围必须限定在需要知悉的范围内,不能控制知悉范围的信息就不能称为国家秘密。

（2）国家秘密的特点。根据上述关于国家秘密的定义，国家秘密具有以下几个特点：

1）依附性。国家秘密依附一定的生产、业务活动而存在，离开了这些活动，也就没有什么秘密可言。同时，国家秘密服务于一定的生产、业务活动。

2）广泛性。我国是社会主义国家，坚持和完善公有制为主体、多种所有制经济共同发展的基本经济制度，各个部门和多数单位都可能掌握一定数量的国家秘密，区别是数量的多少和密级的高低不同。

3）时间性。任何秘密都是有时间性的，任何秘密不可能也没有必要永远保密。国家秘密也是这样，超过了一定时间，秘密事项公开后不会影响国家的安全和利益，就没有必要保密了。

4）排他性。对空间的排他性，国家秘密有特定的保护空间，不允许将其携带或搬运至任意的地方；对人员的排他性，国家秘密不允许无关的人员知晓。

（3）国家秘密的密级确定和保密期限。《保密法》规定，国家秘密的密级分为绝密、机密、秘密三级。绝密级国家秘密是最重要的国家秘密，泄露会使国家安全和利益遭受特别严重的损害；机密级国家秘密是重要的国家秘密，泄露会使国家安全和利益遭受严重的损害；秘密级国家秘密是一般的国家秘密，泄露会使国家安全和利益遭受损害。

确定国家秘密的密级，应当遵守定密权限。机关、单位执行上级确定的国家秘密事项，需要定密的，根据所执行的国家秘密事项的密级确定。下级机关、单位认为本机关、本单位产生的有关定密事项属于上级机关、单位的定密权限，应当先行采取保密措施，并立即报请上级机关、单位确定；没有上级机关、单位的，应当立即提请有相应定密权限的业务主管部门或者保密行政管理部门确定。机关、单位对所产生的国家秘密事项，应当按照国家秘密及其密级的具体范围的规定确定密级，同时确定保密期限和知悉范围。

国家秘密的保密期限，应当根据事项的性质和特点，按照维护国家安全和利益的需要，限定在必要的期限内；不能确定期限的，应当确定解密的条件。国家秘密的保密期限，除另有规定外，绝密级不超过三十年，机密级不超过二十年，秘密级不超过十年。机关、单位应当根据工作需要，确定具体的保密期限、解密时间或者解密条件，对在决定和处理有关事项工作过程中确定需要保密的事项，根据工作需要决定公开的，正式公布时即视为解密。

（4）国家秘密的基本范围。《保密法》对国家秘密的基本范围做了原则划分，共包括以下七个方面：

1）国家事务重大决策中的秘密事项。这些事项主要是指党和国家政治、经济、军事等方面的秘密，如尚未公开的党和国家的方针、政策、策略、原则、决断和重大的人事组织秘密等。

2）国防建设和武装力量活动中的秘密事项。如国防、军事、行动计划，国防建设措施、方案，武装部队的编制、番号、实力、装备、驻防、调动、部署等。

3）外交和外事活动中的秘密事项以及对外承担保密义务的秘密事项。

4）国民经济和社会发展中的秘密事项。如国家的金融、贸易、海关事务秘密，铁路、交通、邮政、电信秘密，资料调查、地质勘查、气象测报、地理测绘秘密，国家的经济建设计划及经济建设事业的秘密，文化、宣传、体育、教育事业的秘密等。

5）科学技术中的秘密事项。指达到或超过国际先进水平的科学技术、创造发明以及我国传统独有的工艺和独门诀窍等。

6）维护国家安全活动和追查刑事犯罪中的秘密事项。该类事项主要存在于国家安全、公安、检察、审判、司法、监察等部门中，这些秘密一旦泄露，将会对国家安全、社会治安造成危害。

7）经国家保密行政管理部门确定的其他秘密事项。这是一项概括性规定，是对国家保密行政管理部门确定国家秘密的授权。由于我国的经济生活中各种秘密事项庞杂，不同历史时期、不同部门的秘密事项也不尽相同，立法中也难以通过列举方式将其穷尽，所以有必要采取概括性规定将所有有关国家秘密的事项囊括。

3. 商业秘密概述

（1）商业秘密的概念。按照《中华人民共和国反不正当竞争法》的规定，商业秘密是指不为公众所知悉、具有商业价值并经权利人采取相应保密措施的技术信息、经营信息等商业信息。

（2）商业秘密的特征

1）秘密性。不为公众所知悉，即具秘密性，亦即信息未公开，这是构成商业秘密最基本的要件。所谓不为公众所知悉，是指除了商业秘密的权利人以外，尚未被公众掌握和知悉。凡是已经为公众周知或公用的通用技术和经营方法等，都不属于商业秘密的范畴。

2）管理性。权利人采取了保密措施，即权利人根据环境需要，对商业秘密采取了合理保护措施，是构成商业秘密的关键因素之一。权利人为了防止商业秘密外泄，避免他人知悉或被窃用，必须要采取一定的保密措施，使他人无法通过非正当的途径和方式获得该秘密。如果权利人对其商业秘密不采取保密措施，使任何人都比较容易掌握它、了解它，成为在公众中广为传播的技术信息和经营信息，那么这个商业秘密也就失去了竞争的价值，不再具有秘密性，不再是法律意义上的商业秘密了。

3）价值性。商业秘密的价值性是指其给权利人带来的现实经济利益，以及将来会体现出的预期经济利益或潜在的竞争优势。这种经济利益既可以表现为财富的直接增加，也可以表现为所需投入的减少（如能耗的降低、风险的减少等），还可以表现为竞争对手若想合法获取商业秘密信息，必须支付相应的代价。

4）实用性。实用性是指商业秘密具有确定的可应用性。实用性要求商业秘密在实际工作中可以操作、使用，能够用于解决生产、经营中的现实问题，不仅当前而且将来它可以被应用于一定的生产方法或技巧中。

5）内容合法性。被法律保护的商业秘密即技术信息和经营信息，必须符合其所属领域的法律规定，符合公序良俗的要求，不得损害国家利益和社会公共利益，只有这样，才能成为法律保护的对象。反之，如果这种技术信息和经营信息违反法律规定（如制造毒品的技术、制假售假的方法等），不仅不会作为商业秘密受到法律保护，反而会成为法律制裁的对象。

（3）商业秘密的范围。《中华人民共和国反不正当竞争法》中商业秘密的范围涵盖技术信息和经营信息等商业信息，一般包括设计、程序、产品配方、制作工艺、制作方法、管理诀窍、客户名单、货源情报、产销策略、招投标中的标底及标书内容等信息。具体来说，技术信息一般可以包括研发战略、技术方案、工艺流程、关键算法、技术指标、计算机软件源程序、数据库、研究开发记录、技术报告、测试报告、检测报告、实验数据、试验结果、图纸、样品、样机、模型、模具、操作手册、技术文档等；经营信息具体又可分为市场信息（如客户名单、分销网络、销售价格、行销计划、广告策划、竞争策略等）、采购信息（如采购渠道、供货价格、供应商名单等），其他还有财务信息、人力资源信息、法律事务信息等。因此，商业秘密的范畴十分宽泛，信息的形式可以是信函、传真、备忘录、纪要、协议、合同、报告、手册、文档、软件代码、图纸、电子邮件等，甚至可以存在于人的大脑记忆中。

（4）商业秘密的分级。商业秘密密级的划分原则是：保护充分，易于实施，降低成本。如何划分应该根据单位的实际状况确定。在国资委《中央企业商业秘密保护暂行规定》中，中央企业商业秘密的密级，根据泄露后使企业的经济利益受损害的程度，确定为核心商业秘密、普通商业秘密两级，密级标注为"核心商密""普通商密"。

二、危害单位信息安全与秘密的主要因素

危害单位信息安全与秘密的主要因素种类繁多，包括技术、管理、政策、应急体系、媒体传播、基础设施等诸多方面，这些因素相互作用，造成单位信息安全风险与泄密事件，对单位安全构成重大影响和危害。

1. 工作人员泄密

一是过失泄密，是指单位工作人员违反相关法律法规或管理规定，过失泄露秘密信息，或遗失秘密载体，使秘密信息被不应知悉者知悉或者超出了限定的接触范围，主要包括：违规使用或丢失涉密文件、图纸、资料、实物、模型等；涉密文件、图纸、资料、实物、模型、数据等被不应该知悉的人了解；在工作过程中由于技术性失误或未采取相关保密措施导致泄密等。

二是故意泄密，是指单位工作人员违反相关法律法规或管理规定，故意使秘密信息被不应知悉者知悉，或故意使秘密信息超出了限定的接触范围，包括：向外部机构、组织、人员泄露秘密；通过口头、书面或网络等方式散布、传播秘密；利用职权指使、强迫他人违反相关规定泄密；以牟取私利为目的泄密等。

2. 窃密

国家秘密和商业秘密是单位信息的重要内容，既能够为单位带来经济效益，也涉及单位运营秩序和品牌声誉，甚至与国家安全、政治安全和政权安全密切相关。因此，一些商业竞争对手、敌对势力和敌对分子就不可避免地会以特定的单位信息为目标，通过经济、技术等手段和途径获取乃至窃取单位商业秘密和国家秘密。这些针对单位的窃密行为一旦得逞，将给单位和国家带来重大损失。

3. 计算机、网络通信等信息技术源头存在结构性缺陷

一方面，目前国内信息安全产品的软件开发能力较弱，自主开发的软件较少，信息安全技术与相关行业单位业务应用脱节严重；另一方面，当前同时具备算法技术优势和计算机网络信息安全技术优势的企业较少。这些问题在短期内还不能得到有效解决，因此在计算机、网络通信等信息技术源头方面存在的缺陷，可能导致信息安全受到侵害。

4. 网络系统被恶意攻击

近年来,"黑客""木马"事件频繁发生,网络入侵技术与攻击手段也在不断升级。网络系统攻击者可以通过编程夺取或篡改系统控制权、植入病毒或破坏硬件等多种方式实施入侵,网络系统被恶意攻击的各种非法行为包括破坏数据、盗窃口令、电子欺诈、修改系统、窃取资料、转移财产、电脑恐怖主义以及其他各类违法犯罪活动,后果都极具破坏性。

三、单位信息安全与保密管理工作要点

单位保密工作应突出抓好重点对象、重点部位和重点环节,通过抓住重点,确保秘密的绝对安全。

1. 突出重点对象

突出重点对象,就是要根据所涉及秘密的程度区分人员的重要程度,涉密程度越深,发生失泄密事故所造成的危害就会越大,因此,在保密工作所涉及的各类人员中,对核心涉密人员,必须采取更严格的管理措施。

一是突出核心涉密人员。核心涉密人员泛指从事机要、通信、干部、组织等工作,涉及秘密文件、密码或组织人事信息的人员。突出核心涉密人员,就是要严把入口关,对所有核心涉密人员在进入岗位前都要进行严格的政治审查;要把好管理教育关,对核心涉密人员的日常生活管理要严,保密教育要严,保密检查要严,保密业务考核要严,始终让其树立核心涉密人员的意识,绷紧保密这根弦。

二是突出领导干部这个重点。很多失泄密事故都是发生在单位领导干部身上,且由于其涉密程度较深,往往会造成比较大的危害,因此,一定要管好领导干部这个重点,要着力强化领导干部的责任意识、法制观念和业务能力。一方面要强化保密工作一律平等,领导干部不能特殊化的观念,让其带头遵守保密制度,严于律己,做好表率;另一方面在保密教育时,也要突出领导干部这个重点,让其强化保密意识,掌握保密防范知识技能。

2. 突出重点部位

重点部位就是涉密程度较深的部位,这些部位发生失泄密的概率相对较大,因此一定要把这些部位管理好。

一是突出管好要害部门和要害部位。根据《保密法》的规定,机关、单位应当将涉及绝密级或者较多机密级、秘密级国家秘密的机构确定为保密要害部门,将集中制作、存放、保管国家秘密载体的专门场所确定为保密要害部位。要害部

门和要害部位核心涉密人员多、涉密资料多、涉密范围广、涉密程度深、涉密场所多，是保密工作需要抓的重点。

二是抓好其他重点部位。随着信息技术的发展，窃密的技术手段也越来越先进，发生失泄密的隐患也就越来越大，可能发生失泄密的场所也越来越多，比如办公室、会议室、计算机机房等，因此一定要重点注意这些部位，并教育好所有人不在公开场所谈论秘密。

3. 突出重点环节

抓好保密工作，教育是基础，监管是重点，要根据工作中存在的问题和薄弱环节，进行有效监管，突出重点，推动保密工作落实。

一是抓好保密教育这个环节。保密教育是保密工作中的一项基础性工作，也是一项常讲常抓但也常出问题的工作。在保密教育的过程中，要讲清"为什么这么做，不这么做有什么危害"，让所有人树立"保密是基本素养，保密就是保自身安全，就是保家庭幸福"的意识，从而确保保密教育能够入脑入心。

二是抓好保密检查这个环节。保密检查是抓好保密工作的基本形式和重要手段，是推动安全工作持续开展的有效保障。保密检查就是要树立"安全第一"的理念，切实以各项保密规章制度为准绳，标准只能提高，不能降低，认真查找问题，及时发现事故苗头和隐患，以检查促落实见成效，确保隐患问题及时归零。要提高标准，敢于动真碰硬，要把无事当作有事抓、小事当作大事抓，把失泄密隐患消灭在萌芽状态。

第六节 消防安全知识

一、消防工作概述

火灾是失去控制的灾害性燃烧现象,是常发性灾害中发生频率较高的灾害之一。随着我国城市化进程明显加快,火灾风险不断增大。火灾一旦发生,特别是重特大火灾的发生,会造成严重的人员伤亡和财产损失,影响经济发展和社会稳定。做好消防工作,减少火灾的发生以及发生之后造成的危害,已成为人们关心的问题。

"消防"一词中,"消"指的是灭火,"防"指的是防火。灭火是通过技术手段和人的力量限制火灾发展的程度,使火灾的发展程度降低至人们可接受的范围以内;而防火则是通过技术手段使火灾不发生或发生的危害性很小。

防火工作包括很多环节,既要采取技术措施,又要加强安全管理。从技术层面看,防火工作包括城市消防规划、建筑防火设计、火灾预防与控制技术、消防安全评估等。从管理层面看,防火工作主要通过各种消防安全管理制度和措施,减少火灾的发生。

在灭火方面,则是通过有效使用各种灭火器材和装备,科学运用灭火战术,快速扑灭火灾。

1. 消防工作的方针

2021年4月修订的《中华人民共和国消防法》(以下简称《消防法》)明确规定我国消防工作贯彻"预防为主、防消结合"的方针。

(1)预防为主。预防为主就是在消防工作的指导思想中,把预防火灾放在首位,立足于防,动员、依靠广大人民群众,认真贯彻各项防火工作措施,切实落实分级防火责任制,开展群防群治,从源头上预防火灾的发生和发展。从以往发生的火灾案例分析，大多数火灾是可以预防的，火灾损失是可以降低到最小限度的，只要在思想上重视、组织上落实、管理上到位、物质上保障，就可以从根本上取得同火灾作斗争的主动权。

（2）防消结合。防消结合，是指将同火灾作斗争的两个基本手段——预防和扑救有机地结合起来，做到相辅相成、保障有力。防消结合要求在做好防火工作的同时，要大力加强国家综合性消防救援队伍、专职消防队和企事业单位专职消防队，以及各单位、社区志愿消防队的建设，配备必要的消防技术装备，不断提高消防队伍的灭火能力，尤其要与时俱进强化消防基础设施建设，在思想上、组织上、技术上积极做好各项灭火准备工作，一旦发生火灾，能够迅速有效地予以扑灭，最大限度地减少火灾所造成的人身伤亡和财产损失。

"防"和"消"是不可分割的整体，"防"是矛盾的主要方面，"消"弥补"防"的不足，这是达到一个目的的两种手段，两者是相辅相成、互为补充的。只有全面、正确地理解并贯彻"预防为主、防消结合"的方针，才能有效地同火灾作斗争。

2. 消防工作的原则

消防工作的原则是贯穿于全部消防工作中的基本准则和内在精神，是国家消防立法和各个管理主体在具体的管理过程中都应当遵循的基本准则。《消防法》规定，消防工作的原则是"政府统一领导、部门依法监管、单位全面负责、公民积极参与"，这是我国长期以来对消防工作的经验总结。消防工作的原则明确了各个主体的消防工作责任。

（1）政府统一领导。消防安全是政府社会管理和公共服务的重要内容，是社会稳定、经济发展的重要保障。《消防法》规定："国务院领导全国的消防工作。地方各级人民政府负责本行政区域内的消防工作。"这是关于各级人民政府消防工作责任的原则规定。国务院作为最高国家行政机关，领导全国的消防工作，国务院在经济社会发展的不同时期，向各级人民政府发出加强和改进消防工作的意见。同时，《消防法》也对地方政府的消防工作责任作了具体规定。

（2）部门依法监管。政府部门是政府的组成部分，代表政府管理某个领域的公共事务。应急管理部门及消防救援机构是代表政府依法对消防安全实施监督管理的部门。但是消防安全涉及面广，仅靠应急管理部门及消防救援机构的监管是不够的，公安、住建、工商、质监、文化、教育、人力资源等部门也应当依据有关法律、法规和政策规定，依法履行相应的消防安全监督管理职责。政府各部门齐抓共管，是消防工作的社会化属性决定的。

（3）单位全面负责。单位是社会的基本单元，也是社会消防管理的基本单元。单位对消防安全和致灾因素的管理能力，反映了社会公共消防安全管理水平，在很大程度上决定了一个城市、一个地区的消防安全形势。单位是自身消防安全的责任主体，每个单位只有自觉依法落实各项消防安全职责，实行自我防范，消防工作才会有坚实的基础，火灾才能得到有效的控制。《消防法》对机关、团体、企业、事业等单位的消防安全职责作了明确规定。

（4）公民积极参与。公民是消防工作的基础，没有广大人民群众的参与，防范火灾的基础就不会牢固。如果每个公民都具有消防安全意识和基本的消防知识、技能，形成"人人都是消防工作者"的局面，全社会的消防安全就会得到有效保证。公民参与体现在消防工作的方方面面，无论是防火还是灭火，无论是公共消防管理还是单位内部消防管理，都必须体现公民参与。贯彻公民参与原则，一是要加强对广大群众的消防知识宣传教育，提高广大群众的消防安全意识、防火知识、灭火和逃生技能；二是完善政府消防信息公开制度，对涉及公民利益、对公共安全影响较大的事项进行公开，保障公民的知情权；三是制定、修改消防法律法规及消防技术标准，向社会公开，并广泛征求群众意见，保障公民参与权；四是国家制定相应的奖励制度和行政补偿制度，对积极参与消防工作的公民，尤其是对于因参加灭火而使个人的利益或身体受到损害的应当予以奖励或补偿。

3. 单位消防安全职责

（1）单位应当履行的消防安全职责。《消防法》中规定机关、团体、企业、事业等单位应当履行下列消防安全职责：

1）落实消防安全责任制，制定本单位的消防安全制度、消防安全操作规程，制定灭火和应急疏散预案。

2）按照国家标准、行业标准配置消防设施、器材，设置消防安全标志，并定期组织检验、维修，确保完好有效。

3）对建筑消防设施每年至少进行一次全面检测，确保完好有效，检测记录应当完整准确，存档备查。

4）保障疏散通道、安全出口、消防车通道畅通，保证防火防烟分区、防火间距符合消防技术标准。

5）组织防火检查，及时消除火灾隐患。

6）组织进行有针对性的消防演练。

7）法律、法规规定的其他消防安全职责。

（2）消防安全重点单位应当履行的消防安全职责。《消防法》规定，县级以上地方人民政府消防救援机构应当将发生火灾可能性较大以及发生火灾可能造成重大的人身伤亡或者财产损失的单位，确定为本行政区域内的消防安全重点单位，并由应急管理部门报本级人民政府备案。

消防安全重点单位除应当履行单位应当履行的消防安全职责外，还应履行下列消防安全职责：

1）确定消防安全管理人，组织实施本单位的消防安全管理工作。

2）建立消防档案，确定消防安全重点部位，设置防火标志，实行严格管理。

3）实行每日防火巡查，并建立巡查记录表。

4）对职工进行岗前消防安全培训，定期组织消防安全培训和消防演练。

单位的主要负责人是本单位的消防安全责任人。《消防法》规定的社会各单位的消防安全职责，也是国家对社会各单位的法定代表人或主要负责人所赋予的法定的消防安全职责。

二、火灾防控基本原理

1. 燃烧的本质和条件

要科学认识火灾，就需要了解燃烧的本质和条件。燃烧的本质是可燃物与助燃物相互作用发生的强烈放热化学反应，通常伴有火焰、发光和发烟现象。

燃烧的发生必须具备三个基本条件，即可燃物、助燃物和点火源。

可燃物（还原剂）：凡是能与空气中的氧或其他氧化剂起燃烧反应的物质均称为可燃物，如氢气、乙炔、酒精、汽油、木材、纸张、塑料、橡胶、纺织纤维、硫、磷、钾、钠等。

助燃物（氧化剂）：凡是与可燃物结合能导致和支持燃烧的物质都称为助燃物，如空气、氧气、氯气、氯酸钾、高锰酸钾、过氧化钠等。一般情况下，可燃物的燃烧都是在空气中进行的。

点火源：凡是能引起物质燃烧的能量源统称为点火源，如明火、高温表面、摩擦与冲击、自然发热、化学反应热、电火花等。

上述三个条件通常称为燃烧三要素，但是即使具备了燃烧三要素，燃烧也不一定发生。为使燃烧发生，上述三个条件还需满足如下要求，并相互作用：

（1）一定的可燃物浓度。可燃气体或蒸气只有达到一定的浓度时才会发生燃烧。例如，氢气的浓度低于4%时不能点燃；煤油在20℃时由于蒸发速率较小，通常在接触明火的条件下也不能燃烧。

（2）一定的助燃物浓度或含氧量。例如，一般的可燃材料在氧含量低于13%的空气中无法持续燃烧。

（3）一定的着火能量，即能引起可燃物质燃烧的最小着火能量。

（4）相互作用。燃烧的三个基本条件须相互作用，且燃烧放出的能量大于散失的能量，燃烧才可能发生和持续进行。

燃烧发生的必要条件可用着火三角形表示，如图3-3a所示。但燃烧一旦发生，要使燃烧持续进行，在燃烧区域必须存在适当种类和数量的游离基（自由基），因此，燃烧持续进行的必要条件除了燃烧三要素外，还必须包括游离基（自由基），据此，燃烧的必要条件用燃烧四面体进行描述，如图3-3b所示。

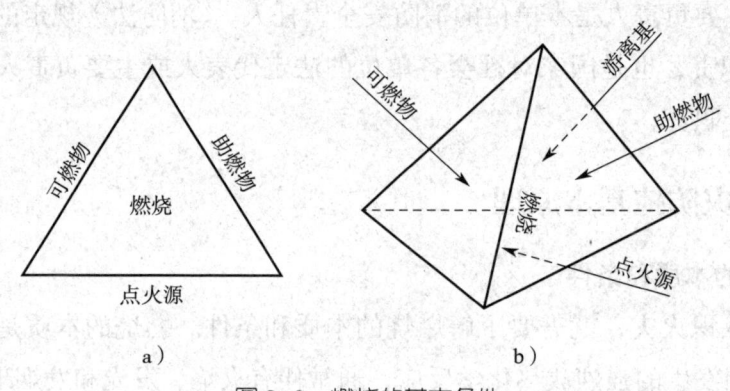

图3-3 燃烧的基本条件
a）着火三角形　b）燃烧四面体

2. 燃烧产物及其危害

火灾中因燃烧而产生的物质，其成分取决于可燃物的组成和燃烧条件。大部分可燃物属于有机化合物，它们主要由碳、氢、氧、氮、硫、磷等元素组成，燃烧生成的气体一般有一氧化碳、二氧化碳、二氧化硫等。

（1）燃烧产物的概念。由燃烧或热解作用产生的全部物质，称为燃烧产物，有完全燃烧产物和不完全燃烧产物之分。完全燃烧产物是指可燃物中的碳被氧化生成的二氧化碳、氢被氧化生成的水、硫被氧化生成的二氧化硫等；而一氧化碳、氨气、醇类、醛类、醚类等是不完全燃烧产物。燃烧产物的数量、组成等随物质的化学组成及温度、空气的供给情况等的变化而不同。

燃烧产物中的烟主要是燃烧或热解作用所产生的悬浮于大气中能被人们看到

的直径一般为 $10^{-7}\sim10^{-4}$ cm 的极小的炭黑粒子。大直径的粒子容易由烟中落下来，称为烟尘或炭黑。

（2）燃烧产物的危害性。统计资料表明，火灾中大约 75% 的死亡人员是由于吸入毒性气体而致死的。燃烧产物中含有大量的有毒成分，如一氧化碳、二氧化硫、二氧化氮等。这些气体均对人体有不同程度的危害。常见的有害气体的来源、生理作用及致死浓度见表 3-6。

表 3-6 常见的有害气体的来源、生理作用及致死浓度

来源	主要的生理作用	短期（10 min）估计致死浓度（$\times 10^{-6}$）
木材、纺织品、聚丙烯腈尼龙、聚氨酯等物质燃烧时分解出的氰化氢（HCN）	一种迅速致死、窒息性的毒物	350
纺织物燃烧时产生二氧化氮（NO_2）和其他氮的氧化物	肺的强刺激剂，能引起即刻死亡及滞后性伤害	>200
由木材、丝织品、尼龙以及三聚氰胺燃烧产生的氨气（NH_3）	强刺激性，对眼、鼻有强烈刺激作用	>1 000
PVC 电绝缘材料，其他含氯高分子材料及阻燃处理物热分解产生的氯化氢（HCl）	呼吸刺激剂，吸附于微粒上的 HCl 的潜在危险性比等量的 HCl 气体要大	>500，气体或微粒存在时
氟化树脂类或薄膜类以及某些含溴阻燃材料热分解产生的含卤酸气体	呼吸刺激剂	约 400（HF） 约 100（COF_2） >500（HBr）
含硫化合物及含硫物质燃烧分解产生的二氧化硫（SO_2）	强刺激剂，在远低于致死浓度下即使人难以忍受	>500
由聚烯烃和纤维素低温热解（400 ℃）产生的丙醛	潜在的呼吸刺激剂	30~100

二氧化碳和一氧化碳是燃烧产生的两种主要燃烧产物。其中，二氧化碳虽然无毒，但当达到一定的浓度时，会刺激人的呼吸中枢，导致呼吸急促、烟气吸入量增加，并且还会引起头痛、神志不清等症状。而一氧化碳是火灾中致死的主要燃烧产物之一，其毒性在于对血液中血红蛋白的高亲和性，其对血红蛋白的亲和力比氧气高出 250 倍，因而，它能够阻碍人体血液中氧气的输送，引起头痛、虚脱、神志不清等症状和肌肉调节障碍等。一氧化碳对人的影响见表 3-7。

表3-7　一氧化碳对人的影响

影响情况	CO 浓度（$\times 10^{-6}$）	碳氧血红蛋白浓度（%）
在其中工作8 h的允许浓度	50	—
暴露1 h不产生明显影响的浓度	400～500	
暴露1 h后有明显影响的浓度	600～700	
暴露1 h后引起不适，但无危险症状的浓度	1 000～1 200	
暴露1 h后有危险的浓度	1 500～2 000	35
在1 h内即会致死的浓度	4 000及以上	50

除毒性之外，燃烧产生的烟气还具有一定的减光性。烟气在火场上弥漫，会严重影响人们的视线，使人们难以辨别火势发展方向和寻找安全疏散路线。同时，烟气中有些气体对人的肉眼有极大的刺激性，使人睁不开眼睛。试验证明，室内火灾在着火后15 min左右，烟气的浓度最大，此时人们的能见距离一般只有几十厘米。

3. 火灾防控的主要方法

（1）根据着火三角形进行火灾预防

1）控制可燃物。在生产和生活中，尽可能用难燃或不燃材料代替易燃材料，降低可燃物质（可燃气体、蒸气和粉尘）在空气中的浓度。如在工厂车间或库房等易产生可燃气体的地方，可采用通风或局部通风，使可燃物不易积累，从而不会超过最高允许浓度；防止可燃物质跑、冒、滴、漏；对于那些相互作用能产生可燃气体或蒸气的物品应加以隔离，分开存放；在森林中采用防火隔离林等。

2）隔绝空气。涉及易燃易爆物质的生产过程，应在密闭设备中进行；对有异常危险的操作过程，要充入惰性介质保护；隔绝空气储存某些易燃易爆物质等。

3）消除点火源。例如，在易产生可燃性气体的场所，应采用防爆电器；同时禁止一切火种。

4）防止形成新的燃烧条件，阻止火灾范围的扩大。设置阻火装置，阻止火焰蔓延；在车间或库房里筑防火墙，或在建筑物之间留防火间距。一旦发生火灾，使之不能形成新的燃烧条件，防止火灾范围扩大。

（2）根据燃烧四面体进行火灾扑救

1）隔离法。隔离法就是将可燃物与点火源隔离开来。如将尚未燃烧的可燃物移走，使其与正在燃烧的可燃物分开；断绝可燃物来源，燃烧区得不到足够的可燃物，燃烧就会停止。

2）窒息法。窒息法就是阻止助燃物（氧气、空气或其他氧化剂）进入燃烧区或用不燃物质进行稀释，使燃烧停止。常用的措施有：用不燃或难燃物覆盖燃烧物表面；用水蒸气或惰性气体灌注着火的容器；封堵起火的建筑物的孔洞等，使燃烧区得不到足够的氧气而停止燃烧。

3）冷却法。冷却法就是将燃烧物的温度降至燃点以下，使燃烧停止；或者将临近着火区域的可燃物温度降低，避免形成新的燃烧条件。

4）化学抑制法。化学抑制法采用化学灭火剂消除燃烧反应赖以持续进行的游离基（自由基），使燃烧终止。

三、建筑消防安全基础知识

1. 火灾基础知识

火灾是灾害的一种，导致火灾发生的因素既有自然因素，又有人为因素。掌握火灾的定义、分类及其危害特性，是了解火灾规律、研究如何防范火灾的基础。

（1）火灾的定义。根据国家标准《消防词汇 第1部分：通用术语》（GB/T 5907.1—2014），火灾是指在时间或空间上失去控制的燃烧。

（2）火灾的分类。根据不同的需要，火灾可以按不同的方式进行分类。

1）按照燃烧对象的性质分类。按照国家标准《火灾分类》（GB/T 4968—2008）的规定，火灾分为A、B、C、D、E、F六类。

A类火灾：固体物质火灾。这种物质通常具有有机物性质，一般在燃烧时能产生灼热的余烬。如木材、棉、毛、麻、纸张等。

B类火灾：液体或可熔化固体物质火灾。如汽油、煤油、原油、甲醇、乙醇、沥青、石蜡等。

C类火灾：气体火灾。如煤气、天然气、甲烷、乙烷、氢气、乙炔等。

D类火灾：金属火灾。如钾、钠、镁、钛、锆、锂等。

E类火灾：带电火灾。物体带电燃烧的火灾。如变压器等设备的电气火灾等。

F类火灾：烹饪器具内的烹饪物（如动植物油脂）火灾。

2）按照火灾事故所造成的灾害损失程度分类。依据2007年6月1日施行的《生产安全事故报告和调查处理条例》中规定的生产安全事故等级标准，消防部门将火灾分为特别重大火灾、重大火灾、较大火灾和一般火灾四个等级。

①特别重大火灾是指造成30人以上死亡，或者100人以上重伤，或者1亿元

以上直接财产损失的火灾。

②重大火灾是指造成10人以上30人以下死亡，或者50人以上100人以下重伤，或者5 000万元以上1亿元以下直接财产损失的火灾。

③较大火灾是指造成3人以上10人以下死亡，或者10人以上50人以下重伤，或者1 000万元以上5 000万元以下直接财产损失的火灾。

④一般火灾是指造成3人以下死亡，或者10人以下重伤，或者1 000万元以下直接财产损失的火灾。

注："以上"包括本数，"以下"不包括本数。

（3）火灾的原因。事故都有起因，火灾也是如此。分析起火原因，了解火灾发生的特点，是为了更有针对性地运用技术措施，有效控火，防止和减少火灾危害。

1）电气。电气原因引起的火灾数量在我国火灾中居于首位，电气设备过负荷、电气线路接头接触不良、电气线路短路等是电气引起火灾的直接原因。其间接原因是电气设备故障或电气设备设置使用不当，如将功率较大的灯泡安装在木板、纸等可燃物附近，将日光灯的镇流器安装在可燃基座上，用纸或布做灯罩紧贴在灯泡表面上，在易燃易爆的车间内使用非防爆型的电动机、灯具、开关等。

2）吸烟。烟蒂和点燃烟后未熄灭的火柴梗虽然是个不大的火源，但它能引起许多可燃物质燃烧，在起火原因中，占有相当大的比重。如将没有熄灭的烟头和火柴梗扔在可燃物中引起火灾；躺在床上，特别是醉酒后躺在床上吸烟，烟头掉在被褥上引起火灾；在禁止一切火种的地方吸烟引起火灾等。

3）生活用火不慎。主要是城乡居民家庭生活用火不慎。如炊事用火中炊事器具设置不当，安装不符合要求，在炉灶的使用中违反安全技术要求等引起火灾；家中烧香祭祀过程中无人看管，造成香灰散落引发火灾等。

4）生产作业不慎。主要指违反生产安全制度引起火灾。比如，在易燃易爆的车间内动用明火，引起爆炸起火；将性质相抵触的物品混存在一起，引起燃烧爆炸；在用气焊焊接和切割时，因未采取有效的防火措施，飞迸出的大量火星和熔渣引燃周围可燃物；在机器运转过程中，不按时加油润滑，或没有清除附在机器轴承上面的杂质、废物，使机器上的这些部位摩擦发热，引起附着物起火；化工生产设备失修，可燃气体或易燃、可燃液体出现跑、冒、滴、漏现象，遇到明火发生燃烧或爆炸等。

5）设备故障。在生产或生活中，一些设施设备疏于维护保养，导致在使用过程中无法正常运行，因摩擦、过载、短路等原因造成局部过热，从而引发火灾。再如，一些电子设备长期处于工作或通电状态下，因散热不济，导致内部故障而引发火灾。

6) 玩火。因小孩玩火造成火灾，是生活中常见的火灾原因之一。尤其在农村，未成年儿童缺乏看管，玩火取乐的现象尤为常见。

此外，每逢节日庆典，不少人喜爱燃放烟花爆竹来增加气氛。被点燃的烟花爆竹本身即是火源，稍有不慎，就易引发火灾，还会造成人员伤亡。

7) 放火。主要指人为放火引起的火灾。一般当事人以放火为手段，从而达到某种目的。这类火灾为当事人故意为之，通常经过一定的策划准备，往往缺乏初期救助，火灾发展迅速，后果严重。

8) 雷击。雷电导致的火灾原因，大体上有三种：一是雷电直接击在建筑物上发生热效应、机械效应作用等；二是雷电产生的静电感应作用和电磁感应作用；三是高电位雷电波沿着电气线路或金属管道系统侵入建筑物内部。在雷击较多的地区，建筑物上如果没有设置可靠的防雷保护设施，便有可能发生雷击起火。

（4）建筑火灾的蔓延途径。在火场上，烟气流动的方向通常是火势蔓延的主要方向。建筑物发生火灾时，烟火在建筑内的流动呈现水平流动和垂直流动，且这两种流动往往是同时进行的。500 ℃以上热烟所到之处，遇到的可燃物都有可能被引燃起火。具体来讲，建筑火灾的蔓延途径主要有内墙门、洞口，外墙窗口，房间隔墙，空心结构，闷顶，楼梯间，各种竖井管道，楼板上的孔洞，穿越楼板、墙壁的管线和缝隙等。

1) 垂直蔓延。建筑物内发生火灾，由于热对流的存在，火灾烟气往往通过门洞等各种开口、孔洞蔓延，导致灾情扩大。当烟火在走廊内流动时，一旦遇到楼梯间、电梯井、竖向管道、厂房内的设备吊装孔等，会迅速向上蔓延，且在向上蔓延的同时也向上层水平方向蔓延。

在外墙面，高温热烟气流会促使火焰窜出窗口向上蔓延。一方面，由于火焰与外墙面之间的空气受热逃逸形成负压，周围冷空气的压力致使烟火贴墙面而上，使火蔓延到上一层；另一方面，由于火焰贴附外墙面向上蔓延，致使热量透过墙体引燃起火层上面一层房间内的可燃物。

当建筑物内外的温度不同时，室内外空气的密度随之出现差别，如果室内空气温度高于室外，则室内空气在浮力的驱动下发生向上运动，建筑物越高，这种流动越强。竖井是发生这种现象的主要场合，在竖井中，由于浮力作用产生的气体运动十分显著,通常称这种现象为烟囱效应。在火灾过程中,烟囱效应是造成烟气向上蔓延的主要因素。

多数情况下,建筑物内的温度高于室外温度,所以室内气流总的方向是自下而上,即正烟囱效应。因此,对高层建筑中的楼梯间、电梯井、管道井、天井、电缆井、排气道、中庭等竖向孔道,如果防火处理不当,就形同一座高耸的烟囱,强大的抽拔力将使高温烟气沿着竖向孔道迅速蔓延。

2)水平蔓延。造成建筑火灾水平蔓延的主要途径和原因有:未设适当的水平防火分区,火灾在未受限制的条件下蔓延;洞口处的分隔处理不完善,火灾穿越防火分隔区域蔓延;防火隔墙和房间隔墙未砌至顶板,火灾在吊顶内部空间蔓延;采用可燃构件与装饰物,火灾通过可燃的隔墙、吊顶、地毯等蔓延。

建筑内起火后,烟火从起火房间的门窜出,首先进入室内走道,如果与起火房间相邻的房间门没有关闭,就会进入这些房间,将室内物品引燃。如果这些房间的门没有开启,则烟火要待房间的门被烧穿以后才能进入。即使在走道和楼梯间没有任何可燃物的情况下,高温烟气仍可从一个房间经过走道传到另一房间,从而逐步实现水平方向火势扩大。

建筑物内部的一些开口或穿墙的管线和缝隙,是水平蔓延的主要途径,如可燃的木质户门、无水幕保护的普通卷帘、未用不燃材料封堵的管道穿孔处等。

据实验测量,火灾初期,烟气在水平方向扩散的速度为 0.3 m/s,燃烧猛烈时,烟气扩散的速度可达 0.5~3.0 m/s;烟气顺楼梯间或其他竖向孔道扩散的速度可达 3.0~4.0 m/s。而人在平地行走的速度为 1.5~2.0 m/s,上楼梯时的速度约为 0.5 m/s,人上楼的速度远低于烟气垂直方向的流动速度。因此,当楼房着火时,如果人往楼上跑是有危险的。对着火层以上的被困人员来说,迅速逃生自救尤为重要。

2. 建筑防火基础知识

建筑防火原理是根据社会群体行为的规律和后果,采取相应的技术手段,实现控制建筑火灾发生,避免和减少火灾对人的生命以及财产造成危害,满足人们对建筑消防安全的需要。具体地说,就是根据建筑工程的建设目标,遵循火灾发生和社会经济发展的客观规律,运用工程技术和经济方法,依据国家和地方的消防技术标准、规范和其他有关标准、规范,针对建筑的使用性质和火灾防控特点,从消防安全角度进行综合、系统的设计。建筑防火主要包括以下几个方面:

(1)总平面布置。建筑的总平面布置要满足城市规划和消防安全的要求。一是要根据建筑物的使用性质、生产经营规模、建筑高度、建筑体积及火灾危险性等，从周围环境、地势条件、主导风向等方面综合考虑，合理选择建筑物位置。二是要根据实际需要，合理划分生产区、储存区（包括露天储存区）、生产辅助设施区、行政办公和生活福利区等。同一企业内，若有不同火灾危险的生产建筑，则应尽量将火灾危险性相同或相近的建筑集中布置，以利于采取防火防爆措施，便于安全管理。三是为防止火灾向相邻建筑或同一建筑的其他空间蔓延扩大，并为火灾扑救创造有利条件，在总平面布置中，应合理确定各类建（构）筑物、堆场、储罐、电力设施及电力线路之间的防火安全距离。四是要根据各建筑物的使用性质、规模、火灾危险性，考虑扑救火灾时所必需的消防车通道、消防水源和消防扑救面。

（2）建筑结构防火。建筑结构的安全是建筑防火的基础，建筑物的耐火等级是确定不同用途建筑物采取相应防火措施的基本依据。正确选择和确定建筑的耐火等级，是防止建筑火灾发生和阻止火势蔓延扩大的一项治本措施。建筑物选择哪一级耐火等级，应根据建筑物的使用性质和规模及其在使用中的火灾危险性来确定。如性质重要、规模较大、存放贵重物资的建筑物，大型公共建筑，工作使用环境有较大火灾危险性的建筑物，应采用较高的耐火等级；反之，可选择较低的耐火等级。当遇到某些建筑构件的耐火极限和燃烧性能达不到规范的要求时，可采取适当的方法加以解决。常用的方法有：适当增加构件的截面积；对钢筋混凝土构件增加保护层厚度；在构件表面涂覆防火涂料作为耐火保护层；对钢梁、钢屋架及木结构做耐火吊顶和防火保护层包敷等。

（3）建筑材料防火。建筑材料中不少是可以燃烧的，而且这些建筑材料在燃烧后往往产生大量的烟雾和有毒气体，给火灾扑救和人员疏散造成严重威胁。为了预防火灾的发生，或阻止、延缓火灾的发展，最大限度地减轻火灾危害，必须对可燃建筑材料的使用及其燃烧性能进行有效的控制。建筑材料防火就是根据国家的消防技术标准、规范，针对建筑的使用性质和不同部位，合理地选用建筑防火材料，从而保护火灾中的受困人员免受或少受高温有毒烟气侵害，争取更多可用疏散时间。建筑材料防火应当遵循的原则主要有：控制建筑材料中的可燃物数量，受条件限制或装修特殊要求，必须使用可燃材料的，应当对材料进行阻燃处理；与电气线路或发热物体接触的材料应采用不燃材料或进行阻燃处理；楼梯间、管道井等竖向通道和供人员通行的走道应当采用不燃材料。

（4）防火分区。如果建筑内空间面积过大，则发生火灾时的燃烧面积大、蔓延扩展快，因此在建筑内实行防火分区和防火分隔，可有效地控制火势的蔓延，既利于人员疏散和扑火救灾，也能达到减少火灾损失的目的。防火分区包括水平防火分区和竖向防火分区。水平防火分区是指在同一水平面内，利用防火隔墙、防火卷帘、防火门及防火水幕等分隔物，将建筑平面分为若干个防火分区、防火单元；竖向防火分区指上、下层分别用耐火的楼板等构件进行分隔，对建筑外部采用防火挑檐、设置窗槛（间）墙，对建筑内部设置的敞开楼梯、自动扶梯、中庭以及管道井等采取防火分隔措施等。

防火分区的划分应根据建筑的使用性质、火灾危险性、建筑的耐火等级、建筑内容纳人员和可燃物的数量、消防扑救能力和消防设施配置、人员疏散难易程度及建设投资等情况综合考虑。

（5）安全疏散。人身安全是消防安全的重中之重，以人为本的消防工作理念必须始终贯穿于整个消防工作中。安全疏散是建筑防火最根本、最关键的技术，也是建筑消防安全的核心内容。保证建筑内的人员在火灾情况下的安全是一个涉及建筑结构、火灾发展过程、建筑消防设施配置和人员行为等多种基本因素的复杂问题。安全疏散的目标就是要保证建筑内人员疏散完毕的时间必须小于火灾发展到危险状态的时间。

建筑安全疏散的重点有安全出口、疏散出口以及安全疏散通道的数量、宽度、位置和疏散距离。基本要求是：每个防火分区安全出口的数量应满足规范要求；安全疏散距离必须满足室内任一点至最近疏散门或安全出口的直线距离的限值；疏散方向应尽量为双向疏散，疏散出口应分散布置；选用合适的疏散楼梯形式，楼梯间应为安全的区域，不受烟火的侵袭，楼梯间入口应设置可自行关闭的防火门保护；通向地下室的楼梯间不得与地上楼梯相连，如必须相连时应采用防火墙分隔，通过防火门出入；疏散宽度应保证不出现拥堵现象，并采取有效措施，在清晰的空间高度内为人员疏散提供引导。

（6）防烟排烟。烟气是导致建筑火灾人员伤亡的最主要原因，如何有效地控制火灾时烟气的流动，对保证人员安全疏散以及灭火救援行动的开展起着重要作用。火灾时，如能合理地排烟排热，可有效保护建筑。

烟气控制的方法包括合理划分防烟分区和选择合适的防烟、排烟方式。划分防烟分区是为了在火灾初期将烟气控制在一定范围内，以便有组织地将烟气排出室外，使人员疏散、避难空间的烟气层高度和烟气浓度处在安全允许值之内。防排烟系统可分为排烟系统和防烟系统。排烟系统是指采用机械排烟方式或自然通风方式，将烟气排至建筑外，使建筑内的有烟区域保持一定能见度的系统。防烟系统是指采用机械加压送风方式或自然通风方式,防止烟气进入疏散通道、防烟楼梯间及其前室或消防电梯前室的系统。防烟、排烟是烟气控制的两个方面,是一个有机的整体,在建筑防火设计中,应合理设计防烟、排烟系统。

(7) 建筑防爆和电气防火。生产、使用、储存易燃易爆物质的厂(库)房,当爆炸性混合物达到爆炸浓度时,遇到火源就能爆炸。爆炸能够在瞬间释放出巨大的能量,产生高温高压的气体,使周围空气强烈震荡,在离爆炸中心一定范围内的建筑或人会受到冲击波的影响而被破坏或伤害。因此,在进行建筑防火设计时,应根据爆炸规律与爆炸效应,对有爆炸可能的建筑确定相应的爆炸危险区域,在这个区域内合理设计防爆结构和泄爆面积,准确选用防爆设备。

电气火灾的原因主要有用电超负荷、电气设备选择和安装不合理、电气线路敷设不规范等。为有效防止电气火灾事故发生,同时为保证建筑内消防设施正常供电运行,对建筑的用电负荷、供配电源、电气设备、电气线路及其安装敷设等应当采取安全可靠、经济合理的防火技术措施。

3. 建筑消防设施基础知识

建筑消防设施的设计、安装以国家有关法律、法规和技术规范为依据,由于建筑消防安全包括防火、灭火、疏散、救援等多个方面,建筑消防设施也有与之相匹配的多种类别与功能。

不同建筑根据其使用性质、规模和火灾危险性的大小,需要有相应类别、功能的建筑消防设施作为保障。建筑消防设施的主要作用是及时发现和扑救火灾、限制火灾蔓延的范围,为有效地扑救火灾和人员疏散创造有利条件,从而减少火灾造成的财产损失和人员伤亡。具体的作用大致包括防火分隔、火灾自动(手动)报警、电气与可燃气体火灾监控、自动(人工)灭火、防烟与排烟、应急照明、消防通信以及安全疏散、消防电源保障等方面。建筑消防设施是保证建(构)筑物消防安全和人员疏散安全的重要设施,是现代建筑的重要组成部分。

现代建筑消防设施种类多、功能全,使用普遍。按其使用功能不同,常用的建筑消防设施有以下几类:

(1) 建筑防火分隔设施。建筑防火分隔设施是指在一定时间能把火势控制在一定空间内,阻止其蔓延扩大的一系列分隔设施。各类建筑防火分隔设施一般在耐火稳定性、完整性和隔热性等方面具有不同要求。常用的建筑防火分隔设施有防火墙、防火隔墙、防火门窗、防火卷帘、防火阀、阻火圈等。

(2) 安全疏散设施。安全疏散设施是指在建筑发生火灾等紧急情况时,及时发出火灾等险情警报，通知、引导人们向安全区域撤离并提供可靠的疏散安全保障条件的硬件设备与途径。安全疏散设施包括安全出口、疏散楼梯、疏散（避难）走道、消防电梯、屋顶直升机停机坪、消防应急照明和安全疏散指示标志等。

（3）消防给水设施。消防给水设施是建筑消防给水系统的重要组成部分，其主要功能是为建筑消防给水系统储存并提供足够的消防水量和水压，确保消防给水系统供水安全。消防给水设施通常包括消防供水管道、消防水池、消防水箱、消防水泵、消防稳（增）压设备、消防水泵接合器等。

（4）防烟与排烟设施。建筑的防烟设施分为机械加压送风系统和自然通风防烟系统。建筑的排烟设施分为机械排烟系统和自然排烟系统。建筑机械防烟、排烟设施由送排风管道、管井、防火阀、排烟口、送风口、风机等设备组成。

（5）消防供配电设施。消防供配电设施是建筑电力系统的重要组成部分，消防供配电系统主要包括消防电源、消防配电装置、线路等。消防配电装置是从消防电源到消防用电设备的中间环节。

（6）火灾自动报警系统。火灾自动报警系统由火灾探测触发装置、火灾报警装置、火灾警报装置、消防联动控制设备、电源等组成，能在火灾初期，将燃烧产生的烟雾、热量、火焰等，通过火灾探测器变成电信号，传输到火灾报警控制器，显示火灾发生的部位、时间等，发出声、光报警信号，并控制相关消防设施启动。火灾自动报警系统按应用范围可分为区域报警系统、集中报警系统、控制中心报警系统三类。

（7）自动喷水灭火系统。自动喷水灭火系统是由洒水喷头、报警阀组、管道、供水设施等组成，能在火灾发生时响应并实施喷水的自动灭火系统。该系统是扑救建筑物初期火灾最有效的灭火系统，广泛应用于各类建设工程中。

（8）水喷雾灭火系统。水喷雾灭火系统是利用专门设计的水雾喷头，在水雾喷头的工作压力下将水流分解成粒径不超过 1 mm 的细小水滴进行灭火或防护冷却的一种固定灭火系统，具有较高的电绝缘性能和良好的灭火性能。

（9）泡沫灭火系统。泡沫灭火系统通过释放泡沫覆盖着火对象实施灭火，主要扑救可燃液体火灾和一般固体火灾，在化工场所、油库、大型飞机库、地下工程、汽车库等场所中使用广泛。

（10）气体灭火系统。气体灭火系统是指平时灭火剂以液体、液化气体或气体状态存储于压力容器内，灭火时以气体（包括蒸汽、气雾）状态喷射灭火介质的灭火系统。该系统能在防护区空间内形成各方向均一的气体浓度，而且至少能保持该灭火浓度达到规范规定的浸渍时间，实现扑灭该防护区的空间、立体火灾。

（11）干粉灭火系统。干粉灭火系统是由干粉供应源通过输送管道连接到喷射装置处，高速的气粉流从固定喷嘴（或干粉枪、干粉炮的喷嘴）中喷出，射向火源，切割火焰，破坏燃烧链，起到迅速扑灭或抑制火灾的作用。

（12）可燃气体报警系统。可燃气体报警系统即可燃气体泄漏检测报警成套装置。当系统检测到泄漏可燃气体浓度达到报警器设置的爆炸临界点时，可燃气体报警器就会发出报警信号，提醒及时采取安全措施，防止发生气体大量泄漏以及爆炸、火灾、中毒等事故。

（13）消防通信设施。消防通信设施指专门用于消防检查、演练、火灾报警、接警、安全疏散、消防力量调度以及与医疗、消防等防灾部门之间联络的系统设施。消防通信设施主要包括火灾事故广播系统、消防专用电话系统、消防电话插孔以及无线通信设备等。

（14）移动式灭火器材。移动式灭火器材是相对于固定式灭火器材而言的，即可以人为移动的各类灭火器具，如灭火器、灭火毯、消防梯、消防钩、消防斧、安全锤、消防桶等。

除此以外，还有一些其他的器材和工具在火灾等不利情况下，也能够发挥灭火和辅助逃生等消防功效，如防毒面具、消防手电、消防绳、消防沙、蓄水缸等。

四、消防安全管理措施

1. 消防安全制度

单位应按照国家有关规定，结合本单位的特点，建立健全各项消防安全制度，并公布执行。单位消防安全制度主要包括：消防安全教育、培训；防火巡查、检查；安全疏散设施管理；消防（控制室）值班；消防设施、器材维护管理；火灾隐患整改；用火、用电安全管理；易燃易爆危险物品和场所防火防爆；专职和义务消防队的组织管理；灭火和应急疏散预案演练；燃气和电气设备的检查和管理（包括防雷、防静电）；消防安全工作考评和奖惩；其他必要的消防安全内容。

2. 消防安全检查

（1）消防安全重点单位

1）消防安全重点单位的范围。根据国务院《机关、团体、企业、事业单位消防安全管理规定》，下列范围的单位是消防安全重点单位，应当按照规定的要求，实行严格管理：

①商场（市场）、宾馆（饭店）、体育场（馆）、会堂、公共娱乐场所等公众聚集场所（以下统称公众聚集场所）。

②医院、养老院和寄宿制的学校、托儿所、幼儿园。

③国家机关。

④广播电台、电视台和邮政、通信枢纽。

⑤客运车站、码头、民用机场。

⑥公共图书馆、展览馆、博物馆、档案馆以及具有火灾危险性的文物保护单位。

⑦发电厂（站）和电网经营企业。

⑧易燃易爆化学物品的生产、充装、储存、供应、销售单位。

⑨服装、制鞋等劳动密集型生产、加工企业。

⑩重要的科研单位。

⑪其他发生火灾可能性较大以及一旦发生火灾可能造成重大人身伤亡或者财产损失的单位。

高层办公楼（写字楼）、高层公寓楼等高层公共建筑，城市地下铁道、地下观光隧道等地下公共建筑和城市重要的交通隧道，粮、棉、木材、百货等物资集中的大型仓库和堆场，国家和省级等重点工程的施工现场，应当按照对消防安全重点单位的要求，实行严格管理。

2）消防安全重点单位巡查的内容。消防安全重点单位应当进行每日防火巡查，并确定巡查的人员、内容、部位和频次。其他单位可以根据需要组织防火巡查。巡查的内容应当包括：

①用火、用电有无违章情况。

②安全出口、疏散通道是否畅通，安全疏散指示标志、应急照明是否完好。

③消防设施、器材和消防安全标志是否在位、完整。

④常闭式防火门是否处于关闭状态，防火卷帘下是否堆放物品影响使用。

⑤消防安全重点部位的人员在岗情况。

⑥其他消防安全情况。

公众聚集场所在营业期间的防火巡查应当至少每两小时一次；营业结束时应当对营业现场进行检查，消除遗留火种。医院、养老院、寄宿制的学校、托儿所、幼儿园应当加强夜间防火巡查，其他消防安全重点单位可以结合实际组织夜间防火巡查。

防火巡查人员应当及时纠正违章行为，妥善处置火灾危险，无法当场处置的，应当立即报告。发现初期火灾应当立即报警并及时扑救。防火巡查应当填写巡查记录，巡查人员及其主管人员应当在巡查记录上签名。

（2）一般单位。机关、团体、事业单位应当至少每季度进行一次防火检查，其他单位应当至少每月进行一次防火检查。检查的内容应当包括：

1）火灾隐患的整改情况以及防范措施的落实情况。

2）安全疏散通道、疏散指示标志、应急照明和安全出口情况。

3）消防车通道、消防水源情况。

4）灭火器材配置及有效情况。

5）用火、用电有无违章情况。

6）重点工种人员以及其他员工消防知识的掌握情况。

7）消防安全重点部位的管理情况。

8）易燃易爆危险物品和场所防火防爆措施的落实情况以及其他重要物资的防火安全情况。

9）消防（控制室）值班情况和设施运行、记录情况。

10）防火巡查情况。

11）消防安全标志的设置情况和完好、有效情况。

12）其他需要检查的内容。

防火检查应当填写检查记录。检查人员和被检查部门负责人应当在检查记录上签名。

3. 消防设施维护管理

单位应当按照建筑消防设施检查维修保养有关规定的要求，对建筑消防设施的完好有效情况进行检查和维修保养。

设有自动消防设施的单位，应当按照有关规定定期对其自动消防设施进行全面检查测试，并出具检测报告，存档备查。

单位应当按照有关规定定期对灭火器进行维护保养和维修检查。对灭火器应当建立档案资料，记明配置类型、数量、设置位置、检查维修单位（人员）、更换药剂的时间等有关情况。

4. 火灾隐患整改

火灾隐患整改是消防安全工作的一项基本任务，也是做好消防安全工作的一项重要措施。单位对存在的火灾隐患，应当及时予以消除。

火灾隐患是指违反消防法律法规、消防技术标准等，有可能造成火灾危害的隐藏的危险因素。根据火灾隐患的危险程度和危害后果，火灾隐患可分为一般火灾隐患和重大火灾隐患。一般火灾隐患是指存在违反消防法律法规和消防技术标准的行为，这种行为有导致火灾的可能性且发生火灾会产生一定的危害后果。重大火灾隐患是指存在违反消防法律法规和消防技术标准的行为，这种行为极有可能导致火灾且发生火灾会造成重大人员伤亡或者重大财产损失。

（1）火灾隐患的确定。根据《消防监督检查规定》，具有下列情形之一的，应当确定为火灾隐患：

1）影响人员安全疏散或者灭火救援行动，不能立即改正的。

2）消防设施未保持完好有效，影响防火灭火功能的。

3）擅自改变防火分区，容易导致火势蔓延、扩大的。

4）在人员密集场所违反消防安全规定，使用、储存易燃易爆危险品，不能立即改正的。

5）不符合城市消防安全布局要求，影响公共安全的。

6）其他可能增加火灾实质危险性或者危害性的情形。

重大火灾隐患按照国家有关标准认定。

（2）火灾隐患的整改方法。火灾隐患整改按整改的难易程度，可以归纳为当场整改和限期整改两类。

1）当场整改。根据《机关、团体、企业、事业单位消防安全管理规定》，对下列违反消防安全规定的行为，单位应当责成有关人员当场改正并督促落实：

①违章进入生产、储存易燃易爆危险物品场所的。

②违章使用明火作业或者在具有火灾、爆炸危险的场所吸烟、使用明火等违反禁令的。

③将安全出口上锁、遮挡，或者占用、堆放物品影响疏散通道畅通的。

④消火栓、灭火器材被遮挡影响使用或者被挪作他用的。

⑤常闭式防火门处于开启状态，防火卷帘下堆放物品影响使用的。

⑥消防设施管理、值班人员和防火巡查人员脱岗的。

⑦违章关闭消防设施、切断消防电源的。

⑧其他可以当场改正的行为。

违反规定的情况以及改正情况应当有记录并存档备查。

2）限期整改。对比较复杂，涉及面广，影响比较大，又要花费较多的时间、人力、物力、财力才能整改的隐患,应当采取限制在一定期限内进行整改的方法进行整改。发现有下列行为之一的,应当责令限期改正:

①建设工程的消防设计未经住房和城乡建设主管部门审查或者经审查不合格,擅自施工的。

②依法应当进行消防设计的建设工程竣工时未经消防验收或者经验收不合格,擅自使用的。

③公众聚集场所未经消防安全检查或者经检查不合格,擅自使用、开业的。

④擅自降低消防技术标准施工,使用防火性能不符合国家标准或者行业标准的建筑构件和建筑材料或者不合格的装修、装饰材料施工的。

⑤在设有车间或者仓库的建筑物内设置员工集体宿舍的。

⑥消防设施、灭火器材、消防安全标志不符合规定,不能立即改正的。

⑦在安全出口或者疏散通道上安装栅栏等影响疏散的障碍物,不能立即改正的。

⑧防火防烟分区不符合国家工程建筑消防技术标准,消防车通道、防火间距被占用,不能立即改正的。

⑨电气产品、燃气用具的安装或者线路、管路的敷设不符合有关消防安全技术规定的。

⑩其他不能立即改正的消防违法行为。

对涉及城市规划布局而不能自身解决的重大火灾隐患,以及单位确无能力解决的重大火灾隐患,单位应当提出解决方案并及时向上级主管部门或者当地人民政府报告。

5. 消防安全宣传教育与培训

单位应当通过多种形式开展经常性的消防安全宣传教育,特别是单位新上岗和进入新岗位的员工应进行上岗前的消防安全培训。消防安全重点单位对每名员工应当至少每年进行一次消防安全培训。

单位消防安全宣传教育和培训内容应当包括:有关消防法规、消防安全制度和保障消防安全的操作规程,本单位、本岗位的火灾危险性和防火措施,有关消防设施的性能、灭火器材的使用方法,报火警、扑救初期火灾以及自救逃生的知识和技能。

公众聚集场所对员工的消防安全培训应当至少每半年进行一次,培训的内容还应当包括组织、引导在场群众疏散的知识和技能。公众聚集场所在营业、活动期间,应当通过张贴图画、广播、闭路电视等向公众宣传防火、灭火、疏散逃生等常识。

学校、幼儿园应当通过寓教于乐等多种形式对学生和幼儿进行消防安全常识教育。

6. 灭火、应急疏散预案和演练

消防安全重点单位应制定灭火和应急疏散预案,内容包括:组织机构,报警和接警处置程序,应急疏散的组织程序和措施,扑救初期火灾的程序和措施,通信联络、安全防护救护的程序和措施。

消防安全重点单位应当按照灭火和应急疏散预案,至少每半年进行一次演练,并结合实际,不断完善预案。其他单位应当结合本单位实际,参照制定相应的应急方案,至少每年组织一次演练。消防演练时,应当设置明显标识并事先告知演练范围内的人员。

五、初期火灾处置方法

《消防法》第五条规定:"任何单位和个人都有维护消防安全、保护消防设施、预防火灾、报告火警的义务;任何单位和成年人都有参加有组织的灭火工作的义务。"参加初期火灾扑救也是保卫管理员的一项消防安全工作职责,在发生火灾时,保卫管理员应当立即报火警,并利用建筑消防设施、灭火器材及时扑救初期火灾,同时还应采取措施维护火灾现场秩序,组织引导人员疏散,防止事态扩大。

1. 火灾报警的方法

火灾发生后,如果不及时扑救,很容易造成财产损失和人员伤亡。所以,接到火灾警报或发现火灾时,必须立即行动,按照正确的程序和方法,及时报警,快速开展扑救工作,尽力将火灾控制在最小范围。

发现火情后应当及时报警,应拨打119向消防队报警;同时应向单位负责人报告火情,以便及时启动单位消防应急预案。在报警时如果火灾现场有手动火灾报警按钮,应快速按下报警按钮,以便消防设施自动启动。除了向消防队和单位负责人报警外,也可视现场情况或者按照单位相关规定向附近专职、志愿消防队或者微型消防站报警。

报告火警时,应在查明火情的基础上重点讲清以下问题:

一是发生火灾单位所处的详细地址,包括街道名称、门牌号码、靠近何处、附近有无明显标志。大型企业要讲明分厂、车间或部门,高层建筑要讲明第几层

等。总之,地址要讲得明确、具体。

二是火灾概况,包括起火的时间、场所和部位,燃烧物的情况、火势大小,是否有人员被困,有无爆炸和毒气泄漏等情况。

三是报警人基本情况,包括报警人姓名、联系方式等。

2. 初期火灾的扑救方法

(1)灭火时机的选择。火灾通常都有一个从小到大,逐步发展,直到熄灭的过程。室内火灾过程一般可以分为初期增长阶段、充分发展阶段和衰减阶段,如图3-4所示。露天火灾因新鲜空气补充快,物质燃烧充分,火灾发展快,火灾阶段性特点不明显。

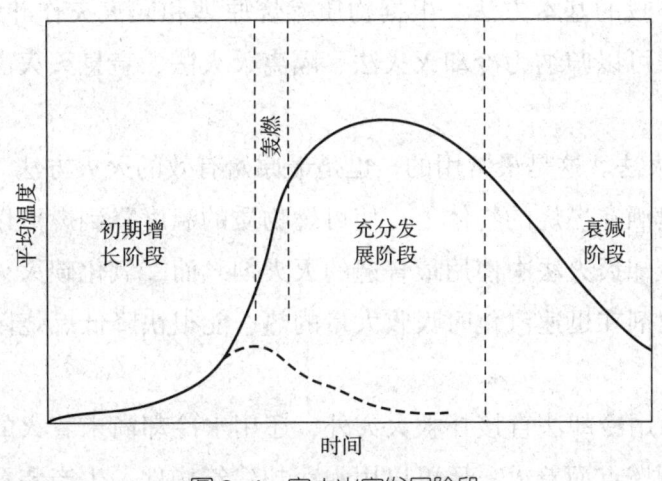

图3-4 室内火灾发展阶段

1)初期增长阶段。一般固体可燃物质着火燃烧后,初期燃烧面积不大,火焰不高,辐射热不强,烟和气流动缓慢,燃烧速度不快。例如,房屋建筑的火灾,初期阶段往往局限于室内,火势蔓延范围不大,还没有突破外壳。这一阶段火势发展的快慢随着引起火灾的火源、可燃物的特点不同呈现不同的趋势。火灾的初期阶段,是扑救的最佳时机,只要发现及时,采取灭火措施得当,用少量的人力和消防器材就能把火扑灭。

2)充分发展阶段。由于初期火灾没有及时发现和扑灭,随着燃烧时间延长,温度升高,周围的可燃物质或建筑构件被迅速加热,气体对流增强,燃烧速度加快,燃烧面积迅速扩大,燃烧温度急剧升高,辐射热增强,建筑构件的承重能力急剧下降。从灭火角度看,这是关键性阶段。在火灾充分发展阶段,必须投入相当的力量,采取正确的措施,控制火势的发展,尽快将火灾扑灭。

3）衰减阶段。此阶段建筑物内可燃物和氧气大量消耗，燃烧速度减慢直至火焰熄灭。需要注意的是，对于封闭的建筑物，此阶段虽然明火已经熄灭，但房间内仍可能存在大量的高温可燃气体，灭火是由于氧气过量消耗导致氧浓度不足。此情况下如果房间突然出现开口（如从外部打开门窗等），高温可燃气体在开口处遇到新鲜空气，会发生猛烈燃烧现象（回燃现象），危及灭火救援人员的人身安全，也可能导致火灾的复燃和火势的蔓延。

根据火灾发展的阶段性特点，在灭火中，必须抓住时机，力争将火灾扑灭在初期阶段。如果错过扑救火灾的最佳时机，必然要动员和消耗更多的人力和物力，付出更大的代价，甚至还会有严重的损失和危害。

（2）火灾扑救的基本方法。根据物质燃烧原理和同火灾作斗争的实践经验，灭火的基本方法可以归纳为冷却灭火法、隔离灭火法、窒息灭火法和化学抑制法四种。

1）冷却灭火法。这是最常用的，也是最原始有效的灭火方法。冷却灭火就是将灭火剂直接喷洒在燃烧的物体上，使可燃物质的温度降到燃点以下，从而使燃烧停止。水是冷却灭火法中使用最普遍的灭火剂，而二氧化碳灭火剂的冷却效果更好。液体灭火剂在迅速汽化时吸收大量的热，能很快降低燃烧区的温度使燃烧中止。

火场上，除用冷却法直接扑救火灾外，还用水冷却尚未着火的可燃物质，防止其温度升高到燃点而着火。还可以用水冷却建筑构件、生产装置和容器等，以防它们受热后因压力增大变形或爆炸。

2）隔离灭火法。这也是一种常用的灭火方法。它的基本原理就是把燃烧的可燃物与未燃烧的可燃物隔离或分散开，使燃烧停止。例如，拆除与火源毗连的易燃建筑物；搬走火源附近的可燃物；关闭管道阀门，切断流向着火区的可燃气体、可燃液体管道等。

3）窒息灭火法。窒息灭火法就是通过采取适当措施阻止空气进入燃烧区（降低氧的浓度），使燃烧物质因缺乏助燃物而熄灭。这种灭火方法，适用于扑救封闭性较强的空间或设备容器内的火灾。在实际运用中，可以用不燃物体覆盖燃烧物或封闭孔洞，将惰性气体充入燃烧区内，稀释燃烧区内的氧含量。在条件允许的情况下，也可以采取水淹没的方式进行扑救。

采取窒息灭火法应注意以下几个问题：
①燃烧部位容易封闭，同时燃烧区内又没有氧化剂时，才能使用。

②在采用水淹没方法灭火时，必须考虑不致产生其他不良后果。

③在采用惰性气体灭火时，一定要保证充入燃烧区的惰性气体的量，以降低氧含量，达到窒息灭火的目的。同时必须确认火已熄灭后，方可入内检查，严防因过早打开封闭的场所，使新鲜空气进入燃烧区内，导致复燃。

4）化学抑制法。这是一种化学灭火方法，就是用化学灭火剂参与燃烧链式反应，使燃烧过程中产生的自由基快速消失，形成稳定分子或低活性的自由基，进而使燃烧反应停止。灭火时，一定要有足够量的灭火剂准确地喷射在燃烧区内，中断燃烧反应，同时还要采取必要的冷却降温措施，以防复燃。

在实际灭火中，要视火场的具体情况、燃烧物质的性质和特点、现有的消防装备和人力等情况，选择不同的灭火方法。可以同时采用多种灭火方法、多种灭火剂灭火，但要注意各种灭火方法的利弊，不能互相冲突，要取最佳的组合，注意掌握灭火时机，充分发挥各种灭火方法的效能，力争用最小的代价、最快的速度扑灭火灾。

3. 安全疏散的方法

发生火灾后，应及时启动应急疏散预案，并根据火场实际情况，灵活机动地组织人员进行逃生。

（1）熟悉疏散逃生路线。牢记所在区域内直接通向疏散走道的房间门、直接开向疏散楼梯间或室外的门，楼梯间、室外楼梯的出入口或直通室外安全区域的出口、通道等。对于设有避难层的场所，要知道其具体楼层位置，被困火场时可以作为临时避难所。

（2）选择正确的逃生路径。要保持冷静，克服恐慌心理。一般情况下，人员的疏散以就近的安全门、疏散楼梯为主，逃生过程中注意安全出口、疏散指示标志、消防广播等信息，正确选择逃生路径。

（3）疏散逃生要果断。火初起时，除立即报警外，要及时疏散人员，要求人员迅速离开火场，免遭围困和伤亡。逃生时，应使用防毒面具或湿毛巾掩口鼻呼吸，减少烟气吸入。逃生路线被火封堵时，及时关闭房间门窗，用湿的织物封堵门窗缝隙，防止烟火窜入，并迅速发出求救信号，到易获救援的位置等待救援。

（4）逃离后要随手关门。无论是位于起火还是非起火房间，撤离房间后，要做到随手关门。这样可控制火势的发展，延长逃生的允许时间。

（5）不要乘坐电梯。电梯井直通大楼各层，烟、热、火很容易涌入。在热的作用下会造成电梯失控或变形，烟与火的毒性或熏烤可危及人的生命，而且火灾后正常电源一般都会中断,所以火灾时千万不要乘坐电梯。

(6)疏散后不要重返火场。火灾未灭时,返回火场是非常危险的。火即使已被扑灭,非经消防救援机构允许也不得进入现场。

第七节 突发事件应急管理知识

一、突发事件应急管理概述

1. 突发事件的基本知识

（1）突发事件的概念。突发事件的概念在《中华人民共和国突发事件应对法》（以下简称《突发事件应对法》）和《国家突发公共事件总体应急预案》中都有具体的规定。

《突发事件应对法》中所称的突发事件是指突然发生，造成或者可能造成严重社会危害，需要采取应急处置措施予以应对的自然灾害、事故灾难、公共卫生事件和社会安全事件。

《国家突发公共事件总体应急预案》中所称的突发事件是指突然发生，造成或可能造成重大人员伤亡、财产损失、生态环境破坏和严重社会危害，危及公共安全的紧急事件。

《突发事件应对法》中说明了突发事件造成或可能造成严重社会危害，强调了突发事件的类型；《国家突发公共事件总体应急预案》中明确了突发事件所造成的社会危害特征。这两个国家规范性文件从不同角度对突发事件进行了诠释。

（2）突发事件的分类。突发事件根据发生原因、机理、过程、性质和危害对象的不同分为四大类：自然灾害、事故灾难、公共卫生事件和社会安全事件。

1）自然灾害。主要指由自然因素所致，引发的地壳运动、天体运动、气候变化等相关灾害，主要包括水旱灾害、气象灾害、地震灾害、地质灾害、海洋灾害、生物灾害、森林草原火灾等。

2）事故灾难。主要指由工矿商贸等企业的各类安全事故、交通运输事故、火灾事故、公共设施和设备事故、核辐射事故、环境污染和生态破坏事故等引发的危机。

3)公共卫生事件。主要指由传染病疫情、群体性不明原因疾病、食品安全和职业危害、动物疫情,以及其他严重影响公众健康和生命安全的事件引发的危机。

4)社会安全事件。主要指由人为主观因素产生的,危及社会安全的突发事件,主要包括恐怖袭击事件、民族宗教事件、经济安全事件、涉外突发事件和群体性事件等。

对突发事件进行分类的意义在于:在应急管理中,明确责任主体,以便专业性、技术性地处置突发事件。在突发事件的处置过程中,要遵循专业处置的原则以避免次生、衍生灾害的发生。

此外,突发事件的分类是静态的,但是,突发事件的演进却是动态的。各类突发事件之间往往是相互关联、相互渗透的,需要各个部门协同应急、合成应急。因此,现代社会需要关注系统性的风险,要以系统的眼光来认识突发事件。应急管理在坚持分类管理的同时,也要提倡部门之间的相互协同,从而形成应对突发事件的强大合力。

(3)突发事件的特点。突发事件具有以下基本特点:

1)不确定性。一是发生状态的不确定性,突发事件在什么时间、什么地点、以何种形式和规模爆发通常是无法提前预知的。二是事态变化的不确定性,突发事件发生之后,许多不确定因素在随时发生变化,事态的发展也会随之出现变化。

2)危害性。突发事件的危害性来自多个方面:对公众生命构成威胁,对公共财产造成损失,对各种环境产生破坏,对社会秩序造成紊乱,对公众心理造成障碍等。

3)衍生性。衍生性是指由原生突发事件的产生而导致其他类型突发事件的发生。一种情况是衍生突发事件的危害程度、影响范围低于原生突发事件,社会的主要力量和精力集中于原生突发事件的处置,应急活动的主要对象不会发生改变;另一种情况是衍生突发事件的危害程度、影响范围高于原生突发事件,问题的主要矛盾已发生了转移,应急活动的主要对象已产生了变化,需要重新调整社会力量,解决面临的主要问题。

4)扩散性。随着社会的进步和现代交通与通信技术的发展,地区、地域和全球一体化的进程在不断加快,相互之间的依赖性更为突出,使得突发事件造成的影响不再仅仅局限于发生地,会通过内在联系引发跨地区的扩散和传播,波及其他地域,形成更为广泛的影响。而且有些突发事件本身带有一定的国际性色彩,其产生得到某些国际势力的支持，会出现联动效应。

5）社会性。社会性是指突发事件会对社会系统的基本价值观和行为准则构架产生影响，其影响涉及的主体是公众。在突发事件的应对过程中，整个社会会重新审视以往的群体价值观念，通过认识和思考，重新调整社会系统的行为准则和生活方式，重新塑造自身的基本价值观。

6）周期性。突发事件的类型多种多样，但都具有基本相同的发展过程，都要经历潜伏期、爆发期、影响期和结束期四个阶段，即突发事件的生命周期。

（4）突发事件的分级。按照社会危害程度、影响范围、突发事件性质等，突发事件分为四级，即Ⅰ级（特别重大）、Ⅱ级（重大）、Ⅲ级（较大）和Ⅳ级（一般），按照颜色对人的视觉冲击力的不同，依次用红色、橙色、黄色和蓝色表示。法律、行政法规或国务院另有规定的，从其规定，比如核事故等级的划分。

1）蓝色预警（Ⅳ级）。预计将要发生一般以上的突发公共安全事件，事件即将临近，事态可能会扩大。

2）黄色预警（Ⅲ级）。预计将要发生较大以上的突发公共安全事件，事件即将临近，事态有扩大的趋势。

3）橙色预警（Ⅱ级）。预计将要发生重大以上的突发公共安全事件，事件即将临近，事态正在逐步扩大。

4）红色预警（Ⅰ级）。预计将要发生特别重大的突发公共安全事件，事件会随时发生，事态在不断蔓延。

一般和较大的突发事件处置分别由县级和地市级人民政府领导，重大突发事件处置由省级人民政府领导，特别重大突发事件处置由国务院统一领导。这是由我国应急资源配置情况决定的，政府的行政级别越高，所掌握的应急资源越丰富，处置突发事件的能力越强。

突发事件的分级还要注意以下几个问题：第一，我国对突发事件分级的具体标准有待进一步明确；第二，突发事件处于不断演进的过程，分级是动态的；第三，当突发事件情势不够明朗时，分级应遵循就高不就低的原则；第四，对具有敏感时间、敏感地点和敏感性质的事件定级要从高。

2. 应急管理基本知识

（1）应急管理的概念。应急管理是指为了降低突发事件的危害，基于对造成突发事件的原因、突发事件发生发展过程以及所产生的负面影响的科学分析，有效集成社会各方面资源，运用现代技术手段和现代管理方法，对突发事件进行有效的监测应对、控制和处理。

应急管理的过程包括对突发事件的预防与准备、监测与预警、应急处置与救援、事后恢复与重建。应急管理的目的是在了解突发事件发生发展规律的基础上，在事前、事中和事后的全过程中，采取适当的应对措施和方法，以减小突发事件带来的负面影响和损失。

（2）应急管理的特征。现代应急管理体系应具备以下特征：

1）多主体的应急组织体系。应急管理活动所形成的组织体系是一个由政府部门和各种社会机构共同组成的多主体形态，其中社会机构包括新闻媒体、工商企业等。

2）统一指挥、分工协作的应急体制。多主体的组织结构在应急管理活动中需要明确职责分工，且采用统一指挥和相互协作的工作方式。

3）快速反应的应急机制。突发事件的特性决定了应急管理活动必须具有快速反应能力，应急管理多是为应对突发事件，事关生命、全局，应急管理响应速度的快慢直接决定了突发事件造成危害的大小。

4）高效的应急信息系统。及时准确地收集、分析和发布应急信息是应急管理早期预警和制定决策的前提，利用现代化的信息通信技术，建立信息共享、反应高效的应急信息系统是应急管理体系的重要特征。

5）广泛的应急支持保障。应急管理系统必须要有技术、物资、资金等多方面的支持和保障。合理的物资储备为应对突发事件提供物力财力保障。调动专业机构和技术人员参与应急活动，为应对突发事件提供技术保障。

6）健全的应急管理法律法规。应急管理需要决策者采取特殊的应对措施，健全的应急管理法律法规能够为应急活动提供有力的法制支持。

（3）应急管理工作原则

1）预防为主，防救结合。突发事件应急管理要以预防为第一要务，实现预防与救援相结合，因为任何成功的救援也难以完全消除突发事件的全部影响。

2）以人为本，生命至上。应急管理体系中的各项应对处置工作必须围绕生命优先的原则展开，生命安全是最重要的价值目标。

3）依靠科学，快速反应。突发事件应急管理要以科学理念为指导、以科学技术为支撑，采用科学的方法作出快速的响应，进行高效的处置。

4）社会动员，全民参与。突发事件应急管理要发挥政府的主导作用，有效地动员企业及社会蕴藏的人力、物力和财力，形成应对突发事件的合力。同时，增强全民的公共安全和风险防范意识，提高全社会的避险救助能力。

5）安全效益与经济效益兼顾。在应急管理中，要以适当的经济成本，实现最大的安全效益。既要避免响应不足，也要防止响应过度，要尽可能实现应急成本与安全效益的最优化。

6）信息公开，引导舆论。在应急管理中，要满足社会公众的知情权，做到信息透明、信息公开，但是涉及国家机密、商业机密和个人隐私的信息除外。在应急管理中还要积极地监控社会公众的舆情，了解社会公众的所思所想所愿，同时对舆情进行有效的引导。

（4）我国应急管理体系。我国在应急管理发展过程中，逐步形成了以"一案三制"为核心的应急管理体系，其中"一案"是指应急预案，"三制"是指应急工作的体制、机制和法制。"一案三制"的提出，构成了我国突发事件应急管理体系的基本框架。

1）应急预案。应急预案是针对可能发生的突发事件，为保证迅速、有序、有效地开展应急救援行动、降低损失而预先制定的有关计划或方案，它是对应急机构责任、人员、技术、装备、设施（设备）、物资、救援行动及其指挥与协调等方面预先做出的具体安排。应急预案明确了在突发事件发生之前、发生过程中以及刚刚结束之后，谁负责做什么、何时做，以及相应的策略和资源准备等。

应急预案提供了应对突发事件的标准化反应程序，是突发事件处置的基本规则和应急响应的操作指南。目前，我国应急预案体系包括国家突发公共事件总体应急预案1件，国家专项预案28件，国务院各部门预案86件，以及各地方政府应急预案、企事业单位应急预案和举办大型活动应急预案等多层次、多种类预案总计240多万件，基本建立了横向到边、纵向到底、外延到点的预案体系。

2）应急体制。应急体制是指为保障公共安全，有效预防和应对突发事件，避免、减少和减缓突发事件造成的危害，消除其对社会产生的负面影响，而建立起来的以政府为核心，其他社会组织和公众共同参与的有机体系。

2019年10月31日党的十九届四中全会通过的《中共中央关于坚持和完善中国特色社会主义制度、推进国家治理体系和治理能力现代化若干重大问题的决定》提出"构建统一指挥、专常兼备、反应灵敏、上下联动的应急管理体制"。

3）应急机制。应急机制是指为及时有效地预防和处置突发事件而建立的带有强制性的工作制度、规则和秩序。它是在法律规定的框架内动员社会力量协作参与，征调一切可用的人力、物力、财力，有效应对突发事件的一系列制度化体系的有机组合。2006年出台的《国务院关于全面加强应急管理工作的意见》中明确提出，要构建统一指挥、反应灵敏、协调有序、运转高效的应急管理机制。

4）应急法制。应急法制是指为了防范和应对各类突发事件而制定的各种法律制度所形成的法律体系。它是一个国家在非常规状态下实行法制的基础和开展应急管理工作的依据，也是一个国家法律体系的重要组成部分。按照效力等级可分为三个层次：《中华人民共和国宪法》，其中包括有关紧急状态的条款；《突发事件应对法》，是我国突发事件应急管理的基本法；部门单行的法律法规，如《消防法》等。

二、突发事件应急管理过程

应急管理过程包括以下四个阶段：应急预防、应急准备、应急响应、应急恢复。

1. 应急预防

应急预防是从应急管理的角度，为预防突发事件发生或恶化而做的预防性工作。预防是应急管理的首要工作，把突发事件消除在萌芽状态是应急管理的最高境界。

（1）应急预防的含义。在应急管理中预防有以下两层含义：通过安全管理和安全技术等手段，尽可能地防止突发事件的发生；假定突发事件必然发生的前提下，通过预防措施，降低突发事件的影响或后果的严重程度，如加大建筑物的安全距离，工厂选址的安全规划，减少危险物品的存量，设置防护墙以及开展公众教育等。从长远看，低成本、高效率的预防措施是减少突发事件损失的关键。

（2）应急预防的内容

1）危险源辨识。危险源辨识是应急管理的第一步。要首先把本单位、本辖区所存在的危险源进行全面认真的辨识、分析、普查、登记。

2）风险评估。在危险源辨识、分析完成后，要采用适当的评估方法，对危险源进行风险评估，确定可能存在不可接受风险的危险源，从而确定应急管理的重点控制对象。

3）监测预警。根据危险源的危险特性，对应急控制对象可能发生的突发事件进行监测，对出现的征兆和紧急情况及时发布相关信息进行预警，采取相应措施，将突发事件消灭在萌芽状态。

2. 应急准备

应急准备是指针对可能发生的突发事件，为迅速有序地开展应急行动而预先进行的组织准备和应急保障工作。应急准备是应急管理过程中一个极其关键的过程，准备越充分，应对突发事件就会越有效。

（1）应急准备的目的。应急准备的目的就是通过充分的准备，满足突发事件征兆、发生状态下各种应急救援活动顺利进行的需求，从而实现预期的应急救援目标。

（2）应急准备的内容

1）应急预案编制。应急准备的第一步就是要编制应急预案。应急预案有利于做出及时的应急响应，减小突发事件后果。应急行动对时间要求十分敏感，不允许有任何拖延。应急预案预先明确了应急各方的职责和响应程序，在应急资源、培训、演练等方面进行先期准备，可以指导应急救援迅速、高效、有序地开展，将突发事件造成的人员伤亡、财产损失和环境破坏降到最低限度。

2）应急资源保障。根据应急预案的要求，进行人力、物力、财力等资源的准备，为应急救援的具体实施提供保障。各项应急资源保障是否到位，对应急救援行动的成败起着至关重要的作用。

3）应急培训。应急培训工作，是提高各级领导干部处置突发事件能力的需要，是增强公众公共安全意识、社会责任意识和自救、互救能力的需要，是最大限度预防和减少突发事件发生及其造成损害的需要。应急培训是应急准备中极其重要的一项内容。

4）应急演练。应急演练是检验应急管理体系的适应性、完备性和有效性的最好方式。定期进行应急演练，不仅可以强化相关人员的应急意识，提高参与者的快速反应能力和实战水平，还能暴露应急预案和管理体系中的不足，检测制定的突发事件应变计划是否实际、可行。同时，有效的应急演练还可以减少应急行动中的人为错误，降低现场宝贵的应急资源和响应时间的耗费。

3. 应急响应

应急响应是在突发事件发生、发展过程中进行的各种紧急处置与救援工作，包括突发事件的报警与通报、人员的紧急疏散、急救与医疗、消防和工程抢险措施、信息收集与应急决策、外部求援等。应急响应可划分为两个阶段：初级响应和扩大应急。初级响应是指在突发事件初期，单位利用自身的救援力量，使其得到有效控制。但如果突发事件的性质、规模超出本单位的应急能力，则必须寻求社会或其他应急救援力量的支持，请求增援、扩大应急，以便最终控制突发事件。

（1）应急响应的目的

1）及时控制突发事件，防止其恶化或扩大。突发事件发生后，执行处置预案，迅速组织人力、物力，动用各类资源对突发事件进行处置，同时应及时预测、评估预案处置效果，动态调整预案或下达临时性指令以防止意外的突发连锁事件发生。

2）最大限度地减少人员伤亡、财产损失和社会影响。尽可能地抢救受害人员，保护可能受威胁的人群，防止突发事件的影响转化和扩大。

（2）应急响应的内容

1）事态分析。事态分析包括现状分析和趋势分析。现状分析是指分析突发事件的险情、初期事态现状；趋势分析是指预测分析和评估突发事件的险情、发展趋势。

2）先期处置。应核实、观察突发事件的情况和发展态势，并就近组织应急资源进行先期处置，防止突发事件扩大升级。同时，现场工作人员边处置，边汇报，不断将突发事件的最新信息传递给上级管理部门。在先期处置的过程中，应先避险，再抢险，组织事发现场周围的社会公众进行有效的应急疏散。在确保突发事件不会对周围社会公众造成新的损害后，再开展抢险救援。在事态紧急的情况下，也可同时进行疏散和抢险救援，但前提是确保周边人员不会受到伤害。

如果突发事件性质比较特殊，例如核与辐射事故发生，则需要专业救援人员进行专业处置。现场应急人员应着力做好周边公众的转移，维护现场秩序，进行力所能及的处置。当专业应急救援队伍到来后，现场应急人员应做好道路引领、秩序维护和后勤保障的工作。

3）启动预案。根据事态分析的结果，迅速启动相应应急预案并确定相应的应急响应级别。

4）处置救援。预案启动后，根据应急预案中相应响应级别的程序和要求，有组织、有计划、有步骤、有目的地调配应急资源，迅速展开应急处置与救援行动。

5）事态控制。通过一系列紧张有序的应急行动，突发事件得以消除或控制，事态不会扩大或恶化，特别是不会发生次生或衍生危害，具备恢复常态的条件。

（3）应急响应的结束。当突发事件现场得以控制，环境符合标准，导致次生、衍生危害的隐患消除后，经现场应急指挥机构批准后，现场应急救援行动结束。应急响应结束后，应明确以下事项：

1）突发事件情况上报事项。

2）需向调查处理组移交的相关事项。

3）应急救援工作总结报告。

应急响应行动的结束并不意味着整个应急救援过程的结束。在宣布应急响应结束后，还要经过后期处置，即应急恢复。

4. 应急恢复

应急恢复是指在突发事件得到有效控制之后，为使生产、生活、工作和生态环境尽快恢复到正常状态和秩序所采取的各种善后工作。

恢复工作首先应使突发事件影响区域恢复到相对安全的基本状态，然后逐步恢复到正常状态。要求立即进行的恢复工作包括损失评估、原因调查、清理废墟等。在短期恢复工作中，应注意避免出现新的紧急情况。

长期恢复包括受影响区域的重建、重新规划和发展。在长期恢复工作中，应汲取经验教训，开展进一步的预防工作。

（1）应急恢复的目的。应急恢复的目的是在突发事件得到控制之后，尽快让生产、生活、工作和生态环境等恢复到正常状态，消除隐患，避免重新演化为突发事件状态。另外，通过迅速恢复到常态，减少损失，弱化不良影响。

（2）应急恢复的内容

1）清理现场。包括清理废墟、化学洗消、垃圾外运等。

2）常态恢复。灾后重建，各方力量配合，使生产、生活、工作和生态环境等恢复到突发事件之前的状态或更好的状态。

3）损失评估，保险理赔。

4）突发事件调查。

5）应急预案复查、评审和改进。

三、不同类型突发事件的应急处置措施

突发事件的处置往往会限制部分公民或组织的人身、财产等权利，但其前提是更加有效地保护更大范围内更多公民和组织的生命、健康和财产。因此，突发事件的处置必须依法进行。

1. 自然灾害、事故灾难和公共卫生事件处置措施

《突发事件应对法》第四十九条规定，自然灾害、事故灾难或者共卫生事件发生后，履行统一领导职责的人民政府可以采取下列一项或者多项应急处置措施：

（1）组织营救和救治受害人员，疏散、撤离并妥善安置受到威胁的人员以及采取其他救助措施。

（2）迅速控制危险源，标明危险区域，封锁危险场所，划定警戒区，实行交通管制以及其他控制措施。

（3）立即抢修被损坏的交通、通信、供水、排水、供电、供气、供热等公共设施，向受到危害的人员提供避难场所和生活必需品，实施医疗救护和卫生防疫以及其他保障措施。

（4）禁止或者限制使用有关设备、设施，关闭或者限制使用有关场所，中止人员密集的活动或者可能导致危害扩大的生产经营活动以及采取其他保护措施。

（5）启用本级人民政府设置的财政预备费和储备的应急救援物资，必要时调用其他急需物资、设备、设施、工具。

（6）组织公民参加应急救援和处置工作，要求具有特定专长的人员提供服务。

（7）保障食品、饮用水、燃料等基本生活必需品的供应。

（8）依法从严惩处囤积居奇、哄抬物价、制假售假等扰乱市场秩序的行为，稳定市场价格，维护市场秩序。

（9）依法从严惩处哄抢财物、干扰破坏应急处置工作等扰乱社会秩序的行为，维护社会治安。

（10）采取防止发生次生、衍生事件的必要措施。

2. 社会安全事件处置措施

《突发事件应对法》第五十条规定，社会安全事件发生后，组织处置工作的人民政府应当立即组织有关部门并由公安机关针对事件的性质和特点，依照有关法律、行政法规和国家其他有关规定，采取下列一项或者多项应急处置措施：

（1）强制隔离使用器械相互对抗或者以暴力行为参与冲突的当事人，妥善解决现场纠纷和争端，控制事态发展。

（2）对特定区域内的建筑物、交通工具、设备、设施以及燃料、燃气、电力、水的供应进行控制。

（3）封锁有关场所、道路，查验现场人员的身份证件，限制有关公共场所内的活动。

（4）加强对易受冲击的核心机关和单位的警卫，在国家机关、军事机关、国家通讯社、广播电台、电视台、外国驻华使领馆等单位附近设置临时警戒线。

（5）法律、行政法规和国务院规定的其他必要措施。

第八节 反恐怖工作相关知识

一、恐怖主义相关概念

1. 恐怖主义

2016年1月1日起施行的《中华人民共和国反恐怖主义法》（以下简称《反恐怖主义法》）首次以立法的形式对恐怖主义进行了明确定义，该法规定："本法所称恐怖主义，是指通过暴力、破坏、恐吓等手段，制造社会恐慌、危害公共安全、侵犯人身财产，或者胁迫国家机关、国际组织，以实现其政治、意识形态等目的的主张和行为。"根据这一规定，"恐怖主义"的内容包括以下四个方面：

（1）恐怖主义的表现形式包括主张和行为。

（2）恐怖主义的手段表现为暴力、破坏、恐吓等。

（3）恐怖主义的直接目的是制造社会恐慌、危害公共安全、侵犯人身财产，或者胁迫国家机关、国际组织。

（4）恐怖主义的最终目的是企图实现其政治、意识形态等方面的目的。

为了便于实践中准确把握有关规定，正确认定和惩治恐怖活动，将恐怖主义和一般犯罪区分开来，防止扩大打击面，《反恐怖主义法》中规定，恐怖主义必须出于"政治、意识形态等目的"。

2. 恐怖活动

《反恐怖主义法》第三条第二款规定，恐怖活动是指恐怖主义性质的下列行为：

（1）组织、策划、准备实施、实施造成或者意图造成人员伤亡、重大财产损失、公共设施损坏、社会秩序混乱等严重社会危害的活动的。

（2）宣扬恐怖主义，煽动实施恐怖活动，或者非法持有宣扬恐怖主义的物品，强制他人在公共场所穿戴宣扬恐怖主义的服饰、标志的。

（3）组织、领导、参加恐怖活动组织的。

（4）为恐怖活动组织、恐怖活动人员、实施恐怖活动或者恐怖活动培训提供信息、资金、物资、劳务、技术、场所等支持、协助、便利的。

（5）其他恐怖活动。如：为参加恐怖活动组织、接受恐怖活动培训或者实施恐怖活动，组织、煽动他人偷越国（边）境的；利用手机、互联网、移动存储介质或者电子文稿、音像制品、印刷品等，宣扬、传播恐怖主义、极端主义或者传授恐怖犯罪方法的。

3. 恐怖活动组织

恐怖活动组织是一些反社会和反国家的人组织在一起的犯罪组织，而恐怖分子就是这个恐怖组织的成员。《反恐怖主义法》第三条规定：恐怖活动组织，是指三人以上为实施恐怖活动而组成的犯罪组织。

（1）恐怖活动组织的特征

1）人员数量为三人以上。

2）为实施恐怖活动而组成。这里所说的"恐怖活动"，包括《反恐怖主义法》第三条第二款规定的各种恐怖活动。不仅为实施杀人、放火、投放危险物质、爆炸、劫机等暴力恐怖活动而组成的犯罪组织，为实施其他恐怖活动，比如，进行恐怖主义融资、恐怖活动培训、宣扬恐怖主义等而组成的犯罪组织，也是恐怖活动组织。

3）属于犯罪组织。恐怖活动组织包括为实施恐怖活动而组成的较为固定的犯罪集团和三人以上为实施恐怖活动而组成的犯罪团伙。后者虽然组织形态不太严密，但也应被认定为恐怖活动组织。

（2）恐怖活动组织的主要种类

大致来说，恐怖活动组织可分为以下几种：

1）宗教极端型恐怖活动组织。以宗教极端主义为思想内核的恐怖活动组织是当今世界恐怖活动组织的重要类型。这一类型的恐怖活动组织最主要的特点是以宗教作为意识形态，并把宗教作为一种手段和工具用以组织、号召信徒从事恐怖主义活动，以打击异教徒为主要目标，有的甚至要推翻世俗政权，建立政教合一的神权国家。

2）民族主义型恐怖活动组织。历史上，民族主义在很长一段时期内作为殖民地半殖民地人民反抗殖民统治的有力武器发挥了积极的作用，但是随着世界民族解放斗争的完成，除一些反对霸权主义的组织仍把民族主义作为旗帜之外，这种意义上的民族主义基本上已经销声匿迹。如今民族主义的内涵有了很大的变化，主要指一国内的族裔少数群体采取行动来谋求建立一个他们自己的国家，称为"少数群体民族主义"或者"民族分裂主义"。由于现代国际社会中少数民族从原有的国家分裂出去建立自己的国家已经失去了法理上的合理性，民族分裂主义分子在追求独立的过程中往往采取各种极端手段，恐怖主义就是他们经常采用的方式之一。这种类型的恐怖活动组织以民族主义作为精神支柱，使其发挥煽风点火、推波助澜的作用，因而具有更大的欺骗性和危害性，其表现为：

①强化民族意识，淡化国家意识。

②民族主义常常具有跨国性质，并与领土纠纷相互交织，造成一国民族问题国际化。

③把民族属性与宗教信仰混为一谈，使民族主义与宗教狂热紧密结合、宗教的排他性与民族分裂主义相结合。

所有这一切都使得民族问题在得不到解决的情况下，极易演变为恐怖主义，并具有持久性。

3）政治极端型恐怖活动组织。政治极端型恐怖活动组织主要是指那些对主流社会的政治制度、道德观念、经济秩序以及一些具体的国家、社会政策持反叛和完全否定态度，试图以恐怖手段推翻现行社会制度或国家政权，或者以恐怖手段发泄不满情绪，以特殊人群作为打击对象的极端组织。这一类型的恐怖活动组织跟民族主义和宗教一般没有直接的、必然的联系，也不谋求独立，只是反对现行社会制度或政策，敌视国家政权，往往具有"革命"、无政府主义、种族主义等色彩。

4. 恐怖活动人员

恐怖活动组织都是由个人组成的，恐怖活动的具体行为也都是由他们来实施的。准确认定恐怖活动人员对于打击和防范恐怖主义具有重要意义。《反恐怖主义法》第三条第四款规定："恐怖活动人员，是指实施恐怖活动的人和恐怖活动组织的成员。"恐怖活动人员包括以下两种类型：

（1）恐怖活动组织的成员。恐怖活动组织以实施恐怖活动为宗旨，组成恐怖活动组织的成员是恐怖活动人员。具体包括组织、领导、参加恐怖活动组织的人员，在恐怖活动组织中从事准备恐怖活动、训练恐怖活动人员的人员，为恐怖活动组织筹措资金以及具体实施恐怖活动的人员。简言之，只要其加入了恐怖活动组织，就应当被认定为恐怖活动人员，而不论其是否在客观上实际实施了恐怖活动。

（2）非恐怖活动组织成员的恐怖活动人员。在恐怖活动组织之外，并不是不存在恐怖活动人员。由于认定恐怖活动组织的存在本身需要具备一些法律规定的条件，因此，当不具备这些条件时不被认定为法律意义上的恐怖活动组织。但如果一般组织中的行为人或独立的个体人员实施了恐怖活动，仍然是恐怖活动人员。

5. 恐怖袭击手段

（1）常规手段

1）袭击。爆炸恐怖袭击，包括炸弹爆炸、汽车炸弹爆炸、自杀性人体炸弹爆炸等；枪击恐怖袭击，包括手枪射击、制式步枪或冲锋枪射击等；冷兵器恐怖袭击，包括使用砍刀、斧头、匕首等冷兵器实施袭击。

2）劫持。劫持人、车、船、飞机等。

3）破坏。纵火及破坏电力、交通、通信设施等。

（2）非常规手段

1）核与辐射恐怖袭击。通过核爆炸或放射性物质的散布，造成环境污染或使人员受到辐射照射。

2）生物恐怖袭击。利用有害生物或有害生物产品侵害人、农作物、家畜等。

3）化学恐怖袭击。利用有毒、有害化学物质侵害人、城市重要基础设施、食品与饮用水等。

4）网络恐怖袭击。利用网络散布恐怖信息、组织恐怖活动、攻击计算机程序和信息系统等。

6. 恐怖事件

《反恐怖主义法》规定：恐怖事件是指正在发生或者已经发生的造成或者可能造成重大社会危害的恐怖活动。根据上述定义，恐怖事件具有以下两个特征：一是时间特征，即正在发生或者已经发生；二是结果特征，即造成或可能造成重大社会危害。

根据《反恐怖主义法》的规定，一旦发生恐怖事件，就应当立即采取有效的应对处置措施。

7. 极端主义

所谓极端主义，是指信仰某种信仰体系或价值体系达到极端和绝对的程度，以至于完全不能容忍任何相异于这种信仰体系或价值体系的观点和态度的存在，对于异己者、异见者采取完全的歧视、敌视、仇恨的态度，主张用暴力手段或者侵犯他人合法权利与自由的手段实现其主张，消灭不同的思想以及持不同思想的人群、组织或政治实体的思想主张。

二、反恐怖防范基础知识

1. 识别恐怖嫌疑人

实施恐怖袭击的嫌疑人会有一些不同寻常的举止行为，例如：

（1）神情恐慌，言行异常。

（2）着装、携带物品与其身份明显不符，或与季节不协调。

（3）在检查过程中，催促检查或态度蛮横，不愿接受检查。

（4）频繁进出大型活动场所。

（5）反复在警戒区附近出现。

（6）昼伏夜出，作息时间反常，携带异常物品出入，有异常声响、气味。

2. 识别可疑车辆

（1）车辆状态异常。车辆结构部位及边角外沿的车漆颜色与车辆颜色不一致，车辆改色；车的门锁、后备厢锁、车窗玻璃有撬压破损痕迹；车灯破损或用异物填塞；车体表面有异常导线或细绳等。

（2）车辆停留异常。车辆违反规定停靠在水、电、气等重要设施附近或人员密集场所。

（3）车内人员异常。车内人员神色惊慌、催促检查或态度蛮横不愿接受检查，发现警察后启动车辆躲避等。

3. 发现恐怖可疑人、可疑情况和线索的处置措施

（1）保持镇静，不要引起对方警觉。

（2）迅速报警，反映可疑情况。

（3）尽可能记住嫌疑人及其交往人员的体貌特征。

（4）做好自身保护，避免被可疑人发觉，影响自身安全。

4. 发现可疑爆炸物的处置措施

（1）不要触动，及时报警。

（2）迅速有序撤离，避免发生拥挤踩踏造成人员伤亡。

（3）协助调查，应尽量识记可疑物发现的时间、大小、位置、外观、有无人动过等情况，如有可能，进行照相或录像，为警方提供线索。

5. 被恐怖分子劫持的处置措施

（1）保持冷静，不要反抗。

（2）不对视、不对话，趴在地上，动作要缓慢。

（3）尽可能保留和隐藏自己的通信工具，适时用短信等方式向警方求救，求救内容主要包括所在位置、人质人数、恐怖分子人数等。

（4）注意观察恐怖分子人数、头领，便于事后提供证言。

（5）在警方发起突击的瞬间，尽可能趴在地上，在警方掩护下撤离现场。

6. 紧急撤离危险现场

（1）保持镇静，判明所处位置，及时撤离。

（2）不要因贪恋财物而重返危险境地。

（3）防护自身，注意避险，如用物品遮掩、不靠近窗户等。

三、单位反恐职责与义务

反恐怖主义工作涉及多个部门和领域，要依靠和动员基层组织、企事业单位等多方面的力量。《反恐怖主义法》第九条规定："任何单位和个人都有协助、配合有关部门开展反恐怖主义工作的义务，发现恐怖活动嫌疑或者恐怖活动嫌疑人员的，应当及时向公安机关或者有关部门报告。"

单位应在自身职权范围内充分履行自己的职责义务，同时，各部门、各单位间要相互协调、配合、联动，才能够形成合力，共同做好反恐怖主义工作。《反恐怖主义法》对各部门、各行业的反恐职责和义务都进行了明确的规定。

1. 开展反恐怖主义教育

开展反恐怖主义宣传教育，使广大人民群众认清恐怖主义反人类、反社会、反文明的本质，提高人民群众的反恐怖主义意识，增强人民群众辨别和抵制恐怖主义的能力，有利于从根源上防范暴力恐怖活动的发生，在反恐怖主义工作中居于十分重要的地位。《反恐怖主义法》第十七条规定了有关单位开展反恐怖主义宣传教育的职责义务。

单位应将恐怖活动预防、应急知识纳入教育培训内容，目的是让受培训的人员掌握恐怖活动预防和应急的有关知识，意识到恐怖主义的巨大危害，从而有效地防止其被恐怖主义侵染、洗脑，预防恐怖主义的蔓延传播，在发生恐怖事件时，能够采取有效的应对措施。

2. 对重点目标进行安全防范

（1）重点目标的确定。恐怖活动组织及人员为了通过恐怖袭击扩大影响力，引起民众恐慌和社会混乱，往往会选择一些标志性目标实施恐怖袭击。预先有针对性地将易遭受恐怖袭击或者一旦遭受袭击危害后果严重的特定目标，确定为防范恐怖袭击的重点目标，以有计划地预先重点强化有关管理单位的责任，并采取有效防范措施，确保安全。

确定防范恐怖袭击重点目标要考虑两个方面的因素：一是遭受恐怖袭击的可能性大小；二是一旦遭受恐怖袭击可能造成的后果的严重程度。所以，遭受恐怖袭击可能性较大，以及一旦遭受恐怖袭击，可能造成重大人员伤亡、财产损失或者社会影响的单位、场所、活动、设施等都要确定为防范恐怖袭击的重点目标。

根据实践中的情况和需要，下列目标通常可以考虑确定为重点目标：商场（市场）、宾馆（饭店）、体育场（馆）、会堂、公共娱乐场所等公共聚集场所，医院、学校、托儿所、幼儿园，国家机关，客运车站、码头、民用机场，易燃易爆化学物品的生产、充装、储存、供应、销售单位，高层办公楼（写字楼）、高层公寓楼等高层公共建筑，城市地下铁道、地下观光隧道等地下公共建筑和城市重要的交通隧道，关系国计民生的重要物资集中的大型仓库和堆场，国家和省级重点工程的施工现场等。除上述目标外，还可以根据本地实际、反恐怖主义工作的形势和需要，确定其他目标为防范恐怖袭击的重点目标。

（2）履行安全防范职责。"防范为主、惩防结合"是反恐怖主义工作的重要原则之一。重点目标管理单位处于防范恐怖袭击的前沿阵地，《反恐怖主义法》关于安全防范的一系列规定，需要重点目标管理单位在日常工作中一一落实。只有每个重点目标管理单位切实履行好防范职责，落实好法律法规规定的各项职责义务，反恐怖主义工作才能落到实处，对可能发生的恐怖袭击才能做到有效的预防和应对。具体的职责主要有：

1）制定防范和应对处置恐怖活动的预案、措施，定期进行培训和演练。

2）建立反恐怖主义工作专项经费保障制度，配备、更新防范和处置设备、设施。

3）指定相关机构或者落实责任人员，明确岗位职责。

4）实行风险评估，实时监测安全威胁，完善内部安全管理。

5）定期向公安机关和有关部门报告防范措施落实情况。

（3）人员背景审查。有的恐怖组织为实施恐怖袭击，处心积虑，想方设法渗透到重点目标内部从而实施恐怖袭击活动。因此，必须加强对重点目标内部人员特别是重要岗位人员的安全背景审查，从而确保重点目标安全，避免和防范恐怖袭击的发生。

重点目标管理单位应当对重要岗位人员进行安全背景审查。安全背景审查是指通过对重要岗位工作人员的一贯表现、亲属及主要社会关系、接触的群体以及对有关恐怖主义、极端主义事件的倾向性态度等方面的情况进行审查，综合判断其是否同情、支持恐怖主义、极端主义，是否受到恐怖主义、极端主义影响，甚至是否具有恐怖主义、极端主义倾向和危险。审查可以通过谈话、查阅有关资料、发函请有关部门协助提供有关情况等多种方式进行。对于经审查发现有不适合继续在该重要岗位工作的情形的人员，重点目标管理单位应当及时将该人员调整出重要岗位。此外，根据《反恐怖主义法》第三十三条的规定，对有不适合情形的人员，重点目标管理单位还应当将有关情况通报公安机关，以便公安机关及时了解情况，并根据情况采取相应措施。

（4）人员密集场所安全保障。恐怖活动分子为了达到目的，试图以造成重大人员伤亡来引起严重的社会恐慌以及产生重大社会负面影响，往往会选取人员密集的交通枢纽、大型活动场所，如机场、火车站、码头、城市轨道交通站、公路长途客运站、口岸等实施恐怖袭击。

因此，应加强人员密集场所的安全保卫工作，加大对进入人员密集场所的人员、物品、交通工具的安全检查。这类场所管理单位发现可疑情况和人员时，应及时报告、处理；发现违禁品和管制物品时，应当予以扣留并立即向公安机关报告；发现涉嫌违法犯罪人员时，应当按照预案进行应对处置并立即向公安机关报告。

（5）公共交通的防范措施

1）交通运营单位的安全防范。防范恐怖袭击，物防、技防和人防三者不可或缺。从防范恐怖袭击的实践经验看，航空器、列车、船舶、城市轨道交通、公共电汽车等公共交通运输工具具有公共性、运输便利性等特点，既可能成为恐怖袭击的重点目标，也可能成为恐怖分子相互勾结、流窜作案的主要出行工具。加强对这些公共交通运输工具的物防、技防和人防方面的建设，一方面可以防止其成为恐怖袭击对象，另一方面可以防止恐怖分子流动作案，对他们形成高压打击之势。

2）航空器的重点防范。由于航空和飞行安全更受社会关注，针对航空器或者利用飞行活动实施犯罪更容易制造社会影响，因此在各类交通运输工具中，航空器容易被作为袭击的对象或者工具。严密防范针对航空器或者利用飞行活动实施的恐怖活动，是安全防范工作的重中之重。

3. 开展应对处置工作

（1）及时判明事件的性质和危害程度。要迅速对事件现场进行实时监控、追踪，并向上级报告事态发展变化情况。还要判明事件的性质和危害程度，及时采取相应的处置措施。

（2）视情况对现场进行管制。单位可以根据事件的性质、危害程度和法律规定，配合主管部门封锁现场和周边道路，查验现场人员的身份证件，通过在有关场所附近设置临时警戒线等措施，对现场实施管制，防止事态进一步扩大。

（3）迅速开展现场处置和救援工作。相关部门应当依照职责分工，立即组织力量开展各项工作，如抢救伤员，疏散人群，安置群众，封锁和隔离相关区域，及时组织实施现场勘查等工作。各单位和广大群众应积极开展自救、互救、群防群治，尽快消除恐怖袭击造成的心理恐慌，恢复正常社会秩序。

（4）做好舆情控制。不得报道、传播可能引起模仿的恐怖活动实施细节；未经批准，不得报道、传播现场应对处置的工作人员、人质身份信息和应对处置行动情况；不得编造、传播虚假恐怖事件信息；不得发布恐怖事件中残忍、不人道的场景。

第九节 道路交通安全知识

一、道路交通安全概述

1. 道路交通安全相关概念

（1）道路交通。道路交通是指人们通过道路达到自身空间位置移动的目的，或者人们使用交通工具（机动车、非机动车），通过道路达到人或物空间位置转移目的的社会活动，它是由人、车、路和交通环境等要素构成的一个动态复合系统。道路交通的主体是人，可独自亦可借助某种道路交通工具，通过某种运动形式达到道路交通的目的，即人或物的空间位置移动。

（2）道路交通安全。从微观层面，道路交通安全可理解为，针对人、车、道路环境三个要素，通过法律法规、工程技术、宣传教育、应急救援等手段，采取事故前的预防对策、事故中的降低损伤对策和事故后的挽救对策，将人身伤亡或者财产损失控制在可接受的水平；从宏观层面，道路交通安全可理解为交通运行质量的一个指标，是经济发展和社会文明进步的重要指标和内容，关系到交通的可持续发展。

（3）道路交通事故。《中华人民共和国道路交通安全法》规定：交通事故是指车辆在道路上因过错或者意外造成的人身伤亡或者财产损失的事件。其中，"道路"是指公路、城市道路和虽在单位管辖范围内但允许社会机动车通行的地方，包括广场、公共停车场等用于公众通行的场所。"车辆"是指机动车和非机动车。

在机关、团体、企业、事业单位的内部路面以及机场、港口、火车站、货场等的专用路面发生的交通事故，单位保卫部门可参照《中华人民共和国道路交通安全法》的有关规定处理。《中华人民共和国道路交通安全法》也规定，车辆在道路以外通行时发生的事故，公安机关交通管理部门接到报案的，参照该法有关规定办理。

2. 道路交通事故的形式

道路交通事故的形式也称交通事故现象，是指在由交通事故参与者、车辆、道路三要素构成的道路交通系统中因要素失控或不同要素间发生冲突所表现出来的具体形态，总体上可分为碰撞、碾压、刮擦、翻车、坠车、爆炸、失火7种形式。

（1）碰撞。碰撞的物理意义是指原本呈分离状态的两个或多个运动物体在极短的时间内至少有一方以一定的速度撞向对方导致相互间发生接触的现象。对于道路交通系统，碰撞主要是指以一定的速度发生在机动车之间、机动车与非机动车之间、机动车与行人之间、非机动车之间、非机动车与行人之间以及车辆与其他物体之间的直接接触。根据机动车碰撞时接触部位的不同，机动车之间的碰撞分为正面碰撞、侧面碰撞、追尾碰撞等。

（2）碾压。碾压是指作为交通强者的机动车对交通弱者（如骑车人或行人等）的推碾或滚压的现象。虽然对许多交通事故而言，在碾压之前已有碰撞现象发生，但习惯上一般都称为碾压。通常情况下碾压事故造成的后果比较严重。

（3）刮擦。刮擦是指相对而言的交通强者的侧面部分与他方接触，造成自身或他方损坏的现象。按刮擦的对象不同，可分为车刮车、车刮物、车刮人。对汽车乘员而言，发生刮擦事故时的最大危险来自破碎的玻璃，但也有车门被刮开导致车内乘员摔出车外的现象。当车内乘员摔出车外时，事故后果通常会比较严重；而破碎的玻璃极容易对车内乘员的面部造成伤害。机动车之间的刮擦，根据刮擦时车辆之间运动状态的不同，可分为会车刮擦和超车刮擦。

（4）翻车。翻车通常是指车辆在行驶中因受侧向力的作用，使部分或全部车轮悬空导致车身着地的现象。根据车轮悬空和车身落地的不同，分为侧翻和滚翻。车辆的一侧车轮离开地面称为侧翻；车辆的全部车轮离开地面称为滚翻。实际中，汽车转弯过急时容易发生侧翻事故，汽车滚翻多发生于道路与道路外侧存在明显坡度且具有一定高度差的道路条件区域。

（5）坠车。坠车是指车辆整体跌落到与道路路面有一定高度差的道路以外区域的现象，如车辆坠落桥下、坠入山涧、从高架桥上坠落等。坠车事故一旦发生，造成的后果通常比较严重。这是因为在实际事故中，当车辆坠落桥下时，常常会落入水中，给车内乘员逃生造成明显的困难；当车辆从高架桥上坠落时，由于坠落表面通常为坚硬的水泥地面，落体的巨大惯性力会直接给车内乘员造成严重伤害。

（6）爆炸。爆炸主要是指由于有爆炸物品带入车内，在行驶过程中由于振动等原因引起爆炸物品突爆而造成的事故。若无违反道路交通法规的行为，则不算交通事故。

（7）失火。失火是指车辆在行驶过程中未发生违法行为，而是由于某种人为的或技术上的原因引起的火灾，即车辆发生燃烧的现象。常见的原因有乘员使用明火、违章直流供油、发动机回火、电路系统短路、漏电等。

据调查，实际中一些发生自燃的车辆放置发动机的空间多为紧凑型，导致电路、油路接触紧密，随着使用时间的增加，电路老化现象不可避免，一旦电路老化出现漏电，就很容易引发车辆自燃。对于因空间紧凑而使电路、油路接触紧密的布置结构，定期更换电线、及时清理放置发动机空间内的油污对预防车辆自燃现象的发生具有直接效果。

3. 道路交通事故的分类

根据《公安部关于修订道路交通事故等级划分标准的通知》的规定，交通事故按损害后果的轻重程度不同分为轻微事故、一般事故、重大事故和特大事故。

（1）轻微事故。轻微事故是指一次造成1至2人轻伤或财产损失折款对于机动车事故不足1 000元，对于非机动车事故不足200元的事故。

（2）一般事故。一般事故是指一次造成1至2人重伤或3人以上轻伤，或财产损失折款不足3万元的事故。

（3）重大事故。重大事故是指一次造成1至2人死亡，或重伤3人以上10人以下，或财产损失折款为3万元以上、6万元以下的事故。

（4）特大事故。特大事故是指一次造成3人以上死亡，或重伤11人以上，或死亡1人同时重伤8人以上，或死亡2人同时重伤5人以上，或财产损失折款6万元以上的事故。

二、道路交通安全基本要求

1. 人员安全化

人员安全化就是要通过持续不断的道路交通安全教育，全面提高交通安全意识以及参与交通活动时的安全技能，彻底消除交通参与者参与交通活动过程中的交通违法行为，构建人、车、路和谐相处的安全交通关系。

人既是道路交通事故的制造者，也是道路交通事故的受害者，同时也是道路交通事故的消除者。因此，要实现道路交通安全化，首先要解决好人的问题，而解决好人的问题的关键就是努力实现人员的安全化。提高交通参与者交通行为的安全性主要有以下措施：

（1）不断增强交通参与者的交通安全意识。

（2）不断提高交通参与者适应交通环境的能力。

（3）积极引导交通参与者保持良好的心理状态。

（4）提高交通参与者的安全技能。

2. 车辆安全化

车辆安全化的目标就是不断提高车辆的技术性能，努力实现在行车辆的安全行驶，消除因车辆自身原因引发的各类交通事故。车辆安全化的基本路径是通过广泛运用现代科技成果，不断改善和提高车辆的技术性能及检测水平，确保行驶安全性。

提高车辆安全性的技术措施主要包括：通过装备安全技术装置提高车辆的技术性能；通过对在用车辆加强检测，使其保持良好的技术状态；努力提高车辆驾驶环境的安全性。

3. 道路安全化

道路安全化的目标就是要努力提高各类道路及其交通环境的安全性，彻底消除道路安全隐患，为在行车辆提供安全的行车环境，避免因道路原因引发交通事故。道路因素是保障汽车行驶的基础条件。道路的几何线形、技术指标、路面质量的不同会直接对道路交通安全产生影响。

交通事故发生的复杂性表现在它是由若干因素综合作用的结果，虽然有些时候导致交通事故发生的直接原因不是道路因素，但是道路因素在事故的发生过程中起着不可忽视的作用。对已有交通事故统计资料的分析表明，有些表面上看似由人、车引起的交通事故，深入分析其深层次原因后则发现，正是由于道路因素和不利的自然条件的综合作用，给驾驶员造成了恶劣的行车环境从而引起交通事故的发生。因此必须要高度重视道路的安全化设计，努力提高各类道路以及交通环境的安全性，以最大限度地减少道路交通事故，确保道路行车的安全。据不完全统计，与道路有关的事故原因约占事故总量的30%。

道路安全化包括道路条件及环境要素的安全化。实际中，道路条件及环境要素对交通安全的影响主要是通过微观层面的不合理结构、不科学设置发挥作用。提高道路安全性的措施主要包括：通过改善道路条件和优化交通环境提高道路安全性，科学设置道路安全设施提高道路安全性。

4. 管理安全化

管理安全化的目标就是通过加强领导、加强交通安全立法，强化执法，全面提高道路交通安全管理水平，彻底消除道路交通安全死角，实现道路交通安全的可持续发展。加强道路交通安全管理可有效预防和减少道路交通事故发生，道路交通系统管理安全化的核心和落脚点就是要不断降低直至彻底消除交通参与者参与交通活动过程中的安全风险，最大限度地保障出行人员的安全。

道路交通系统安全状况是该系统中道路交通参与者、车辆、道路和交通环境三者间相互关系的外部表象。如果三者间的相互关系是对抗、冲突的，交通事故数量必然会多，交通安全状况必然会差；反之，如果三者间的相互关系是融洽、协调的，交通事故数量必然会少，交通安全状况必然变好。

道路交通参与者、车辆、道路和交通环境三者间相互关系的好坏不是取决于技术发达程度，而是取决于对道路交通安全重要性的认识及交通安全管理部门职能发挥的有效程度。因此，道路交通安全问题本质上是一个管理问题。进一步改善道路安全状况的措施都应围绕"加强交通安全管理、不断提高管理水平"展开。

三、单位道路交通事故现场处置

1. 道路交通事故现场的定义及其构成

道路交通事故现场是指发生交通事故的地点及其相关的空间范围。道路交通事故现场由道路交通事故发生的地点、各种痕迹物证、散落物、道路条件，以及与道路交通事故有关的房屋、车辆、物体、人、畜、天气条件以及自然因素等构成。

道路交通事故现场的构成要素通常包括时间、地点、当事人的交通行为、车、物五个要素。时间是指道路交通事故发生的时间，有时还包括公安机关交通管理部门的接警时间。地点是指道路交通事故发生的空间场所，既包括交通事故发生前后与交通事故有关的痕迹、物证存在的场所，又包括交通参与者为避免事故发生而采取措施时留下痕迹、物证的场所。当事人的交通行为是指发生事故前、发生事故时和发生事故后当事人所进行的与道路交通事故有关的活动。车、物是道路交通事故现场的一部分，是道路交通事故现场勘查的对象，是各种痕迹物证的承载体。这些要素之间通过特定的交通行为发生的损害后果，构成了各种各样的道路交通事故现场。

2. 单位道路交通事故的现场处置

（1）轻微道路交通事故的现场处置。根据公安部《道路交通事故处理程序规定》，在道路上发生交通事故，未造成人身伤亡，当事人对事实及成因无争议的，可即行撤离现场，恢复交通，自行协商处理损害赔偿事宜；当事人报警的，交通警察、警务辅助人员可以指导当事人自行协商处理。

对于单位内部道路发生的未造成人身伤亡，当事人对事实及成因无争议的事故，当事人也可以协商处理损害赔偿事宜。

（2）重特大道路交通事故的现场处置

1）做好现场保护并立即报警。根据公安部《道路交通事故处理程序规定》，道路交通事故有下列情形之一的，单位保卫人员应当保护现场并立即拨打"122"或"110"报警。

①造成人员死亡、受伤的。

②发生财产损失事故，当事人对事实或者成因有争议的，以及虽然对事实或者成因无争议，但协商损害赔偿未达成协议的。

③机动车无号牌、无检验合格标志、无保险标志的。

④载运爆炸物品、易燃易爆化学物品以及毒害性、放射性、腐蚀性、传染病病原体等危险物品车辆的。

⑤碰撞建筑物、公共设施或者其他设施的。

⑥驾驶人无有效机动车驾驶证的。

⑦驾驶人有饮酒、服用国家管制的精神药品或者麻醉药品嫌疑的。

⑧当事人不能自行移动车辆的。

交通事故现场保护是为了使道路交通事故现场保持事故发生后的原始状态，使痕迹、物证等免遭破坏而对现场采取的一种保护措施。通过设置道路交通事故警告标志、引导标志等安全措施，必要时可以封闭现场，确保现场的车辆、物体以及各种痕迹、物证不受破坏。单位保卫人员可以协助交通警察在道路交通事故现场周围设置警戒线，在安全距离位置放置发光或者反光锥筒和警告标志，指挥车辆减速通过，引导勘查、指挥等车辆依次停放在警戒线内来车方向的道路右侧，维护良好的道路通行秩序。因道路交通事故导致交通中断或者现场处置、勘查需要采取封闭道路等交通管制措施的，保卫人员还应当协助交通警察在事故现场来车方向提前组织分流，放置绕行提示标志，引导车辆和行人绕行，避免发生交通堵塞和次生事故。

对运载爆炸物品、易燃易爆化学物品以及有毒、放射性、腐蚀性、传染病病原体等危险物品的车辆发生的道路交通事故，在交通警察到达现场前，单位保卫人员应当及时向驾驶人、押运人员及其他有关人员了解运载物品的种类、正规名称、通俗名称以及可能造成的危害程度，是否有燃烧、爆炸危险，液体泄漏是否会引起燃烧，温度达到多少燃烧，液体或者挥发性气体的危害性、毒性，对人体的伤害程度等，根据有关信息做好安全防护工作。

2）组织抢救受伤人员。车祸造成的伤害大体可分为减速伤、撞击伤、碾挫伤、压榨伤及跌扑伤等，其中以减速伤、撞击伤为主。减速伤是由于车辆突然的紧急减速所致，如颅脑损伤、颈椎损伤、主动脉破裂、心脏及心包损伤等。撞击伤多由机动车直接撞击所致。车祸伤者往往伤势重，变化快，死亡率高。

如遇到严重创伤、大出血等紧急情况时，应立即呼叫"120"以寻求医疗急救部门的援助。在医护人员到场前，要对伤员所处的状态进行判断，分清伤情的轻重缓急，尽可能进行现场救护，包括心肺复苏、伤口止血、包扎、骨折初步固定以及正确的搬运和及时护送等。

如果遇到危险品泄漏，在了解所载物品性质前，任何人不得进入警戒区域，包括交通警察和单位保卫人员。

3）对造成道路、供水、供电、供气、供热、通信等设施损毁的交通事故应向有关部门及时报告。由于道路、供水、供电、供气、供热、通信等设施的损坏直接影响人民群众正常的工作和生活，快速维修并恢复其功能极为重要。如果发现道路交通事故已经造成设施损毁的，应当立即通知相关部门及时维修，消除危险隐患，减小对人民群众正常工作、生活的影响。

4）配合确定交通事故当事人，控制肇事嫌疑人，查找证人。道路交通事故当事人是道路交通事故损害赔偿的权利人和义务人，因此，确定交通事故当事人是交通事故后续处理工作的前提。单位保卫人员应配合交通警察确定交通事故当事人，防止交通肇事嫌疑人特别是无证驾驶、醉酒驾驶和吸毒后驾驶等违法犯罪人员逃逸。

道路交通事故的发生往往具有突发性，一般是在极短的时间内发生，绝大多数人都来不及反应。因此，证人证言对于认定道路交通事故的过程、确定道路交通事故的成因具有重要的意义。由于交通事故的证人往往与事故当事人没有利害关系，他们的证言相对比较客观。单位保卫人员如果发现人群里有人向别人描述事故发生过程，可以基本确定其为证人，应当立即将发现证人的情况告知现场交通警察；如果交通警察还没有到达现场，应当先行记录证人的联系方式。

5）配合交通警察做好事故调查。根据公安部《道路交通事故处理程序规定》，交通警察的事故现场调查工作主要包括以下内容：

①勘查事故现场，查明事故车辆、当事人、道路及其空间关系和事故发生时的天气情况。

②固定、提取或者保全现场证据材料。

③询问当事人、证人并制作询问笔录；现场不具备制作询问笔录条件的，可以通过录音、录像记录询问过程。

④其他调查工作。

对发生在单位内部的道路交通事故，保卫部门应积极配合公安机关，做好事故调查工作。

6）配合做好道路交通事故现场清理。在公安机关交通管理部门现场救援和现场勘查完毕后，单位保卫部门应当协助交通警察及时清理道路交通事故现场遗留物，尽快撤离现场，恢复现场的正常交通秩序。

①事故车辆和现场遗留物的处置。现场勘查完毕，除了需要进一步核查检验、鉴定和提取证据的事故车辆及现场物品由公安机关交通管理部门扣留或者扣押之外，现场的其他车辆及物品应当场发还其所有人或所有人的亲属、代理人。对于所有人及其亲属、代理人不在现场或者拒绝收取的，由勘查人员进行清点收存并登记。对暂时无法移动的车辆和物品，要及时联系救援清障车辆进行拖移或转运，在拖移或转运前，应保持开启事故车辆的危险报警闪光灯和保留现场警戒区，并安排人员看守。对于容易腐烂变质以及其他不易保管或者危险的物品，如果其所有人无法及时认领，经公安机关负责人批准，可以在拍照或者录像后依法进行变卖或拍卖，之后向其所有人支付变卖或者拍卖货款。

②受害人尸体的处置。现场有人员死亡的，由到达现场的医疗、急救机构的医生确认和签名。现场勘查完毕后，应当清理登记死者的随身物品。

③被损坏的道路交通和其他设施的处置。对于事故现场损坏的道路交通设施和其他供水、供电、供气、供热、通信等设施，应及时通报其管理部门处理，尽早消除险情，恢复其正常功能。一时无法修复的，应根据实际情况采取相应的临时加固、支撑或者设置警示标志等安全措施。被损坏的设施妨碍交通的，要及时清理。

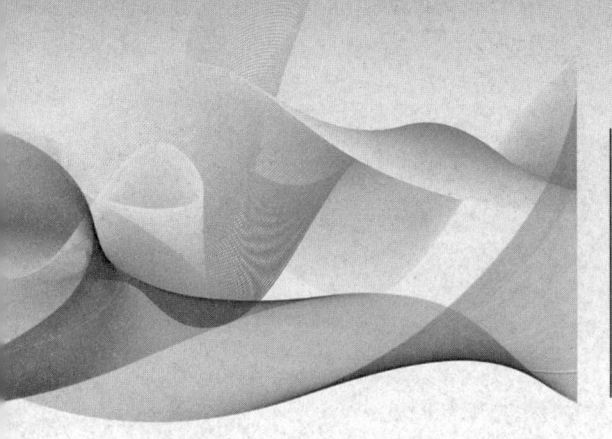

第四章 保卫工作相关法律规范

中国特色社会主义法律体系，是以宪法为统帅，以法律为主干，以行政法规、地方性法规为重要组成部分，由宪法相关法、民法商法、行政法、经济法、社会法、刑法、诉讼与非诉讼程序法等多个法律部门组成的有机统一整体。根据《保卫管理员国家职业技能标准（2020年版）》的规定，本教材重点就民事法律、刑事法律等相关知识进行介绍。

第一节 民事法律知识

一、《中华人民共和国民法典》

2020年5月28日,第十三届全国人民代表大会第三次会议审议通过了《中华人民共和国民法典》(以下简称《民法典》),并于2021年1月1日起施行。《民法典》的诞生,标志着我国正式进入民法的法典化时代,作为新中国成立以来第一部以"法典"命名的法律,《民法典》是依法治国理念不断深入、法治思想和法治观念不断发展的结果。我国《民法典》包含了我国民事法律关系调整的全部范围和基本规则,是一本具有中国特色的民事百科全书。

1.《民法典》的立法目的

《民法典》的首要立法目的,就是保护民事主体的合法权益。《民法典》保护民事权益,是通过调整民事法律关系实现的,通过调整民事权利和民事义务构成的各种民事法律关系,督促民事义务的履行,保障民事权益的实现。《民法典》通过保护民事主体的合法权益以及调整民事法律关系,维护社会和经济秩序,使社会的生活秩序和财产流转秩序得到稳定发展。通过上述这些目的的实现,《民法典》最终保障中国特色社会主义稳步发展,使社会主义核心价值观得到弘扬。

2. 民法的基本原则

(1)平等原则。平等原则是指所有的民事主体在地位上一律平等,没有任何一个民事主体的地位可以高于其他民事主体地位的基本准则,是民法的最高原则。

(2)自愿原则。自愿原则即意思自治原则,是指平等民事主体之间在设立、变更或者终止民事法律关系时,要以各自的真实意志来表达自己意愿的民法基本准则。

(3)公平原则。公平原则是民法针对民事权益确定的基本准则,是指对市民社会的人身利益、财产利益进行分配，确定权利和义务时，须以社会公共人的公平观念作为基础，维持民事主体之间的利益均衡的基本准则。公平是进步和正义的道德感在民法上的体现。在处理民事权利冲突和利益争执的纠纷时，公平原则是最基本的衡量标准。

（4）诚实信用原则。诚实信用原则是民法对具有交易性质的民事法律行为和民事活动确立的基本准则，是将诚实信用的市场伦理道德准则吸收到民法规则中，约束具有交易性质的民事法律行为和民事活动的行为人诚实守信，信守承诺。诚实信用原则也称为民法特别是债法的最高指导原则。

（5）公序良俗原则。公序良俗原则是指以一般道德为核心，民事主体在进行民事行为时，应当尊重公共秩序和善良风俗的基本准则。公序良俗是由公共秩序和善良风俗两个原则构成的。公共秩序是指全体社会成员的共同利益，法律强调违反公共秩序的行为无效，是从正面强调对公共秩序的维护。善良风俗是指由社会全体成员所普遍认可、遵循的道德准则，是我国民法所恪守的基本理念。

（6）绿色原则。绿色原则是指民法要求民事主体在从事民事活动时，应当有利于节约资源、保护生态环境，实现人与资源关系的平衡，促进人与环境和谐相处的基本准则。

3. 民事主体

民事主体是民事关系的参与者、民事权利的享有者、民事义务的履行者和民事责任的承担者。《民法典》规定的民事主体有自然人、法人、非法人组织，这三者构建了我国民事主体三元体系。

（1）自然人。自然人是指依自然规律产生，具有自然生命，区别于其他动物的人。自然人是最典型的民事主体。自然人的民事权利能力开始于出生。按照当代医学公认的出生标准，出生应为胎儿完全脱离母体，独立存在，并能自主呼吸。自然人出生，即具有民事权利能力，享有民事权利，承担民事义务。自然人的民事权利能力终止于死亡，包括生理死亡和宣告死亡。生理死亡是自然死亡，是指自然人生命的自然终结，现行的标准是心肺死。宣告死亡是基于法律的规定而宣告自然人死亡。

（2）法人。法人是指法律规定具有民事权利能力和民事行为能力，能够独立享有民事权利和承担民事义务的组织。《民法典》以法人成立目的的不同为标准，将法人分为营利法人、非营利法人和特别法人。

（3）非法人组织。非法人组织是不具有法人资格，但是能够依法以自己的名义从事民事活动的组织。非法人组织分类如下：

1）个人独资企业。个人独资企业是指依照法律规定在中国境内设立，由一个自然人投资，财产为投资人个人所有，投资人以其个人财产对企业债务承担无限责任的经营实体。

2）合伙企业。合伙企业包括普通合伙企业和有限合伙企业：普通合伙企业是指由普通合伙人组成，合伙人对合伙企业债务承担无限连带责任的组织；有限合伙企业是指由普通合伙人和有限合伙人组成的合伙企业。

3）不具有法人资格的专业服务机构。不具有法人资格的专业服务机构是特殊的普通合伙企业，是指以专门知识和专门技能为客户提供有偿服务，并依法承担责任的普通合伙企业，主要是指律师事务所、会计师事务所等提供专业服务的企业。

4）其他非法人组织。如依法登记领取我国营业执照的中外合作经营企业、外资企业以及经依法登记领取营业执照的乡镇企业、街道企业，符合《民法典》非法人组织条件要求的企业。

4. 民事行为能力

民事行为能力是民事主体以其行为参与民事法律关系，取得民事权利，履行民事义务和承担民事责任的资格。

自然人的民事行为能力分为三种情况：完全民事行为能力、限制民事行为能力、无民事行为能力。法人的行为能力由法人的机关或者代表行使。

5. 民事权利

民事权利是由民法所赋予和保护的，是民法规范的基本内容。

（1）人身权利

1）人格权。自然人享有的具体人格权包括：

生命权，是指自然人维持其生命存在，以保障其生命安全利益为基本内容的具体人格权。

身体权，是指自然人享有的以维护身体完整和行动自由为内容的权利。

健康权，是指自然人享有的以维护自己的身心健康为内容的权利。

姓名权，是指自然人决定、使用和依照规定改变自己姓名，并维护其姓名利益的具体人格权。

名称权，是指法人和非法人组织依法享有的，决定、使用、改变自己的名称，依照法律规定转让名称，并排除他人非法干涉、盗用或冒用的具体人格权。

肖像权，是指自然人对在自己的肖像上所体现的精神利益和财产利益为内容所享有的具体人格权。

名誉权，是指自然人和法人、非法人组织就其自身属性和价值所获得的社会评价所享有的保有和维护的具体人格权。

荣誉权，是指自然人、法人和非法人组织对其获得的荣誉及其利益所享有的保持、支配的具体人格权。

隐私权，是指自然人享有的对其个人与公共利益无关的私人信息、私人活动和私人空间等私生活安宁利益自主进行支配和控制，不受他人侵扰的具体人格权。

婚姻自主权，是指自然人按照法律规定，自己做主决定其婚姻的缔结和解除，不受其他任何人强迫或干涉的具体人格权。

个人信息权，是指自然人依法对其本人的个人资料信息所享有的支配并排除他人侵害的具体人格权。

法人、非法人组织享有名称权、名誉权、荣誉权等具体人格权。

2）身份权。身份权是指自然人基于特定的身份关系产生并由其专属享有，以其体现的身份利益为客体，为维护该种利益所必需的人身权利。具体身份权包括配偶权、亲权和亲属权。

配偶是指男女双方因结婚而产生的亲属，即具有合法婚姻关系的夫妻相互间的同一称谓和地位。配偶权就是配偶之间的身份权，具体内容包括：夫妻姓氏权，住所决定权，同居义务，忠实义务，职业、学习和社会活动自由权，日常事务代理权，相互扶养、扶助权，生育权。

亲权是指父母对未成年子女在人身和财产方面管教和保护的权利与义务。亲权确定的是父母与未成年子女之间的身份关系，属于亲属法上的身份权。亲权的主要内容是：身上照护权，是父母对未成年子女人身的教养、保护的权利和义务；财产照护权，是父母对未成年子女的财产负有的保护义务。

亲属权也称为其他亲属权，是指除配偶、未成年子女与父母以外的其他近亲属之间的基本身份权，表明这些亲属之间互为亲属的身份利益为其专属享有和支配，其他任何人均承担不得侵犯的义务。亲属权分为抚养权、赡养权和扶养权，主要内容是扶养权。

（2）财产权利

1）物权。物权是指民事主体在法律规定的范围内直接支配一定的物，享受利益并排除他人干涉的权利，是人与人之间对于物的归属和利用关系在法律上的体现。

所有权，是所有人依法按照自己的意志通过对其所有物进行占有、使用、收益、处分等方式，独占性支配其所有物并排除他人非法干涉的永久性物权。

用益物权，是指非所有权人对他人所有之物所享有的占有、使用和收益的他物权。

担保物权，是指债权人所享有的为确保债权实现，在债务人或者第三人所有的物或者权利之上所设定的，就债务人的债务不履行时，或者发生当事人约定的实现担保物权的情形时，就担保物的变价优先受偿的他物权。

2）债权。债权是按照合同约定或者依照法律的规定，在当事人之间产生的特定的权利和义务关系，也称为债权关系或者债的关系。债权分为合同之债、侵权之债、无因管理之债和不当得利之债。

3）知识产权。知识产权是指民事主体基于其创造性智力成果和工商业标记依法产生的专有民事权利的统称。知识产权的内容包括人身权利和财产权利。

人身权利也称为精神权利，是指权利同取得智力成果的人身不可分离，是人身关系在法律上的反映，包括作者的署名权、作品的发表权、作品的修改权、保护作品完整权等。

财产权利也称为经济权利，是指智力成果被法律承认以后，权利人可以利用这些智力成果取得报酬或者得到奖励的权利。

4）继承权。继承权是指自然人按照被继承人所立的合法有效遗嘱或者法律的直接规定，而享有的继承被继承人遗产的权利。

5）股权及其他投资性权利。股权是指股东基于出资行为，在依法设立的公司中取得股东地位或者出资人资格，在公司中享有的以财产收益权为核心，并可以依法参与公司事务的权利。股权是财产权利。

其他投资性权利是指股权以外的，自然人、法人或者非法人组织作为出资人或者开办人，基于其向非公司性的营利法人或者非法人组织出资而获得的出资人或者开办人的身份，以及基于该身份而享有的经营收益权。

6）其他民事权利和利益。《民法典》在"民事权利"一章无法把所有的民事权利都作出规定，因而规定其他法律规定的民事权利，民事主体也都享有，依法予以保护。

7）对数据、网络虚拟财产的权利。数据可以分为原生数据和衍生数据。原生数据是指不依赖于现有数据而产生的数据。衍生数据是指原生数据被记录、存储后，经过算法加工、计算、聚合而成的系统的、可读取的、有使用价值的数据，例如购物偏好数据、信用记录数据等。能够建成为知识产权客体的数据是衍生数据。衍生数据的性质属于智力成果，与一般数据不同。在数据市场交易和需要民法规制的数据是衍生数据。以衍生数据为客体建立的权利是数据专有权。

数据专有权是一种财产权，性质属于新型的知识产权。数据专有权与传统的知识产权有明显不同，在权利的主体、客体以及保护等方面，都存在明显的差别。数据专有权具备传统知识产权的无形性、专有性、可复制性的特点，但不具备传统知识产权的地域性、时间性的特点，因此是新型的权利类型。

网络虚拟财产是指虚拟的网络本身以及存在于网络上的具有财产性的电磁记录，是一种能够用现有的度量标准度量其价值的数字化的新型财产。网络虚拟财产作为一种新兴的财产，具有不同于现有财产类型的特点。

法律对数据和网络虚拟财产的保护有规定的，依照其规定。对衍生数据应当用数据专有权来保护，对网络虚拟财产用物权来保护。

（3）未成年人、老年人、残疾人、妇女、消费者等特殊主体的特殊权利。《民法典》第一百二十八条规定，法律对未成年人、老年人、残疾人、妇女、消费者等的民事权利保护有特别规定的，依照其规定。本条体现的是对特殊民事主体，即对未成年人、老年人、残疾人、妇女、消费者等的特别保护。本条指出如果有特别法对上述民事主体有特别规定的，应当适用《中华人民共和国未成年人保护法》《中华人民共和国老年人权益保障法》《中华人民共和国残疾人保障法》《中华人民共和国妇女权益保障法》《中华人民共和国消费者权益保护法》等法律。

6. 民事责任

民事义务是与民事权利相对应的概念，是指义务人为满足权利人的要求而为一定的行为或者不为一定行为的法律负担。

民事责任，是指民事主体不履行或者不完全履行民事义务应当依法承担的不利后果。民事责任既是违反民事义务所承担的法律后果，也是救济民事权利损害的必要措施，还是保护民事权利的直接手段。

（1）民事责任分为按份责任和连带责任。

1）按份责任。按份责任，是指数个责任人按照约定或者法律规定，按照不同的份额，对一个责任按份承担的民事责任。分为两种形式：一是约定的按份债务不履行发生的按份责任；二是依照法律规定发生的按份责任。

2）连带责任。连带责任是指因违反连带债务或者依照法律的直接规定，两个以上的义务人向赔偿权利人连带承担全部责任，权利人有权要求连带责任人中的一人或数人承担全部责任，而一人或数人在承担全部责任后，将免除其他责任人的责任的民事责任形态。分为两种形式：一是违反连带债务发生的连带责任；二是依照法律的直接规定发生的连带责任。

（2）民事责任方式，是指行为人将承担与其所实施的违反法定义务或者约定义务行为，以及救济对方当事人相适应的民事责任的具体方法和形式。主要包括：

1）返还财产，主要是指返还原物。

2）恢复原状，是指恢复权利被侵害前的原有状态。

3）修理、更换、重作，是指交付的标的物不符合合同要求的质量标准，债务人应当承担的民事责任方式。

4）支付违约金，是指当事人通过协商预先确定的，在违约后作出的独立于履行行为之外的给付。

5）赔偿损失，包括补偿性损害赔偿和惩罚性损害赔偿。

6）停止侵害，是应当承担的立即停止侵害行为的民事责任方式。

7）消除影响、恢复名誉，是指行为人在侵权行为影响所及的范围内消除不良后果，恢复受害人的名誉评价到未受侵害时的状态的民事责任方式。

8）赔礼道歉，是侵权行为人向受害人承认错误，表示歉意，求得受害人原谅。

9）继续履行，是指债务人应当将没有履行的义务继续履行完毕，以实现债权人的债权。

10）排除妨碍，是指行为人实施的行为使权利人无法行使或不能正常行使自己的财产权利、人身权利，应当将妨碍权利实施的障碍予以排除。

11）消除危险，是指行为人的行为和其管领下的物件对他人的人身和财产安全造成威胁，应当将具有危险因素的行为或者物件予以消除。

二、《中华人民共和国民事诉讼法》

民事诉讼是指人民法院、当事人和其他诉讼参与人，为解决民事纠纷、保护当事人合法权益而依法进行的全部诉讼活动，以及在这些活动中所产生的各种诉讼法律关系的总和。1991年4月9日第七届全国人民代表大会第四次会议审议通过了《中华人民共和国民事诉讼法》（以下简称《民事诉讼法》）。2021年12月24日第十三届全国人民代表大会常务委员会第三十二次会议《关于修改〈中华人民共和国民事诉讼法〉的决定》第四次修正。

1.《民事诉讼法》的基本原则

（1）同等原则与对等原则

1）同等原则。在民事诉讼中，外国当事人与中国当事人具有平等的诉讼地位，有同等的诉讼权利义务，不因当事人是外国人而限制或扩大其诉讼权利，或者减少或加重其诉讼义务。

2）对等原则。在民事诉讼中，遇有外国法院对中国公民、法人和其他组织的民事诉讼权利加以限制的，中国法院也相应地限制该国公民、企业或者组织的民事诉讼权利。

（2）当事人诉讼地位平等原则。当事人诉讼地位平等原则是指民事诉讼当事人有平等的诉讼权利。人民法院审理民事案件，应当保障和便利当事人行使诉讼权利，对当事人在适用法律上一律平等。平等原则的具体要求包括：

1）无论身份、诉讼中的角色、实体法上有无过失，民事诉讼当事人在诉讼上的地位一律平等；当事人有平等地使用诉讼权利的手段；人民法院平等地保障双方当事人行使诉讼权利，对当事人在适用法律上一律平等。

2）民事诉讼当事人各方享有同等的诉讼权利，承担对等的诉讼义务。

3）法官中立与当事人诉讼地位平等。

（3）辩论原则。辩论原则是指人民法院审理民事案件时，当事人有权进行辩论。辩论原则贯穿于诉讼程序的全过程，但不适用于非讼程序和执行程序。当事人可以通过口头或书面的方式对实体问题（事实、证据）、法律问题、程序问题展开辩论。法院、其他诉讼参与人不享有辩论权。对于当事人无争议的事实，法院可以直接作为裁判的依据。

（4）处分原则。处分原则是指当事人有权在法律规定的范围内处分自己的民事权利和诉讼权利。处分权是当事人的专属权利，当事人在整个诉讼过程中都可依法行使处分权。诉讼代理人、证人等其他诉讼参与人均不享有处分权。

（5）诚信原则。诚信原则的适用对象包括当事人、其他诉讼参与人、法院，即所有参与民事诉讼的主体均受诉讼诚信原则的约束。

（6）民事检察监督原则。民事检察监督原则，是指人民检察院有权对民事诉讼实行法律监督。人民检察院因履行法律监督职责提出检察建议或者抗诉的需要，可以向当事人或者案外人调查核实有关情况。

（7）支持起诉原则。支持起诉原则，是指机关、社会团体、企业事业单位对损害国家、集体或者个人民事权益的行为，可以支持受损害的单位或者个人向人民法院起诉。

2. 主管

主管是指人民法院行使裁判权审理民事案件的职权范围，即人民法院民事裁判权的界限。人民法院主管的民事案件有三种：一是平等主体之间因民事法律关系发生的争议；二是涉及身份关系和劳动关系的纠纷；三是法律规定适用民事诉讼法审理的其他案件。

3. 管辖

民事诉讼管辖是确定上下级人民法院之间和同级人民法院之间受理第一审民事案件的分工和权限。管辖权的确定以原告起诉时为准，此后无论案件情况有何变化，案件始终由受诉法院管辖。

（1）级别管辖。级别管辖是指人民法院系统内划分上下级人民法院之间受理第一审民事案件的分工和权限。

（2）地域管辖。地域管辖是指同级人民法院之间在各自的区域内受理第一审民事案件的分工和权限。

4. 证据

民事证据是指在民事诉讼中能够证明案件真实情况的各种材料。只有经过质证和认证的证据，才能作为认定案件事实和裁判的根据。证据的客观性、关联性、合法性是判断证据有无证据资格的标准。只有同时具备客观性、关联性、合法性的证据才具有证据资格，不具备的将被排除在诉讼程序之外。

《民事诉讼法》明确规定的证据种类包括当事人陈述、书证、物证、视听资料、电子数据、证人证言、鉴定意见和勘验笔录八种。

（1）当事人陈述，是指当事人在民事诉讼中就案件事实向法院所做的陈述。如果仅有当事人陈述而没有其他证据证明，并且对方当事人也没有做出认可，则其主张将无法获得支持。

（2）书证，是指以其所记载的内容或思想证明案件事实的证据，例如合同书、票据、提单、车票、发票、书面遗嘱等。

（3）物证，是指以其外部形态、存在状态和物质属性来证明案件事实的证据，包括物理存在、形状、痕迹、质量等物理特征。

（4）视听资料，是指利用录音、录像以及其他的高科技手段储存信息，并需要借助特定设备反映所储存信息来证明案件事实的证据，包括录音资料和影像资料,例如录像带、录音带、电影胶片、微型胶卷、X 光片等。

（5）电子数据,是指通过电子邮件、电子数据交换、网上聊天记录、手机短信、电子签名、域名等形成或者存储在电子介质中的信息。

（6）证人证言,是指知道案件情况的单位和个人出庭作证的证言。

（7）鉴定意见,是指鉴定人依据当事人的申请或法院调查需要,对案件涉及的专门性问题所出具的专门性意见。

（8）勘验笔录,是指人民法院指派的勘验人员对案件的诉讼标的物和有关证据进行现场勘验、调查后所作的记录。勘验笔录的制作主体是审判人员,也包括审判人员指导下的人。

5. 法院调解

民事诉讼中的法院调解,是指在审判人员或者法院依法委托的有关单位或个人的主持下,双方当事人就其民事争议自愿、平等协商,相互谅解,达成协议,从而解决纠纷,结束诉讼程序的诉讼活动和结案方式。人民法院审理民事案件,应当根据自愿和合法的原则进行调解,调解不成的,应当及时判决。

（1）应当调解的情形

1）离婚案件。

2）适用简易程序审理的应当先行调解的案件。

3）起诉后、受理前的先行调解。当事人起诉到法院的民事纠纷,适用调解的先行调解,但当事人拒绝调解的除外。

4）审理前通过调解分流案件。对于开庭前可以调解的,法院应采取调解的方式及时化解纠纷。

（2）不得适用调解的情形

1）适用特别程序、督促程序、公示催告程序的案件。

2）婚姻等身份关系确认案件以及其他依案件性质不能进行调解的案件。

3）执行案件,执行程序不适用调解,但允许执行和解。

6. 审判程序

民事诉讼具有严格的程序性,内容主要由第一审程序、第二审程序和执行程序组成。

（1）起诉与受理。起诉与受理即当事人向法院提起诉讼和法院立案受理。

起诉的条件包括:原告是与本案有直接利害关系的公民、法人或其他组织;有明确的被告;有具体的诉讼请求和事实、理由;属于法院主管范围和受诉法院管辖。案件受理后,受诉法院对该案具有行使审判权、承担审判职责;双方当事人取得相应的诉讼地位,享有相应的诉讼权利、承担相应的诉讼义务。

(2)审理前的准备。审理前的准备即法院为案件的开庭审理所做的各方面准备。主要包括:送达起诉状、答辩状副本;法院的告知义务和当事人的知悉权。

(3)开庭审理。由审判组织召集诉讼当事人和其他诉讼参与人对案件进行开庭审理,这是诉讼的核心环节。

(4)裁判。裁判即法院对案件的争议事实作出认定,并根据有关的法律对案件作出实体判决或程序上的裁定。

(5)二审。二审即当事人一方或双方不服一审法院的裁判而向上一级法院上诉,二审法院由此对案件进行审查的过程。

(6)执行。对不履行法院判决和其他法律文书的义务的当事人,法院可依申请或依职权通过法定的手段和形式强制其履行义务。

以上六个环节是一个完整的民事诉讼的全部阶段,各阶段必须依次进行。除了这六个环节外,对于已经发生法律效力的裁判,如发现确有错误,还可按审判监督程序进行再审。

第二节 劳动与社会保障法律知识

一、《中华人民共和国劳动法》

为了保护劳动者的合法权益，调整劳动关系，建立和维护适应社会主义市场经济的劳动制度，促进经济发展和社会进步，1994年7月5日第八届全国人民代表大会常务委员会第八次会议审议通过了《中华人民共和国劳动法》（以下简称《劳动法》），并于1995年1月1日起施行。2018年12月29日第十三届全国人民代表大会常务委员会第七次会议《关于修改〈中华人民共和国劳动法〉等七部法律的决定》第二次修正。

1. 劳动法的概念

广义上的劳动法，是指包括宪法规定的基本劳动制度及劳动关系主体的权利义务，劳动基本法以及与其实施相配套的一系列子法、行政法规、规章及司法解释等。狭义上的劳动法，是指由国家最高立法机关颁布的调整劳动关系以及与劳动关系有密切联系的其他社会关系的综合性的法律。

《劳动法》中的劳动，是基于合同义务，劳动者在具有从属性的劳动关系中所从事的职业上有偿的劳动。其具备下列特征：履行法律义务；基于劳动合同关系；有偿性；职业性；从属性。

我国《劳动法》适用于中华人民共和国境内的企业、个体经济组织与劳动者建立的劳动关系。国家机关、事业组织、社会团体与劳动者建立的劳动关系同样适用。

2. 劳动法律关系

劳动法律关系是指劳动者与用人单位之间，在实现劳动过程中依据劳动法律规范而形成的劳动权利与劳动义务关系。劳动法律关系具有主体的特定性；劳动法律关系的主体之间具有平等性和隶属性交错共存的特点；劳动法律关系的内容体现了国家与当事人的双重意志；劳动法律关系的客体表现为兼有人身性与财产性的特定的劳动行为和财物；劳动法律关系是围绕劳动者的保护展开的。

劳动法律关系是由劳动法律关系主体、劳动法律关系内容和劳动法律关系客体这三个基本要素构成的，缺一不可。

（1）劳动法律关系的主体。劳动法律关系的主体是指参与劳动法律关系，享有劳动权利和承担劳动义务的当事人，包括劳动者和用人单位。

1）劳动者。劳动法中的劳动者指达到法定年龄、具有劳动能力，以从事某种社会劳动获取收入为主要生活来源的自然人。他们是依照法律或合同的规定，在用人单位管理下从事劳动并获取劳动报酬的劳动关系当事人。劳动者包括本国人、外国人和无国籍人。

2）用人单位。用人单位是我国对劳动法律关系中与劳动者相对的一方主体的独特的称呼。用人单位是指依法招用和管理劳动者，并按法律的规定或劳动合同的约定向劳动者提供劳动条件，进行劳动保护并支付劳动报酬的劳动组织。用人单位既包括中国境内的企业、民办非企业单位、个体经济组织、依法成立的会计师事务所、律师事务所等合伙组织和基金会等，也包括与劳动者建立劳动关系的国家机关、事业单位、社会团体等。

（2）劳动法律关系的内容。劳动法律关系的内容是指劳动法主体依法享有的劳动权利和承担的劳动义务，即劳动者与用人单位之间的权利和义务。它是劳动法律关系的基础和核心，没有劳动法律关系的内容，劳动法律关系就失去实际意义。

（3）劳动法律关系的客体。劳动法律关系的客体在实践中的具体表现形态是复杂多样的，根据其在劳动法律关系中的地位和作用不同，可分为基本客体和辅助客体两大类。

劳动法律关系的基本客体是劳动行为，即劳动者为了完成用人单位安排的任务而支出劳动力的活动。

劳动法律关系的辅助客体是劳动待遇和劳动条件，即劳动者因实施劳动行为而有权获得的各种待遇和条件。

3. 劳动者的基本权利

劳动者享有平等就业和选择职业的权利、取得劳动报酬的权利、休息休假的权利、获得劳动安全卫生保护的权利、接受职业技能培训的权利、享受社会保险和福利的权利、提请劳动争议处理的权利以及法律规定的其他劳动权利。我国劳动者的基本权利可以概括为以下几个方面：

（1）就业权。就业权也称狭义的劳动权或工作权，是指具有劳动能力、达到法定就业年龄的劳动者有获得劳动机会的权利。它是劳动基本权的核心，主要包括就业自由、就业平等、就业促进、解雇限制。

（2）劳动报酬权。劳动报酬权是指劳动者参加社会劳动，按其劳动的数量和质量，从用人单位取得报酬的权利，主要包括报酬协商权、报酬请求权、报酬支配权。

（3）休息权。休息权是指劳动者经过一定时间的劳动之后，获得充分的休息的权利。《劳动法》统一规定了劳动者公休假日、法定节日、年休假等休假制度，并对用人单位安排加班作了严格的限制。

（4）职业安全权。职业安全权是指劳动者在职业劳动中人身安全和身心健康获得保障，从而免遭职业危害的权利。主要包括：获得各项不断改进的保护条件和保护待遇的权利，参与用人单位安全卫生决策的权利，工作场所潜在危险知情的权利，拒绝危险工作的权利，监督权、建议权、工伤保险权等。

（5）接受职业技能培训权。接受职业技能培训权是指对具有劳动能力的未正式参加工作的劳动者和在职劳动者进行技术业务知识和实际操作技能的教育和训练，包括就业前的培训和在职培训。

（6）生活保障权。生活保障权是指劳动者暂时或永久丧失劳动能力时，有权依法获得物质帮助，以保障劳动者在生、老、病、死、伤、残等情况下，本人及其直系亲属的生活需要。

（7）结社权与集体协商权。结社权是法律赋予劳动者通过代表自己利益的团体（工会）来保护其经济与社会利益的权利。集体协商权是指代表劳动者的工会代表与雇主或雇主组织的代表进行谈判协商，从而签订有关劳动条件的集体协议（合同）的权利。

（8）合法权益保护权。合法权益保护权是指劳动者有权在自己的合法权益受到侵害时，通过协商、申请调解、提请仲裁和提起诉讼，排除侵害行为，并使由此而受到的损失得到补偿。

4. 劳动者的基本义务

（1）全面履行劳动义务。劳动者应当完成劳动任务。完成劳动任务，是指劳动者与用人单位建立劳动关系后，依据劳动合同约定和法律规定向用人单位提供劳动给付的活动。

（2）不断提高劳动技能。劳动者应当提高职业技能。劳动技能是指在生产过程中岗位对劳动者素质方面的要求，各种职业和岗位的劳动者不断更新和提高劳动技能，才能胜任工作。

（3）认真执行劳动安全卫生规范。劳动者在劳动过程中必须严格遵守安全操作规程。劳动安全卫生规范是国家和相关生产行业为了防止和消除在生产过程中的伤亡事故，防止生产设备遭到破坏，保障劳动者的生命安全和身体健康而规定的有关组织和技术措施方面的各种法律规范。

（4）遵守劳动纪律和职业道德。劳动者必须遵守劳动纪律和职业道德。劳动纪律是社会劳动的基础，是现代化、社会化大生产必要的制度。劳动纪律通常以用人单位规章制度的形式表现，是在用人单位的主持下依法制定的。职业道德，是同劳动者的职业活动紧密联系的符合职业特点要求的道德。职业道德可以弥补劳动纪律的不足。

5. 工作时间与休息休假制度

工作时间是指劳动者根据国家的法律规定，在一个昼夜或一周之内从事本职工作的时间。法律规定的一昼夜内从事工作的小时数总和称为工作日；一周内从事工作的工作日的总和称为工作周。工作时间是劳动者用来创造物质财富和精神财富的时间，是衡量每一个劳动者向社会所作贡献的大小和取得劳动报酬的重要依据。

（1）工作时间立法的主要内容。我国从不同法律规范层次，形成和完善了工作时间法律体系。

1）标准工作时间。标准工作时间是指国家法律规定的，在正常情况下，劳动者从事职业劳动的统一工作时间，分为标准工作日和标准工作周。标准工作时间是工时立法的基础，非标准工作时间的确定都要以标准工作时间为依据。法律通常规定标准工作时间的最高限度。

2）非标准工作时间。非标准工作时间是指在特殊情形下适用的不同于标准工作时间的工作时间。企业因生产特点不能实行标准工作时间的，经劳动行政部门批准，可以实行其他工作和休息办法。根据目前我国法律、法规的规定，我国的非标准工作时间可以分为缩短工作时间、延长工作时间、不定时工作时间、综合计算工作时间和计件工作时间。

缩短工作时间，是指法定特殊条件或特殊情况下少于标准工作时间长度的工作时间。根据目前相关法律规定，允许实行缩短工作时间的情形限于以下几种：特定的岗位，即从事矿山井下作业、高山作业、严重有毒有害作业、特别繁重和过度紧张的体力劳动的职工，每个工作日的时间要少于 8 小时；夜班，即实行三班制的企业，从事夜班工作的时间比白班减少 1 小时，夜班一般是指在当日晚上 10 点至次日早晨 6 点之间当班；哺乳期女工，即哺乳未满周岁婴儿的女职工，哺乳时间和哺乳往返时间算工作时间；未成年工和怀孕女工，即未成年工应实行少于 8 小时工作日制度，怀孕 7 个月以上的女职工，在正常工作时间内应安排一定的休息时间。

延长工作时间，是指根据法律的规定，在标准工作时间之外延长劳动者的工作时间。其适用于从事受自然条件或技术条件限制的季节性作业的职工，并且只能在一年中的某段时间内实行，以后应当以缩短工作日或者补休的方式，抵补超过标准工作时间长度的工时。

不定时工作时间，又称不定时工作制，是指根据法律规定在特殊条件下实行每日无固定工作时间，是适用于因生产特点、工作特殊需要或职责范围的关系，无法按标准工作时间衡量或需要机动作业的劳动者的一种工作时间安排。

综合计算工作时间，也称为综合计算工时工作制，是指分别以周、月、季、年等为周期综合计算工作时间，但其平均日工作时间和平均周工作时间应与法定标准工作时间基本相同。

计件工作时间，是指对实行计件工作的劳动者，用人单位应当根据工时制度合理确定其劳动定额和计件报酬标准。

（2）休息休假制度

1）休息时间。休息时间是指劳动者按照国家的法律规定，不从事工作而自由支配的时间，是劳动者在工作时间之外的所有休息时间的总和。它包括狭义休息时间和休假。狭义休息时间仅指劳动者依法获得的一工作日或工作周循环周期的不计付工资报酬的自由支配时间。休假是指劳动者依法获得的具有某种特定意义的计付工资的自由支配时间。

2）休息休假的种类。休息休假的种类一般是依据生产经营特点、民族传统习惯、劳动者基本活动的需要等因素，由立法加以规定的。根据法律、法规的规定，我国目前休息休假包括：一个工作日内的休息时间，连续两个工作日之间的休息时间，公休日，法定节假日，探亲假，年休假，婚丧假，女职工的产假等。

6. 工资法律制度

工资，是指劳动者因履行劳动合同义务获得的，用人单位按照集体合同、劳动合同约定的标准或者国家有关规定，向劳动者支付的劳动报酬。工资是劳动者劳动收入的主要组成部分。

（1）工资形式。工资形式，是指计量劳动和支付报酬的形式。我国现行的工资形式主要有计时工资、计件工资两种基本形式，另外，在一定范围内实行年薪制。

1）计时工资。计时工资是指按照单位时间工资率和工作时间支付劳动者工资的形式，主要有月工资制、日工资制和小时工资制。

2）计件工资。计件工资是指按照劳动者完成的合格产品的数量和预先规定的计件单价计算工资的形式。

3）年薪。年薪是指对符合一定条件的劳动者实行以一个账务年度为核算工资依据计发劳动报酬的形式。

（2）工资构成。工资构成，是指工资总额由几部分相互联系的内容组成。常见的工资构成有：

1）基本工资。基本工资是指劳动者与用人单位在劳动合同中约定的与工作岗位相适应的相对固定的工资构成。劳动者在法定或约定的工作时间内提供正常劳动的情况下即可获得基本工资。

2）奖金。奖金是指用人单位支付给劳动者的超额劳动或相关非基本工资核算要素的报酬。奖金是对劳动者在创造超过正常劳动定额以外的社会所需要的劳动成果时，所给予的物质补偿，是辅助工资的构成内容之一。

3）津贴。津贴是指补偿劳动者在特殊条件下的额外劳动消耗和生活费额外支出的工资补充构成。

4）补贴。补贴是为了保障劳动者的生活水平不受特殊因素的影响而支付给劳动者的工资构成。

（3）不属于工资范畴的收入

1）单位支付给劳动者个人的社会保险福利费用。

2）劳动保护方面的费用。

3）按规定未列入工资总额的各种劳动报酬及其他劳动收入。

（4）最低工资保障制度。国家实行最低工资保障制度。最低工资，是指劳动者在法定工作时间或劳动合同约定的工作时间内提供了正常劳动的前提下，用人单位依法应当支付的最低劳动报酬。最低工资保障制度是国家为了维护劳动者取得劳动报酬的合法权益，保障劳动者个人及其家庭成员的基本生活而建立的法律制度。最低工资的具体标准由省、自治区、直辖市人民政府规定，报国务院备案。用人单位支付劳动者的工资不得低于当地最低工资标准。

7. 劳动争议

劳动争议，是指劳动关系双方当事人因执行劳动法律、法规或履行劳动合同、集体合同发生的纠纷。

（1）劳动争议的范围。我国劳动争议的受案范围与劳动法律关系内容基本一致，主要包括：因确认劳动关系发生的争议，因订立、履行、变更、解除和终止劳动合同发生的争议，因除名、辞退和辞职、离职发生的争议，因工作时间、休息休假、社会保险、福利、培训以及劳动保护发生的争议，因劳动报酬、工伤医疗费、经济补偿或者赔偿金等发生的争议，法律、法规规定的其他劳动争议。

（2）劳动争议的解决方式及处理程序。我国劳动争议的解决方式主要有协商、调解、仲裁和诉讼。当事人不愿协商、协商失败或者达成和解协议后不履行的，可以向调解组织申请调解；不愿调解、调解失败或者达成调解协议后不履行的，可以向劳动争议仲裁委员会申请仲裁；对仲裁裁决不服的，除法律另有规定的，可以向人民法院提起诉讼。

二、《中华人民共和国劳动合同法》

为了完善劳动合同制度，明确劳动合同双方当事人的权利和义务，保护劳动者的合法权益，构建和发展和谐稳定的劳动关系，按照合法、公平、平等自愿、协商一致、诚实信用的原则，2007年6月29日第十届全国人民代表大会常务委员会第二十八次会议审议通过了《中华人民共和国劳动合同法》（以下简称《劳动合同法》），并于2008年1月1日起施行。2012年12月28日第十一届全国人民代表大会常务委员会第三十次会议《关于修改〈中华人民共和国劳动合同法〉的决定》第一次修正，自2013年7月1日起施行。

1. 适用范围

中华人民共和国境内的企业、个体经济组织、民办非企业单位等组织（以下称用人单位）与劳动者建立劳动关系，订立、履行、变更、解除或者终止劳动合同，适用《劳动合同法》。

国家机关、事业单位、社会团体和与其建立劳动关系的劳动者，订立、履行、变更、解除或者终止劳动合同，依照《劳动合同法》执行。

2. 协调劳动关系三方机制

协调劳动关系三方机制，是指县级以上人民政府劳动行政部门、工会组织、企业组织代表三方共同研究解决有关劳动关系的重大问题、参与劳动关系的协调的机制。

3. 劳动合同的种类

劳动合同，是指劳动者与用人单位之间确立劳动关系，明确双方权利和义务的书面协议。劳动合同根据合同的期限，可以分为固定期限劳动合同、无固定期限劳动合同及以完成一定工作任务为期限的劳动合同。

（1）固定期限劳动合同。固定期限劳动合同是指用人单位与劳动者约定合同终止时间的劳动合同。用人单位与劳动者协商一致，可以订立固定期限劳动合同。

（2）无固定期限劳动合同。无固定期限劳动合同是指用人单位与劳动者约定无确定终止时间的劳动合同。用人单位与劳动者协商一致，可以订立无固定期限劳动合同。有下列情形之一，劳动者提出或者同意续订、订立劳动合同的，除劳动者提出订立固定期限劳动合同外，应当订立无固定期限劳动合同：

1）劳动者在该用人单位连续工作满十年的。

2）用人单位初次实行劳动合同制度或者国有企业改制重新订立劳动合同时，劳动者在该用人单位连续工作满十年且距法定退休年龄不足十年的。

3）连续订立二次固定期限劳动合同，且劳动者没有过失性辞退和非过失性辞退的情形，续订劳动合同的。

用人单位自用工之日起满一年不与劳动者订立书面劳动合同的，视为用人单位与劳动者已订立无固定期限劳动合同。

（3）以完成一定工作任务为期限的劳动合同。以完成一定工作任务为期限的劳动合同是指用人单位与劳动者约定以某项工作的完成为合同期限的劳动合同。用人单位与劳动者协商一致，可以订立以完成一定工作任务为期限的劳动合同。

4. 劳动合同的订立

劳动合同的订立，是指劳动者与用人单位之间建立劳动关系，明确权利和义务的法律行为。订立和变更劳动合同，应当遵循合法、公平、平等自愿、协商一致、诚实信用的原则。依法订立的劳动合同具有约束力，用人单位与劳动者应当履行劳动合同规定的义务。

签订劳动合同由用人单位与劳动者协商一致，并经用人单位与劳动者在劳动合同文本上签字或者盖章生效。劳动合同文本由用人单位和劳动者各执一份。

5. 劳动合同的内容

劳动合同的内容可分为两方面：一方面是必备条款的内容；另一方面是协商约定的内容。

劳动合同的必备条款包括：用人单位的名称、住所和法定代表人或者主要负责人；劳动者的姓名、住址和居民身份证或者其他有效身份证件号码；劳动合同期限；工作内容和工作地点；工作时间和休息休假；劳动报酬；社会保险；劳动保护、劳动条件和职业危害防护；法律、法规规定应当纳入劳动合同的其他事项。

按照法律规定，用人单位与劳动者订立的劳动合同，除必备条款内容外，还可以协商约定诸如试用期、培训、保守秘密、补充保险和福利待遇等条款。

6. 劳动合同的解除

劳动合同解除是指劳动合同订立后，尚未全部履行前，由于某种原因导致劳动合同一方或双方当事人提前消灭劳动关系的一种法律行为。劳动合同的解除分为法定解除和约定解除两种。根据《劳动合同法》的规定，劳动合同既可以由单方依法解除，也可以由双方协商解除。

（1）双方协商解除劳动合同。用人单位与劳动者协商一致，可以解除劳动合同。协商解除劳动合同的，只要双方达成一致，内容、形式、程序不违反法律禁止性、强制性规定即可。若是用人单位提出解除劳动合同的，用人单位应向劳动者支付解除劳动合同的经济补偿金。

（2）劳动者单方解除劳动合同。劳动者在具备法律规定的条件时享有单方解除权，无须双方协商达成一致意见，也无须征得用人单位的同意。具体又可以分为预告解除和即时解除。

1）预告解除。劳动者提前三十日以书面形式通知用人单位或劳动者在试用期内提前三日通知用人单位，可以解除劳动合同。

2）即时解除。用人单位有下列情形之一的，劳动者可以解除劳动合同：未按照劳动合同约定提供劳动保护或者劳动条件的；未及时足额支付劳动报酬的；未依法为劳动者缴纳社会保险费的；用人单位的规章制度违反法律、法规的规定，损害劳动者权益的；以欺诈、胁迫的手段或者乘人之危，使对方在违背真实意思的情况下订立或者变更劳动合同致使劳动合同无效的；法律、行政法规规定劳动者可以解除劳动合同的其他情形。

劳动者即时解除劳动合同的，劳动者无须支付违约金，用人单位应当支付经济补偿金。

用人单位以暴力、威胁或者非法限制人身自由的手段强迫劳动者劳动的，或者用人单位违章指挥、强令冒险作业危及劳动者人身安全的，劳动者可以立即解除劳动合同，不需事先告知用人单位。这种属于即时解除中可以立即解除且不用事先告知用人单位的情形。

（3）用人单位单方解除劳动合同

1）过失性辞退。劳动者有以下过错性情形时，用人单位有权单方解除劳动合同：在试用期间被证明不符合录用条件的；严重违反用人单位的规章制度的；严重失职，营私舞弊，给用人单位造成重大损害的；劳动者同时与其他用人单位建立劳动关系，对完成本单位的工作任务造成严重影响，或者经用人单位提出，拒不改正的；因劳动者以欺诈、胁迫的手段或者乘人之危，使对方在违背真实意思的情况下订立或者变更劳动合同致使劳动合同无效的；被依法追究刑事责任的。此时，用人单位无须支付劳动者解除劳动合同的经济补偿金。

2）非过失性辞退。劳动者本人无过错，但由于主客观原因致使劳动合同无法履行的以下几种情形下，用人单位履行法律规定的程序后有权单方解除劳动合同：劳动者患病或者非因工负伤，在规定的医疗期满后不能从事原工作，也不能从事由用人单位另行安排的工作的；劳动者不能胜任工作，经过培训或者调整工作岗位，仍不能胜任工作的；劳动合同订立时所依据的客观情况发生重大变化，致使劳动合同无法履行，经用人单位与劳动者协商，未能就变更劳动合同内容达成协议的。

用人单位提前三十日以书面形式通知劳动者本人或者额外支付劳动者一个月工资后，才可以解除劳动合同。用人单位选择额外支付劳动者一个月工资解除劳动合同的，其额外支付的工资应当按照该劳动者上一个月的工资标准确定。

3）经济性裁员。经济性裁员是指用人单位因经济或技术等原因一次裁减20人以上或者不足20人但占企业职工总数10%以上的劳动者。

经济性裁员具有严格的条件和程序限制，用人单位裁员时必须遵守规定。

用人单位只有在以下情形下才可以裁员：

①依照企业破产法规定进行重整的。

②生产经营发生严重困难的。

③企业转产、重大技术革新或者经营方式调整，经变更劳动合同后，仍需裁减人员的。

④其他因劳动合同订立时所依据的客观经济情况发生重大变化，致使劳动合同无法履行的。

用人单位依法裁减人员时，在六个月内重新招用人员的，应当通知被裁减的人员，并在同等条件下优先招用被裁减的人员。

4）用人单位不得解除劳动合同的情形。为了保护劳动者的利益，法律对用人单位单方面解除劳动合同作了特别限制，即用人单位不得依据非过失性辞退和经济性裁员的规定单方解除劳动合同的情形，主要包括：

①从事接触职业病危害作业的劳动者未进行离岗前职业健康检查，或者疑似职业病病人在诊断或者医学观察期间的。

②在本单位患职业病或者因工负伤并被确认丧失或者部分丧失劳动能力的。

③患病或者非因工负伤，在规定的医疗期内的。

④女职工在孕期、产期、哺乳期的。

⑤在本单位连续工作满十五年，且距法定退休年龄不足五年的。

⑥法律、行政法规规定的其他情形。

三、《中华人民共和国安全生产法》

为了加强安全生产工作，防治和减少生产安全事故，保障人民群众生命和财产安全，促进经济社会持续健康发展，2002年6月29日第九届全国人民代表大会常务委员会第二十八次会议通过《中华人民共和国安全生产法》（以下简称《安全生产法》），并于2002年11月1日起施行。2021年6月10日第十三届全国人民代表大会常务委员会第二十九次会议通过的《全国人民代表大会常务委员会关于修改〈中华人民共和国安全生产法〉的决定》第三次修正。

1. 适用范围

在中华人民共和国领域内从事生产经营活动的单位的安全生产，适用《安全生产法》。有关法律、行政法规对消防安全和道路交通安全、铁路交通安全、水上交通安全、民用航空安全以及核与辐射安全、特种设备安全另有规定的，适用其规定。

2. 生产经营单位的基本义务

（1）生产经营单位的主要负责人对本单位安全生产工作负有下列职责：

1）建立健全并落实本单位全员安全生产责任制，加强安全生产标准化建设。

2）组织制定并实施本单位安全生产规章制度和操作规程。

3）组织制定并实施本单位安全生产教育和培训计划。

4）保证本单位安全生产投入的有效实施。

5）组织建立并落实安全风险分级管控和隐患排查治理双重预防工作机制，督促、检查本单位的安全生产工作，及时消除生产安全事故隐患。

6）组织制定并实施本单位的生产安全事故应急救援预案。

7）及时、如实报告生产安全事故。

（2）生产经营单位的安全生产管理机构以及安全生产管理人员履行下列职责：

1）组织或者参与拟订本单位安全生产规章制度、操作规程和生产安全事故应急救援预案。

2）组织或者参与本单位安全生产教育和培训，如实记录安全生产教育和培训情况。

3）组织开展危险源辨识和评估，督促落实本单位重大危险源的安全管理措施。

4）组织或者参与本单位应急救援演练。

5）检查本单位的安全生产情况，及时排查生产安全事故隐患，提出改进安全生产管理的建议。

6）制止和纠正违章指挥、强令冒险作业、违反操作规程的行为。

7）督促落实本单位安全生产整改措施。

生产经营单位可以设置专职安全生产分管负责人，协助本单位主要负责人履行安全生产管理职责。

3. 从业人员的安全生产权利义务

（1）从业人员的安全生产权利

1）生产经营单位从业人员的知情权。生产经营单位的从业人员有权了解其作业场所和工作岗位与安全生产有关的三方面情况：一是存在的危险因素；二是防范措施；三是事故应急措施。

2）对本单位安全生产工作的建议权。从业人员尤其是工作在第一线的从业人员，对于如何保证安全生产、改善劳动条件及作业环境，具有优先发言权，并有权利参与用人单位的民主管理。

3）批评、检举、控告的权利。劳动者对危害生命安全和身体健康的劳动条件，有权对用人单位提出批评、检举和控告。批评权是指从业人员对本单位安全生产工作中存在的问题提出批评的权利。检举权、控告权，是指从业人员对本单位及有关人员违反安全生产法律、法规的行为，向主管部门和司法机关进行检举和控告的权利。

4）拒绝违章指挥、强令冒险作业权。劳动者对用人单位管理人员违章指挥、强令冒险作业，有权拒绝执行。违章指挥，主要是指生产经营单位的负责人、生产管理人员和工程技术人员违反规章制度，不顾从业人员的生命安全和健康，指挥从业人员进行生产活动的行为。强令冒险作业，是指生产经营单位管理人员不顾从业人员的生命安全和健康，强迫命令从业人员进行存在危及作业人员人身安全的危险因素而又没有相应的安全保护措施的作业。对于生产经营单位的这种行为，劳动者有权予以拒绝。

5）紧急处置权。从业人员发现直接危及人身安全的紧急情况时，有权停止作业或者在采取可能的应急措施后撤离作业场所。目的是保护从业人员的人身安全。法律所限定的特定情况是"发现直接危及人身安全的紧急情况"，这是从业人员行使紧急处置权的前提条件。

6）社会保险和有关民事赔偿权。从业人员因生产安全事故受到损害的，依法享受工伤保险待遇。从业人员因生产安全事故受到损害，依照有关民事法律尚有获得赔偿的权利的，有权向本单位提出赔偿要求。

（2）从业人员的安全生产义务

1）遵章守制、服从管理的义务。从业人员在作业过程中应当严格落实岗位安全责任，遵守本单位的安全生产规章制度和操作规程，服从管理，正确佩戴和使用劳动防护用品。

2）接受安全生产教育和培训的义务。安全生产教育和培训的基本内容包括安全意识、安全知识和安全技能教育和培训。

3）从业人员的报告义务。从业人员发现事故隐患或者其他不安全因素有报告义务，报告义务的要求：一是在发现上述情况后，应当立即报告；二是接受报告的主体是现场安全生产管理人员或者本单位的负责人。

4. 安全生产监督

国务院应急管理部门依照《安全生产法》，对全国安全生产工作实施综合监督管理；县级以上地方各级人民政府应急管理部门依照《安全生产法》，对本行政区域内安全生产工作实施综合监督管理。

国务院交通运输、住房和城乡建设、水利、民航等有关部门依照《安全生产法》和其他有关法律、行政法规的规定，在各自的职责范围内对有关行业、领域的安全生产工作实施监督管理；县级以上地方各级人民政府有关部门依照《安全生产法》和其他有关法律、法规的规定，在各自的职责范围内对有关行业、领域的安全生产工作实施监督管理。对新兴行业、领域的安全生产监督管理职责不明确的，由县级以上地方各级人民政府按照业务相近的原则确定监督管理部门。

应急管理部门和对有关行业、领域的安全生产工作实施监督管理的部门，统称负有安全生产监督管理职责的部门。负有安全生产监督管理职责的部门应当相互配合、齐抓共管、信息共享、资源共用，依法加强安全生产监督管理工作。

5. 安全生产事故的应急救援

（1）生产安全事故应急能力建设

1）国家加强生产安全事故应急能力建设，在重点行业、领域建立应急救援基地和应急救援队伍，并由国家安全生产应急救援机构统一协调指挥。

2）鼓励生产经营单位和其他社会力量建立应急救援队伍，配备相应的应急救援装备和物资，提高应急救援的专业化水平。

3）国务院应急管理部门牵头建立全国统一的生产安全事故应急救援信息系统，国务院交通运输、住房和城乡建设、水利、民航等有关部门和县级以上地方人民政府建立健全相关行业、领域、地区的生产安全事故应急救援信息系统，实现互联互通、信息共享，通过推行网上安全信息采集、安全监管和监测预警，提升监管的精准化、智能化水平。

（2）应急救援体系建设

1）县级以上地方各级人民政府应当组织有关部门制定本行政区域内生产安全事故应急救援预案，建立应急救援体系。

2）乡镇人民政府和街道办事处，以及开发区、工业园区、港区、风景区等应当制定相应的生产安全事故应急救援预案，协助人民政府有关部门或者按照授权依法履行生产安全事故应急救援工作职责。

3）生产经营单位应当制定本单位生产安全事故应急救援预案，与所在地县级以上地方人民政府组织制定的生产安全事故应急救援预案相衔接，并定期组织演练。

四、《中华人民共和国突发事件应对法》

为了预防和减少突发事件的发生，控制、减轻和消除突发事件引起的严重社会危害，规范突发事件应对活动，保护人民生命财产安全，维护国家安全、公共安全、环境安全和社会秩序，2007年8月30日第十届全国人民代表大会常务委员会第二十九次会议通过了《中华人民共和国突发事件应对法》（以下简称《突发事件应对法》），自2007年11月1日起施行。

1. 适用范围

突发事件的预防与应急准备、监测与预警、应急处置与救援、事后恢复与重建等应对活动，适用《突发事件应对法》。

2. 突发事件的预防与应急准备

突发事件的预防包括落实主体责任、制定应急预案、开展应急演练与培训、提供各项保障等方面。具体为：

（1）应急预案。国家建立健全突发事件应急预案体系。针对突发事件的性质、特点和可能造成的社会危害，明确突发事件应急管理工作的组织指挥体系与职责和突发事件的预防与预警机制、处置程序、应急保障措施以及事后恢复与重建措施。

（2）应急演练与培训教育。县级以上人民政府应当建立健全政府及其部门有关工作人员应急管理知识和法律法规的培训制度，整合应急资源，建立健全综合与专业、专职与兼职以及志愿者应急救援队伍，并加强培训和演练；县级人民政府及其有关部门、乡级人民政府、街道办事处和基层群众自治组织、有关单位应当组织开展应急知识的宣传普及活动和必要的应急演练；新闻媒体应当无偿开展应急知识的公益宣传；各级各类学校和其他教育机构应当将应急知识教育作为学生素质教育的重要内容。

（3）监测预警。国务院建立全国统一的突发事件信息系统，汇集、储存、分析、传输有关突发事件的信息。县级以上人民政府及其有关部门建立健全基础信息数据库，完善监测网络，划分监测区域，确定监测点，明确监测项目，提供必要的设备、设施，配备专职或者兼职人员，对可能发生的突发事件进行监测。

地方各级人民政府应当按照国家有关规定向上级人民政府报送突发事件信息。专业机构、监测网点和信息报告员应当及时向所在地人民政府及其有关主管部门报告突发事件信息。

（4）各项保障。国务院和县级以上地方各级人民政府应当采取财政措施，保障突发事件应对工作所需经费。

国家建立健全应急物资储备保障制度，完善重要应急物资的监管、生产、储备、调拨和紧急配送体系。

国家建立健全应急通信保障体系，完善公用通信网，建立有线与无线相结合、基础电信网络与机动通信系统相配套的应急通信系统，确保突发事件应对工作的通信畅通。

3. 突发事件应急处置与救援

突发事件发生后，政府必须在第一时间组织各方力量开展应急处置和救援工作，努力减轻和消除其对人民生命、财产造成的损害。《突发事件应对法》明确地方人民政府可以采取下列应急处置措施：

（1）组织营救。组织营救和救治受害人员，疏散、撤离并妥善安置受到威胁的人员以及采取其他救助措施。

（2）控制危险源。迅速控制危险源，标明危险区域，封锁危险场所，划定警戒区，实行交通管制以及其他控制措施。

（3）抢修与提供避难。立即抢修被损坏的交通、通信、供水、排水、供电、供气、供热等公共设施，向受到危害的人员提供避难场所和生活必需品，实施医疗救护和卫生防疫以及其他保障措施。

（4）限制、关闭部分设施场所。禁止或者限制使用有关设备、设施，关闭或者限制使用有关场所，中止人员密集的活动或者可能导致危害扩大的生产经营活动以及采取其他保护措施。

（5）启用应急保障物资。启用本级人民政府设置的财政预备费和储备的应急救援物资，必要时调用其他急需物资、设备、设施、工具。

（6）组织救援。组织公民参加应急救援和处置工作，要求具有特定专长的人员提供服务。

（7）保障基本生活品供应。保障食品、饮用水、燃料等基本生活必需品的供应。

（8）打击违法行为。依法从严惩处囤积居奇、哄抬物价、制假售假等扰乱市场秩序的行为，稳定市场价格，维护市场秩序。

（9）维护社会秩序。依法从严惩处哄抢财物、干扰破坏应急处置工作等扰乱社会秩序的行为，维护社会治安。

（10）其他保障措施。采取防止发生次生、衍生事件的必要措施。

（11）征用财产。地方政府在必要时可以向单位和个人征用应急救援所需设备、设施、场地、交通工具和其他物资，请求其他地方人民政府提供人力、物力、财力或者技术支援，要求生产、供应生活必需品和应急救援物资的企业组织生产、保证供给，要求提供医疗、交通等公共服务的组织提供相应的服务。

4. 事后恢复与重建

突发事件的威胁和危害基本得到控制或者消除后，地方各级人民政府应当及时组织开展事后恢复与重建工作。为此，《突发事件应对法》明确规定了以下措施：

（1）进行评估，制定重建计划。突发事件应急处置工作结束后，履行统一领导职责的人民政府应当立即组织对突发事件造成的损失进行评估，组织受影响地区尽快恢复生产、生活、工作和社会秩序，制定恢复重建计划，并向上一级人民政府报告。

（2）开展抚恤、救助与支持。国务院根据受突发事件影响地区遭受损失的情况，制定扶持该地区有关行业发展的优惠政策。受突发事件影响地区的人民政府应当根据本地区遭受损失的情况，制定救助、补偿、抚慰、抚恤、安置等善后工作计划并组织实施，妥善解决因处置突发事件引发的矛盾和纠纷。

（3）总结经验教训。履行统一领导职责的人民政府应当及时查明突发事件的发生经过和原因，总结突发事件应急处置工作的经验教训，制定改进措施，并向上一级人民政府提出报告。

5. 公民在突发事件中的义务与责任

（1）报告突发事件。获悉突发事件信息的公民、法人或者其他组织，应当立即向所在地人民政府、有关主管部门或者指定的专业机构报告。

（2）服从政府安排。公民应当服从人民政府、居民委员会、村民委员会或者所属单位的指挥和安排，配合人民政府采取的应急处置措施，积极参加应急救援工作，协助维护社会秩序。

（3）鼓励开展宣传教育等活动。国家鼓励公民、法人和其他组织为人民政府应对突发事件工作提供物资、资金、技术支持和捐赠。

6. 法律责任

（1）地方政府及有关部门的法律责任。地方各级人民政府和县级以上各级人民政府有关部门违反《突发事件应对法》的规定，不履行法定职责的，由其上级行政机关或者监察机关责令改正。

（2）相关单位及个人的法律责任。

有关单位有下列情形之一的，由所在地履行统一领导职责的人民政府责令停产停业，暂扣或者吊销许可证或者营业执照，并处五万元以上二十万元以下的罚款；构成违反治安管理行为的，由公安机关依法给予处罚：未按规定采取预防措施，导致发生严重突发事件的；未及时消除已发现的可能引发突发事件的隐患，导致发生严重突发事件的；未做好应急设备、设施日常维护、检测工作，导致发生严重突发事件或者突发事件危害扩大的；突发事件发生后，不及时组织开展应急救援工作，造成严重后果的。

编造并传播有关突发事件事态发展或者应急处置工作的虚假信息，或者明知是有关突发事件事态发展或者应急处置工作的虚假信息而进行传播的，责令改正，给予警告；造成严重后果的，依法暂停其业务活动或者吊销其执业许可证；负有直接责任的人员是国家工作人员的，还应当对其依法给予处分；构成违反治安管理行为的，由公安机关依法给予处罚。

单位或者个人不服从所在地人民政府及其有关部门发布的决定、命令或者不配合其依法采取的措施，构成违反治安管理行为的，由公安机关依法给予处罚。单位或者个人违反规定，导致突发事件发生或者危害扩大，给他人人身、财产造成损害的，应当依法承担民事责任。

第三节 刑事法律知识

刑事法律是法律体系中一个重要的部门法，是规定犯罪及其后果的法律规范。其法律渊源包括刑法典、单行刑法。

一、《中华人民共和国刑法》

为了惩罚犯罪，保护人民，根据宪法，结合我国同犯罪作斗争的具体经验及实际情况，1979年7月1日第五届全国人民代表大会第二次会议通过《中华人民共和国刑法》（以下简称《刑法》），自1980年1月1日起施行。1997年3月14日第八届全国人民代表大会第五次会议修订。2020年12月26日《中华人民共和国刑法修正案（十一）》第十一次修正。

1. 刑法的概念

刑法是统治阶级为了维护国家的统治秩序，以国家的名义制定并颁布的关于犯罪及其刑事责任和刑罚的法律规范的总和。刑法规定的内容与普通法律不同，只规定了犯罪与刑罚及其二者的关系。其调整的社会关系特别广泛，包括个人利益、国家利益和社会利益。刑法制裁手段很严厉，其法律后果涉及国民的生命、自由或者财产，所以刑法具有补充性，是其他法律的保障法。

2. 刑法的基本原则

刑法的基本原则是指由刑法规定的，贯穿全部刑法规范、具有指导和制约全部刑事立法和刑事司法意义的，体现刑事法制的基本性质与基本精神的准则。《刑法》明确规定了三项基本原则：罪刑法定原则、平等适用原则、罪刑相适应原则。

（1）罪刑法定原则。即法无明文规定不为罪，法无明文规定不处罚。什么行为构成犯罪，构成什么罪及何种处罚，均须有法律明文规定。

（2）平等适用原则。刑法规范在根据其内容应当得到适用的所有场合，都予以严格适用，即平等地保护法益、平等地认定犯罪、平等地裁量刑罚、平等地执行刑罚。

（3）罪刑相适应原则。犯罪的社会危害程度和应负刑事责任的大小，是决定刑罚轻重的根据，刑罚的轻重应与犯罪的性质、犯罪情节、犯罪人的人身危险性相适应。刑法中的自首、立功、假释、减刑、缓刑等制度都是该原则的体现。

3. 犯罪的概念与特征

一切危害国家主权、领土完整和安全，分裂国家、颠覆人民民主专政的政权和推翻社会主义制度，破坏社会秩序和经济秩序，侵犯国有财产或者劳动群众集体所有的财产，侵犯公民私人所有的财产，侵犯公民的人身权利、民主权利和其他权利，以及其他危害社会的行为，依照法律应当受刑罚处罚的，都是犯罪，但是情节显著轻微危害不大的，不认为是犯罪。犯罪的基本特征如下：

（1）严重的社会危害性。社会危害性是指行为对刑法所保护的社会关系具有干扰、削弱和破坏作用，造成或可能造成损害的特性。行为具有严重的社会危害性是犯罪的基本特征。

（2）刑事违法性。刑事违法性是指行为具有违反刑法的禁止性规范的特征。确定某个行为是不是犯罪，不仅在内容上必须以严重的社会危害性为前提和基础，更重要的是在形式上必须以刑法规定为依据。

（3）应受刑罚处罚性。应受刑罚处罚性是指犯罪行为应当受到刑法的否定性评价和处罚。犯罪是适用刑罚的前提，刑罚是犯罪的法律后果。这个特征将犯罪与刑罚处罚两种社会现象联系起来。

以上犯罪的三个基本特征紧密联系，必须同时具备，缺一不可。

4. 犯罪构成

犯罪构成是指刑法规定的、构成犯罪所必须具备的各种条件的统一体，是认定犯罪的规格和标准。任何犯罪的构成都必须具备四个方面的要件，即犯罪基本构成的共同要件：犯罪客体、犯罪客观要件、犯罪主体、犯罪主观要件。

（1）犯罪客体。犯罪客体是指为刑法所保护而被犯罪行为所侵害的社会关系。犯罪客体说明犯罪行为侵犯了什么社会关系或社会利益，是犯罪构成的必要要件之一。

根据犯罪所侵害的社会关系范围的不同，刑法理论将犯罪客体分为一般客体、同类客体和直接客体三个层次。

1）犯罪的一般客体，是指刑法所保护的而为一切犯罪行为所共同危害的社会关系的整体。它反映了犯罪行为的共同本质。

2）犯罪的同类客体，是指某一类犯罪行为所共同危害的某一类社会关系，也就是刑法所保护的社会关系的某一部分或某一方面。

3）犯罪的直接客体，是指一种犯罪所直接危害的某一具体社会关系。

（2）犯罪客观要件。犯罪客观要件是指刑法规定的，说明行为对刑法所保护的社会关系造成侵害的客观外在表现，包括危害行为、危害结果，危害行为与危害结果之间的因果关系，以及犯罪的时间、地点和方法等。其中，危害行为是任何犯罪构成所必须具备的。

1）危害行为。危害行为是指由行为人意识和意志支配实施的客观上侵犯法益的身体活动。也就是说，犯罪是一种行为，没有行为就没有犯罪，任何人不得因为思想而获罪。刑法中的危害行为可以分为作为与不作为。

作为，是指行为人以积极的身体活动实施刑法所禁止的行为。作为的外在表现是人的身体的积极动作。

不作为，是指行为人在能够履行自己应尽的特定法律义务的情况下而不履行该义务，体现为违反禁止规范与命令规范。不作为构成犯罪必须同时具备以下条件：一是行为人负有法律明文规定的、职务或业务上要求的、先行行为引起的必须履行的特定义务；二是行为人有履行义务的实际可能；三是有损害结果。

2）危害结果。危害结果，是指危害行为对刑法所保护的法益所造成的实际损害或现实危险状态。认定危害结果的意义在于危害结果是区分罪与非罪、此罪与彼罪的重要标准。危害结果还会影响量刑和诉讼程序。

（3）犯罪主体。犯罪主体是指实施危害社会的行为并且依法应当承担刑事责任的自然人和单位。

1）自然人主体。自然人主体是指达到刑事责任年龄，具备刑事责任能力，实施危害社会的行为并且依法应当承担刑事责任的自然人。

①刑事责任年龄。根据《刑法》的规定，刑事责任年龄是指法律所规定的行为人对自己实施的刑法所禁止的危害社会行为负刑事责任必须达到的年龄。已满十六周岁的人犯罪，应当负刑事责任。已满十四周岁不满十六周岁的人，犯故意杀人、故意伤害致人重伤或者死亡、强奸、抢劫、贩卖毒品、放火、爆炸、投放危险物质罪的，应当负刑事责任。已满十二周岁不满十四周岁的人，犯故意杀人、故意伤害罪，致人死亡或者以特别残忍手段致人重伤造成严重残疾，情节恶劣，经最高人民检察院核准追诉的，应当负刑事责任。对依照前述规定追究刑事责任

的不满十八周岁的人，应当从轻或者减轻处罚。因不满十六周岁不予刑事处罚的，责令其父母或者其他监护人加以管教；在必要的时候，依法进行专门矫治教育。已满七十五周岁的人故意犯罪的，可以从轻或者减轻处罚；过失犯罪的，应当从轻或者减轻处罚。犯罪的时候不满十八周岁和审判的时候怀孕的妇女，不适用死刑。审判的时候已满七十五周岁的人，不适用死刑，但以特别残忍手段致人死亡的除外。

②刑事责任能力。刑事责任能力是指行为人辨认和控制自己行为的能力，也即辨认自己行为的意义、性质、作用、后果并加以控制的能力。精神病人在不能辨认或不能控制自己行为的时候造成危害结果，经法定程序鉴定确认的，不负刑事责任。间歇性的精神病人在精神正常的时候犯罪，应当负刑事责任。尚未完全丧失辨认或者控制自己行为能力的精神病人犯罪的，应当负刑事责任，但是可以从轻或者减轻处罚。醉酒的人犯罪，应当负刑事责任。又聋又哑的人或者盲人犯罪，可以从轻、减轻或者免除处罚。

2）单位主体。单位主体是指实施了危害社会的行为并且依法应负刑事责任的单位。构成单位犯罪的公司、企业、事业单位，既包括国有、集体性质的公司、企业，也包括依法设立的合资经营、合作经营企业和具有法人资格的独资、私营等公司、企业。机关作为单位犯罪的主体有广义和狭义之分。广义的机关包括国家行政机关、立法机关、司法机关、军队、政党等有关机关。狭义的机关主要是指行政机关，一般是地方国家行政机关。根据我国刑法规定，机关可以成为单位犯罪的主体。团体，又称为社会团体，是指各种群众团体组织，例如人民群众团体、社会公益团体、学术研究团体、文化艺术团体、宗教团体等。社会团体因为拥有自己的独立财产，并且在完成自己任务的过程中，能够享有财产方面的权利能力，所以它们都是法人。因此团体也可以成为单位犯罪的主体。但有以下四种情形应以自然人犯罪定罪处罚，而不能以单位犯罪论处：

①个人为进行违法犯罪活动而设立的公司、企业实施犯罪的。
②公司、企业、事业单位设立后，以实施犯罪为主要活动的。
③盗用单位名义实施犯罪，违法所得由实施犯罪的个人私分的。
④没有取得法人资格的独资、私营等企业实施犯罪的。

单位犯罪的刑事责任具有整体性，即单位的刑事责任是单位整体的刑事责任，而不是单位内部全体成员的刑事责任，因此，单位犯罪基本采取双罚制，既处罚单位，也处罚直接责任人员，且对单位只能判处罚金，而不能判处其他刑罚。单位涉嫌犯罪后，若被其主管部门、上级机构等吊销其营业执照、宣告其撤销或者破产时，直接追究其直接责任人员或主管人员的刑事责任，不再追究该单位的刑事责任。但是在某些情况下也采用单罚制，只处罚自然人。因此，存在着只处罚自然人的单位犯罪，但不存在只处罚单位的单位犯罪。

（4）犯罪主观要件。犯罪主观要件是指犯罪主体对自己所实施的危害社会的行为及其危害结果所持的心理态度。犯罪主观要件，包括犯罪故意、犯罪过失、犯罪目的、犯罪动机等内容。其中，犯罪故意和犯罪过失合称为罪过。罪过是构成任何犯罪都必须具备的要件。而犯罪目的，则是刑法规定的某些故意犯罪所必须具备的主观要件，因此是犯罪主观方面的选择要件。

1）犯罪故意。犯罪故意是指行为人明知自己的行为会发生危害社会的结果，并且希望或者放任这种结果发生的心理态度。犯罪故意包括直接故意和间接故意。

直接故意是指行为人明知自己的行为会发生危害社会的结果，并且希望这种结果发生的心理态度。

间接故意是指行为人明知自己的行为可能发生危害社会的结果，并且放任这种结果发生的心理态度。

2）犯罪过失。犯罪过失是指行为人应当预见自己的行为可能发生危害社会的结果，因为疏忽大意而没有预见，或者已经预见而轻信能够避免的心理态度。犯罪过失包括疏忽大意的过失和过于自信的过失。

疏忽大意的过失是指行为人应当预见自己的行为可能发生危害社会的结果，因为疏忽大意而没有预见的心理态度。

过于自信的过失是指行为人已经预见自己的行为可能发生危害社会的结果，但是轻信能够避免的心理态度。

3）犯罪目的和犯罪动机的认定。犯罪目的是指行为人通过实施犯罪行为而达到某种危害结果的希望。这里所谓的"希望"，也就是犯罪人积极追求某种危害结果的目的。犯罪目的只存在于直接故意犯罪中，表现了直接故意犯罪的性质和内容，是犯罪主观方面的选择要件。犯罪动机是指促使、推动行为人实施犯罪行为以实现犯罪目的的内心起因。这种内心起因是促使犯罪人实施犯罪的动力。

犯罪动机和犯罪目的的区别在于：动机产生在前，目的产生在后；动机回答行为人实施犯罪行为的心理动因，目的则回答行为人实施犯罪行为所希望发生的结果；动机不以危害结果为内容，目的一般以危害结果为内容。

5. 违法阻却事由

违法阻却事由，是指客观上造成了一定的结果，形式上符合某种犯罪的客观要件，但实质上既不具备社会危害性，也不具备刑事违法性的行为。《刑法》规定了正当防卫、紧急避险和其他违法阻却事由。

（1）正当防卫。《刑法》规定的正当防卫制度，积极鼓励公民制止不法行为，以正义对抗非正义，利于惩恶扬善，有正确的价值考量和积极的社会意义。2020年8月28日最高人民法院、最高人民检察院、公安部根据《中华人民共和国刑法》和《中华人民共和国刑事诉讼法》的有关规定，结合工作实际，联合印发了《关于依法适用正当防卫制度的指导意见》，进一步明确了依法准确适用正当防卫制度，维护公民的正当防卫权利，鼓励见义勇为，弘扬社会正气，把社会主义核心价值观融入刑事司法工作的具体内容。

1）一般正当防卫。为了使国家、公共利益、本人或者他人的人身、财产和其他权利免受正在进行的不法侵害，而采取的制止不法侵害的行为，对不法侵害人造成损害的，属于正当防卫，不负刑事责任。

一般正当防卫的成立需要具备以下条件：

①起因条件，即存在现实的不法侵害，既包括违法行为，也包括犯罪行为。

②时间条件，即不法侵害正在进行，犯罪行为已经开始，尚未结束，具有紧迫性。

③对象条件，即防卫行为只能针对不法侵害人进行。

④意图条件，即防卫意识的正当化。正当防卫既可以是为了保护自己的合法权益，也可以是为了保护他人的合法权益。

⑤限度条件，即没有明显超过必要限度造成重大损害。"重大损害"通常指重伤或者死亡，如果只是导致不法侵害人轻伤结果的，不可能成立防卫过当。"必要限度"须考虑不法侵害的程度、缓急以及不法侵害的权益；手段是否必须，要判断双方的手段、打击强度、打击部位、人员对比、现场环境等；"没有明显超过"属于范围要素，如果只是轻微超过必要限度，不成立防卫过当。

2）防卫过当。除了特殊正当防卫的情形，一般防卫行为明显超过必要限度造成重大损害的，为防卫过当。

防卫人只对明显超过必要限度造成的重大损害结果承担刑事责任，对防卫限度之内的损害结果不承担刑事责任。

防卫过当不是独立罪名，应根据其符合的具体犯罪构成要件确定罪名。防卫行为造成重伤、死亡结果，才有可能成立防卫过当；防卫过当成立犯罪，至少要求防卫人对过当结果具有故意或者过失；如果防卫人对过当没有故意或过失，不成立犯罪，属于意外事件。

防卫过当的，应当酌情减轻或者免除处罚。

假想防卫过当，即本来不存在正在进行的不法侵害，行为人误认为存在而实施防卫行为，但即使所误认为的侵害是真实的侵害，防卫行为也属过当。

3）特殊正当防卫。对正在进行的行凶、杀人、抢劫、强奸、绑架以及其他严重危及人身安全的暴力犯罪采取防卫行为，造成不法侵害人伤亡的，不属于防卫过当，不负刑事责任。

特殊防卫，首先必须具备正当防卫成立的除了限度条件之外的前四个条件。其次，防卫行为必须针对正在进行的行凶、杀人、抢劫、强奸、绑架等严重危及人身安全的暴力犯罪实行。行凶指杀人与重伤界限不清的暴力犯罪。行凶应当具备两个条件：一是必须是暴力犯罪，对于非暴力犯罪或一般暴力行为，不能认定为行凶；二是必须是严重危及人身安全，即对人的生命、健康构成严重危险。

【案例】2018年8月27日晚，于某骑自行车在某市某路正常行驶，刘某醉酒驾驶小轿车向右强行闯入非机动车道，与于某险些剐蹭。刘某的一名同车人与于某争执后返回时，刘某突然下车，上前推搡、踢打于某。虽经劝解，刘某仍持续追打，并从轿车内取出一把砍刀（系管制刀具），连续用刀面击打于某颈部、腰部、腿部。刘某在击打过程中将砍刀甩脱，于某抢到砍刀，刘某上前争夺，在争夺过程中于某捅刺刘某的腹部、臀部，砍击其右胸、左肩、左肘。刘某受伤后跑向轿车，于某继续追砍2刀均未砍中，其中1刀砍中轿车。刘某跑离轿车，于某返回轿车，将车内刘某的手机取出放入自己口袋。民警到达现场后，于某将手机和砍刀交给民警。于某称，拿走刘某的手机是为了防止对方打电话召集人员报复。刘某逃离后，倒在附近绿化带内，经抢救无效死亡。于某左颈部、左肋部有挫伤。公安机关认定于某的行为属于正当防卫，不负刑事责任。

（2）紧急避险。紧急避险是指在国家、公共利益、本人或者他人的人身、财产和其他合法权益遭受正在发生的危险时，不得已采取的损害较小的合法权益，以保护较大的合法权益免遭损害的行为。因紧急避险行为造成损害的，行为人不负刑事责任。紧急避险成立必须具备以下条件：

1）避险意图。紧急避险必须具备正当意图，必须是为了使国家、公共利益、本人或者其他人的人身、财产和其他权利免受正在发生的危险。

2）避险起因。紧急避险要求合法权益必须存在危险，这里的危险包括不法侵害、自然力的侵害、动物侵袭等。其范围比正当防卫前提条件中的"侵害"范围更广。

3）避险时间。正在发生的迫在眉睫的危险是紧急避险的时间条件，对于未到来或者已经过去的危险，都不能够进行紧急避险。

4）避险客体。紧急避险是损害一种合法权益而保全另一种合法权益。

5）避险的可行性。紧急避险必须是在迫不得已、别无选择的情况下才允许进行；紧急避险不适用于职务上、业务上负有特定责任的人。

6）避险限度。紧急避险所保全的利益必须大于所损失的利益。紧急避险超过必要限度造成不应有的损害的，应当负刑事责任，但是应当减轻或者免除处罚。

（3）其他违法阻却事由。一般认为其他违法阻却事由还包括法令行为、正当业务行为、自救行为、被害人承诺及自损行为等情形。

6. 故意犯罪的形态

故意犯罪形态，是指故意犯罪在其发展过程中，由于某种原因出现结局所呈现的状态，即犯罪预备、犯罪未遂、犯罪中止与犯罪既遂。相对于犯罪既遂，犯罪预备、犯罪未遂、犯罪中止称为犯罪未完成形态。

（1）犯罪预备，是指为了实行犯罪，准备工具、制造条件，但由于行为人意志以外的原因而未能着手实行犯罪的形态。

（2）犯罪未遂，是指已经着手实行犯罪，由于犯罪分子意志以外的原因而未得逞的犯罪的形态。

（3）犯罪中止，是指在犯罪过程中，自动放弃犯罪或者自动有效地防止犯罪结果发生的犯罪的形态。

7. 罪数

（1）一罪与数罪的概念

1）一罪。一罪是指行为人的犯罪事实只具备一个犯罪构成，即行为人基于一个主观罪过，实施了一个具体犯罪构成要件的行为。

2）数罪。数罪是指行为人的犯罪事实具备数个犯罪构成，即行为人基于数个主观罪过，实施了数个具体犯罪构成要件的行为。

（2）不适用数罪并罚的若干犯罪情况。犯罪现象是复杂的。有些犯罪情况，在具体犯罪行为的个数或者造成危害结果的具体表现等方面，貌似数罪，实质上是一罪；有些犯罪情况，分解开加以认定时，确实是数罪，但是我国《刑法》将其作为一罪加以明文规定，或者司法实践中将其作为一罪处理。据此，以下若干犯罪情况不适用数罪并罚，而以一罪论处。

1）想象竞合犯（想象数罪）。想象竞合犯是指行为人实施一个危害行为，而触犯数个异种罪名的犯罪形态。对于想象竞合犯，应当按照行为人所触犯的数个罪名中法定刑最重的一个罪名定罪量刑。

2）继续犯（持续犯）。继续犯是指犯罪既遂后，犯罪行为和不法状态在一定时间内处于持续状态的犯罪形态。

3）惯犯（集合犯）。惯犯是指以某种犯罪为常业（营业或者职业），犯该种罪已成习性，并以该种犯罪所得为其挥霍或者生活主要来源的犯罪形态。

4）结合犯。结合犯是指两个原本独立的犯罪行为，根据《刑法》分则的明文规定，结合成为一种新罪的犯罪形态。

5）结果加重犯（加重结果犯）。结果加重犯是指行为人实施了《刑法》规定的一个犯罪行为，由于发生了超出该种犯罪特定危害结果之外的更为严重的危害结果，而适用《刑法》规定的加重法定刑的犯罪形态。

6）连续犯。连续犯是指基于同一的或者概括的犯罪故意，连续实施数个独立构成犯罪的行为，触犯同一罪名的犯罪形态。

7）牵连犯。牵连犯是指以实施某一犯罪为目的，而其犯罪的方法行为或者结果行为又触犯其他罪名的犯罪形态。

8. 刑罚的体系

刑罚的体系，是指由刑法所规定的并按照一定次序排列的各种刑罚方法的总称。刑罚的目的在于预防犯罪，即预防犯罪人再次犯罪和预防其他人犯罪，前者是特殊预防，后者是一般预防。

（1）具体刑罚的种类

1）主刑。主刑又称本刑、基本刑罚、单独刑，指只能独立适用的主要刑罚方法。主刑包括管制、拘役、有期徒刑、无期徒刑与死刑。主刑只能独立适用，不能附加适用；一个犯罪只能适用一个主刑，不能同时适用两个及两个以上的主刑；同一犯罪人在数罪并罚的情形可能被判处并适用两种主刑。

①管制。管制是我国主刑中最轻的一种刑罚方法，属于限制自由刑。管制的期限为三个月以上二年以下。数罪并罚时，最高不能超过三年。

管制的刑期，从判决执行之日起计算；判决执行以前先行羁押的，羁押一日折抵管制刑期二日。所谓判决执行之日，应当指判决生效之日。所谓羁押，是指在判决以前对犯罪分子的暂时关押，完全限制其人身自由的一种措施。

②拘役。拘役是指短期内剥夺犯罪人人身自由的刑罚方法。拘役的期限为一个月以上六个月以下，数罪并罚时不超过一年。

拘役的刑期，从判决执行之日起计算。因同一犯罪事实，在判决执行以前被先行羁押的，羁押一日折抵拘役刑期一日，指定居所监视居住的二日折抵拘役刑期一日。

③有期徒刑。有期徒刑是剥夺犯罪人一定时间的自由，实行强迫劳动改造的刑罚方法。有期徒刑的期限为六个月以上十五年以下，数罪并罚时总和刑期不满三十五年的，最高不超过二十年；总和刑期三十五年以上的，最高不超过二十五年；死缓减为有期徒刑时，有期徒刑的期限为二十五年。

有期徒刑的刑期，从判决执行之日起计算。因同一犯罪事实，被判有期徒刑，并在判决执行以前被先行羁押的，羁押一日折抵有期徒刑一日，指定居所监视居住的二日折抵有期徒刑一日。

④无期徒刑。无期徒刑是剥夺犯罪人终身自由，实行强迫劳动改造的刑罚方法。被判无期徒刑的犯罪人，不存在刑期折抵问题。

⑤死刑。死刑是剥夺犯罪人生命的刑罚。对于死刑的适用必须严格遵守罪刑法定原则，只有对分则条文明文规定了死刑的犯罪，才可能判处死刑。死刑包括死刑立即执行和死刑缓期两年执行。死刑除依法由最高人民法院判决的以外，都应当报请最高人民法院核准。死刑缓期执行的，可以由高级人民法院判决或者核准。

犯罪的时候不满十八周岁的人和审判的时候怀孕的妇女，不适用死刑。

判处死刑缓期执行的，在死刑缓期执行期间，如果没有故意犯罪，二年期满以后，减为无期徒刑；如果确有重大立功表现，二年期满以后，减为二十五年有期徒刑。

累犯或者因故意杀人、强奸、抢劫、绑架、放火、爆炸、投放危险物质或者有组织的暴力性犯罪等被判处死刑缓期执行的，人民法院在判决时可以根据犯罪情节等同时决定限制减刑。

死刑缓期执行的期间，从判决确定之日起计算。死刑缓期执行减为有期徒刑的刑期，从死刑缓期执行期满之日起计算。

2) 附加刑。附加刑又称从刑，是指补充主刑适用的刑罚方法。附加刑主要包括罚金、剥夺政治权利和没收财产。犯罪的外国人还适用驱逐出境附加刑。附加刑既可以附加主刑适用，也可以独立适用。同一犯罪可能同时适用两个以上附加刑，但同一犯罪中罚金与没收财产不能同时适用。

3）缓刑和缓刑的适用条件。缓刑是一种附条件不执行原判刑罚的制度。被宣告缓刑的犯罪分子，如果被判处附加刑，附加刑仍须执行。

拘役的缓刑考验期限为原判刑期以上一年以下，但是不能少于二个月。有期徒刑的缓刑考验期限为原判刑期以上五年以下，但是不能少于一年。缓刑考验期限，从判决确定之日起计算。

可以缓刑的条件：犯罪分子被判处三年以下有期徒刑或拘役；犯罪分子的犯罪情节较轻、有悔罪表现，没有再犯危险，适用缓刑确实不致再危害社会的。

应当缓刑的条件：应当满足可以缓刑条件，而且判决时属于不满十八周岁的人、怀孕的妇女或者已满七十五周岁的人。

限制缓刑的条件：累犯与犯罪集团的首要分子不得缓刑。

（2）刑事附带民事赔偿。刑事附带民事赔偿是指犯罪分子赔偿由于犯罪行为而使被害人遭受的经济损失（不包括精神损失）。相比较罚金或者没收财产的执行，刑事附带民事赔偿应当优先履行。履行刑事附带民事赔偿后，不得因此而减免罚金或者没收财产。

（3）非刑罚处罚措施。非刑罚处罚措施是指人民法院根据案件的不同情况，对犯罪分子直接适用或者建议有关部门适用的刑罚以外的其他处理方法的总称。非刑事处罚适用的前提是对犯罪分子免于刑事处罚。主要包括：

1）教育措施：训诫、具结悔过、赔礼道歉。

2）民事处罚措施：责令赔偿损失等。

3）行政处罚措施：行政处分、行政处罚等。

（4）职业禁止。因利用职业便利实施犯罪，或者实施违背职业要求的特定义务的犯罪被判处刑罚的，人民法院可以根据犯罪情况和预防再犯罪的需要，禁止其自刑罚执行完毕之日或者假释之日起从事相关职业，期限为三年至五年。适用对象为被判处拘役或者有期徒刑的犯罪分子。

（5）没收。没收是指强制性地将不属于国家所有的财物无偿收归国有，上缴国库。犯罪所得的一切财物，应当予以追缴或者责令退赔；对被害人的合法财产，应当及时返还；违禁品和供犯罪所用的本人财物，应当予以没收。

9. 自首

自首是指犯罪分子在犯罪后，自动投案，如实供述自己罪行的行为。自首是我国刑法设置的激励犯罪分子改过自新，并体现宽严相济处罚原则的一项重要制度。其目的在于促使犯罪分子通过交代自己或他人的罪行而便于司法机关侦破刑事案件，及时打击和预防犯罪。

10. 常见具体犯罪

（1）盗窃罪。盗窃罪是指以非法占有为目的，秘密窃取数额较大的公私财物或者多次盗窃、入户盗窃、携带凶器盗窃、扒窃公私财物的行为。

1）客体要件。本罪侵犯的客体是公私财物所有权，侵犯的对象是国家、集体或个人的财物。另外，能源如电力、石油、天然气也可以成为本罪的对象。

2）客观要件。本罪在客观方面表现为行为人实施了秘密窃取数额较大的公私财物或者多次盗窃、入户盗窃、携带凶器盗窃、扒窃公私财物的行为。

所谓秘密窃取，是指行为人采取自认为不为财物的所有者、保管者或者经手者发觉的方法，暗中将财物取走的行为。

秘密窃取的公私财物必须达到数额较大，或者虽然没有达到数额较大，但是实行了多次盗窃、入户盗窃、携带凶器盗窃、扒窃的，才能认定为犯罪。

3）主观要件。本罪在主观方面表现为直接故意，并且具有非法占有公私财物的目的。

4）主体要件。本罪主体是一般主体，凡达到刑事责任年龄且具备刑事责任能力的人均能构成。

（2）职务侵占罪。职务侵占罪是指公司、企业或者其他单位的人员，利用职务上的便利，将本单位财物非法占为己有，数额较大的行为。

1）客体要件。本罪的犯罪客体是公司、企业或者其他单位的财产所有权。职务侵占罪侵犯的对象是公司、企业或者其他单位的财物，包括动产和不动产。所谓动产，不仅指已在公司、企业、其他单位占有、管理之下的钱财（包括人民币、外币、有价证券等），而且包括本单位有权占有而未占有的财物，如公司、企业或其他单位拥有的债权。

2）客观要件。本罪在客观方面表现为利用职务上的便利，侵占本单位财物，数额较大的行为。

①必须是利用自己职务上的便利。所谓利用职务上的便利，是指利用职权及与职务有关的便利条件。职权，是指本人职务、岗位范围内的权力。与职务有关的便利条件，是指虽然不是直接利用职务或岗位上的权限，但却利用了本人的职权或地位所形成的便利条件，或通过其他人员利用职务或地位上的便利条件。

②必须有侵占的行为。

③必须达到数额较大的程度。

3）主观要件。本罪在主观方面表现为直接故意，具有非法占有公司、企业或其他单位财物的目的。

4）主体要件。本罪主体为特殊主体，包括公司、企业或者其他单位的人员。

职务侵占罪与盗窃罪虽然同属侵犯财物所有权的犯罪，主观要件都是以非法占有为目的，但两罪在犯罪构成上的区别主要是客观方面不同。构成职务侵占罪，客观上首先要求行为人必须利用其职务上的便利，即利用自己主管、管理、经营、经手单位财物的便利条件。不是利用职务之便，而是利用工作之便侵占本单位财物的行为，不能构成本罪。其次，职务侵占罪必须将本单位的财物非法占为己有，即利用职务之便实施了侵吞、窃取、骗取或者以其他方法非法占有单位财物的行为，盗窃只是职务侵占罪的行为方式之一。而盗窃罪的行为表现是采取秘密窃取方法非法占有他人财物，行为人没有利用职务之便。

（3）故意伤害罪。故意伤害罪是指行为人故意非法损害他人身体健康的行为。以伤害后果为标准，伤害可分为轻伤、重伤、伤害致人死亡三种情形。

1）客体要件。本罪侵害的客体是他人生理机能的健全。

2）客观要件。本罪在客观方面表现为行为对象是他人，自伤不构成故意伤害罪。

3）主观要件。成立故意伤害罪要求行为人具有伤害故意，即对伤害结果有认识并且持希望或放任的态度，如果仅具有殴打的意图，只是希望或者放任造成被害人暂时肉体疼痛或者轻微的神经刺激，则不能认定有伤害故意。

4）主体要件。本罪主体是一般主体，凡达到刑事责任年龄且具备刑事责任能力的人均能构成。

（4）交通肇事罪。交通肇事罪是指违反交通运输管理法规，因而发生重大事故，致人重伤、死亡或者使公私财产遭受重大损失的行为。

1）客体要件。本罪侵犯的客体是交通运输的安全，属于违反安全管理规定危害公共安全的犯罪。

2）客观要件。本罪在客观方面表现为在交通运输过程中，违反交通运输管理法规，因而发生重大事故，致人重伤、死亡或者使公私财产遭受重大损失的行为。违反交通运输管理法规，是指违反国家有关交通运输管理方面的法律法规。

根据司法解释，发生重大事故是指：死亡一人或者重伤三人以上，负事故全部或者主要责任的；死亡三人以上，负事故同等责任的；造成公共财产或者他人财产直接损失，负事故全部责任或者主要责任，无能力赔偿数额在三十万元以上的。

交通肇事致一人以上重伤，负事故全部或主要责任，并具有下列情形之一的，以交通肇事罪定罪处罚：酒后、吸食毒品后驾驶机动车辆的；无驾驶资格驾驶机动车辆的；明知是安全装置不全或者安全机件失灵的机动车辆而驾驶的；明知是无牌证或者已报废的机动车辆而驾驶的；严重超载驾驶的；为逃避追究逃离事故现场的。

此外，根据司法解释，行为人在交通肇事后为逃避法律追究，将被害人带离事故现场后隐藏或者遗弃，致使被害人无法得到救助而死亡或者严重残疾的，应当以故意杀人罪或者故意伤害罪定罪处罚。

3）主观要件。本罪在主观方面表现为过失，包括疏忽大意的过失和过于自信的过失。

4）主体要件。本罪主体是一般主体，包括从事交通运输的人员或者非从事交通运输的人员。

（5）掩饰、隐瞒犯罪所得、犯罪所得收益罪。这是指明知是犯罪所得及其产生的收益而予以窝藏、转移、收购、代为销售或者以其他方法掩饰、隐瞒的犯罪行为。

1）客体要件。本罪侵犯的客体是社会管理秩序和国家司法机关的正常活动。犯罪的对象包括他人犯罪所得及其产生的收益。

2）客观要件。本罪在客观方面表现为行为人实施了明知是犯罪所得及其产生的收益而予以窝藏、转移、收购、代为销售或者以其他方法掩饰、隐瞒的行为。

3）主观要件。本罪在主观方面表现为故意，即明知该物品可能是犯罪所得和犯罪所得收益，且知道是他人的犯罪所得或犯罪所得收益。

认定本罪的"明知"，不能仅凭犯罪嫌疑人的口供，应当根据案件的客观事实予以分析，只要证明嫌疑人知道或者应当知道是犯罪所得的赃物及其产生的收益，而实施了上述行为的，就可以认定。至于犯罪人以何种犯罪手段取得赃物，则不要求行为人明知。

根据本罪的主观特征，如果行为人确实不知是犯罪所得的赃物及其产生的收益，而予以窝藏、转移、收购、代为销售或者以其他方法掩饰、隐瞒的，不能构成本罪。与犯罪分子事前通谋，事后对赃物予以窝藏、转移、收购、代为销售或者以其他方法掩饰、隐瞒的，应当以共同犯罪论处，而不构成本罪。

4）主体要件。本罪主体是一般主体，凡达到刑事责任年龄且具备刑事责任能力的人均能构成。

（6）妨害公务罪。妨害公务罪是指以暴力、威胁方法阻碍国家机关工作人员执行职务，阻碍全国人民代表大会和地方各级人民代表大会代表依法执行代表职务，阻碍红十字会工作人员依法履行职责的行为，以及故意阻碍国家安全机关、公安机关依法执行国家安全工作任务，未使用暴力、威胁方法，造成严重后果的行为。

1）客体要件。本罪侵犯的客体为国家机关和红十字会的正常职务活动。

2）客观要件。本罪在客观方面表现为以暴力、威胁方法阻碍国家机关或红十字会工作人员依法执行职务或者履行职责的行为，或者阻碍国家安全机关、公安机关依法执行国家安全工作任务，未使用暴力、威胁方法，但造成严重后果的行为。

3）主观要件。本罪是故意犯罪，必须明知是国家机关或红十字会工作人员正在依法行使职权。

4）主体要件。本罪主体是一般主体，凡达到刑事责任年龄且具备刑事责任能力的人均能构成。

（7）寻衅滋事罪。寻衅滋事罪是指行为人实施肆意挑衅，随意殴打、骚扰他人或任意损毁、占用公私财物等行为，或者在公共场所起哄闹事，造成了严重破坏社会秩序的损害结果，从而构成的犯罪。

1）客体要件。本罪侵犯的客体是公共秩序。

2）客观要件。本罪在客观方面主要表现为：一是随意殴打他人，情节恶劣的；二是追逐、拦截、辱骂他人，情节恶劣的；三是强拿硬要或者任意损毁、占用公私财物，情节严重的；四是在公共场所起哄闹事，造成公共场所秩序严重混乱的。

3）主观要件。本罪在主观方面表现为故意。

4）主体要件。本罪主体是一般主体，凡达到刑事责任年龄且具备刑事责任能力的人均能构成。

【赵某非正常上访构成寻衅滋事罪案例】为落实自家宅基地问题，赵某自2013年9月开始接连向政府相关部门反映诉求，浙江省东阳市千祥镇人民政府认真接待，联合多部门就此进行协商，提出了四种解决方案。但赵某均不满意，继续提出苛刻的要求。2014年8月20日，浙江省金华市人民政府对其问题做出信访终结的复核意见。此后，赵某在同年8月、10月、11月期间多次到北京市朝阳区三里屯联合国开发署门前、中南海周边等地区进行非正常上访，严重扰乱了社会秩序。检察机关指控赵某构成寻衅滋事罪。浙江省金华市东阳市人民法院经公开审理，认为赵某多次到北京重点地区和敏感部位起哄闹事，其行为已构成寻衅滋事罪。依照《中华人民共和国刑法》第二百九十三条第一款第（四）项、第六十七条第三款之规定，判处赵某有期徒刑十个月。

二、《中华人民共和国刑事诉讼法》

刑事诉讼是指人民法院、人民检察院和公安机关在当事人及其诉讼参与人的参加下，依照法律规定的程序，解决被追诉者刑事责任问题的活动。为了保证刑法的正确实施，惩罚犯罪，保护人民，保障国家安全和社会公共安全，维护社会主义社会秩序，1979年7月1日第五届全国人民代表大会第二次会议通过了《中华人民共和国刑事诉讼法》（以下简称《刑事诉讼法》），自1980年1月1日起施行。1996年3月17日第八届全国人民代表大会第四次会议《关于修改〈中华人民共和国刑事诉讼法〉的决定》第一次修正，2012年3月14日第十一届全国人民代表大会常务委员会第五次会议《关于修改〈中华人民共和国刑事诉讼法〉的决定》第二次修正，2018年10月26日第十三届全国人民代表大会常务委员会第六次会议《关于修改〈中华人民共和国刑事诉讼法〉的决定》第三次修正。

1. 刑事诉讼职能

刑事诉讼职能，也称诉讼职责，是指为了实现刑事诉讼的目的，完成刑事诉讼任务，由刑事诉讼法所规定的不同诉讼主体具有的职责、权限或权利。刑事诉讼职能的划分是同刑事诉讼的构造相适应的。刑事诉讼一般应由侦查、起诉、辩护和审判四种活动构成。因此，将刑事诉讼的职能划分为侦查职能、起诉职能、辩护职能和审判职能。

（1）侦查职能。侦查职能是指侦查人员为了追究犯罪人的刑事责任，依法进行立案侦查，搜集证据，揭露犯罪，证实犯罪，查获犯罪嫌疑人，为起诉和审判提供可靠的根据，为刑事诉讼的正常进行打下坚实的基础。在我国刑事诉讼中，侦查职能主要由公安机关行使，人民检察院也行使部分案件的侦查职能。

（2）起诉职能。起诉职能是指起诉人为了追究犯罪人的刑事责任，向人民法院提出起诉控告，要求人民法院对被告人依法进行审判。起诉是进行审判的前提条件，没有起诉就没有审判。起诉职能在公诉案件中是由人民检察院执行的，在自诉案件中是由自诉人执行的。执行控诉职能的范围和方式、方法是由法律规定的。

（3）辩护职能。辩护职能是指为了维护犯罪嫌疑人、被告人的合法权益，反驳对其所进行的追诉，为其进行申辩和解释，提出证明其无罪、罪轻或者减轻、免除其刑事责任的材料和意见。辩护职能是由犯罪嫌疑人、被告人及其辩护人执行的。对犯罪嫌疑人、被告人来说，依法辩护是其享有的诉讼权利。对辩护人来说，依法为犯罪嫌疑人、被告人辩护是其应当执行的职责。

（4）审判职能。审判职能是指审理和判决案件的职责。审判职能是由人民法院执行的。人民法院通过审理，在起诉与辩护双方互相举证、质证和辩论的基础上，独立地裁决案件。

侦查职能和起诉职能都是为对犯罪嫌疑人、被告人进行追诉服务的，所以在诉讼理论上也可以将侦查职能和起诉职能合称为控诉职能。控诉职能、辩护职能和审判职能的充分实现，是完成刑事诉讼任务的可靠保证。

2. 刑事诉讼中的专门机关与诉讼参与人种类

（1）刑事诉讼中的专门机关

1）人民法院。人民法院是审判机关，是代表国家行使审判权的司法机关。在审判阶段，人民法院始终居于主导地位，负责主持和指挥全部诉讼活动，并对案件作出裁决。

2）人民检察院。人民检察院是我国的法律监督机关，是代表国家行使检察权或者法律监督职能的司法机关。人民检察院有权依法对贪污、渎职和侵犯公民民主权利等案件进行立案侦查，有权审查决定是否批准逮捕，有权审查决定是否提起公诉，有权对尚未发生法律效力的一审裁判按照第二审程序提出抗诉，也有权对已发生法律效力的裁判按照审判监督程序提出抗诉。

3）公安机关。在刑事诉讼中，公安机关是国家的侦查机关，行使国家的侦查权，负责大多数刑事案件的立案侦查工作，进行刑事诉讼活动，负责追究犯罪，实质上也就是在执行追诉职能。

4）刑事诉讼中的其他专门机关。军队保卫部门对军队内部发生的刑事案件行使侦查权。罪犯在监狱内犯罪的案件由监狱进行侦查。国家安全机关依照法律规定，办理危害国家安全的刑事案件，行使与公安机关相同的职权。

（2）诉讼参与人。刑事诉讼参与人是指除司法人员以外参加刑事诉讼活动，依法享有一定的诉讼权利、承担一定诉讼义务的人员。刑事诉讼的诉讼参与人主要包括当事人、法定代理人、诉讼代理人、辩护人、证人、鉴定人和翻译人员。依据诉讼参与人同案件的利害关系不同，可以将诉讼参与人分为当事人和其他诉讼参与人两类。

凡是在诉讼中处于追诉（原告）或被追诉（被告）的地位，执行控诉（起诉）或辩护（答辩）职能，并同案件有直接的利害关系而参加刑事诉讼的就是当事人，包括被害人、自诉人、犯罪嫌疑人、被告人、附带民事诉讼的原告人和被告人。

凡是同案件没有直接的利害关系，而是基于其他原因参加刑事诉讼的，就是其他诉讼参与人，包括法定代理人、诉讼代理人、辩护人、证人、鉴定人和翻译人员。

3. 刑事诉讼中的管辖

我国刑事诉讼中的管辖是指人民法院、人民检察院和公安机关，依照法律规定立案受理刑事案件以及人民法院系统审判第一审刑事案件的分工制度。

刑事诉讼中的管辖，实质上就是各司法机关在受理刑事案件方面的权限划分。司法机关受理刑事案件的范围，称为管辖范围。司法机关在一定范围内受理刑事案件的职权，称为管辖权。司法机关只能在法律规定的管辖范围内行使自己的职权，对不属于自己管辖的案件，则无权受理。

刑事诉讼的管辖分为立案管辖和审判管辖两大类。

（1）立案管辖。立案管辖又称职能管辖或部门管辖，是指公安机关、人民检察院和人民法院之间在直接受理刑事案件上的权限划分。它解决的是刑事案件应当由谁来立案、开始诉讼的问题。

1）人民法院直接受理的刑事案件。自诉案件由人民法院直接受理。自诉案件是指被害人及其法定代理人、近亲属，为追究被告人的刑事责任，而直接向人民法院提起诉讼的案件。

2）人民检察院直接受理的案件。贪污贿赂犯罪，国家工作人员的渎职犯罪，国家机关工作人员利用职权实施的非法拘禁、刑讯逼供、报复陷害、非法搜查等侵犯公民人身权利的犯罪以及侵犯公民民主权利的犯罪，由人民检察院立案侦查。对于国家机关工作人员利用职权实施的其他重大的犯罪案件，需要由人民检察院直接受理时，经省级以上人民检察院决定，可以由人民检察院立案侦查。

3）公安机关立案侦查的案件。刑事案件的侦查均由公安机关进行，法律另有规定的除外。也就是说，除法律另有规定的，其他刑事案件应当一律由公安机关立案侦查。

（2）审判管辖。审判管辖是指各级人民法院之间、同级人民法院之间以及普通人民法院与专门人民法院之间、各专门人民法院之间在审判第一审刑事案件上的分工。审判管辖解决的是人民法院系统内部在受理案件方面的分工，即刑事案件应由哪种、哪级、哪个人民法院进行审判。

1）级别管辖。级别管辖是指各级人民法院在审判第一审刑事案件上的权限划分，解决的是上下级人民法院之间的权限分工。级别管辖的划分主要考虑的因素有：案件的性质和影响，罪行的轻重和可能判处刑罚的轻重，案件涉及面的大小，不同级别法院的工作重点和工作量多少。

基层人民法院管辖第一审普通刑事案件，但是依照《刑事诉讼法》由上级人民法院管辖的除外。

中级人民法院管辖的第一审刑事案件有危害国家安全、恐怖活动案件，可能判处无期徒刑、死刑的案件。

高级人民法院管辖的第一审刑事案件，是全省（自治区、直辖市）性的重大刑事案件。

最高人民法院管辖的第一审刑事案件，是全国性的重大刑事案件。

2）地域管辖。地域管辖是指同级人民法院之间在审理第一审刑事案件时权限上的划分。级别管辖是从纵向解决案件由哪一级人民法院管辖；而地域管辖则是在明确案件的级别管辖的基础上，确定某一案件由该级人民法院中的哪一个人民法院管辖，是从横向解决案件的管辖问题。只有级别管辖和地域管辖都解决了，案件的管辖权才能最终落实。

一是以犯罪地人民法院管辖为主，被告人居住地人民法院管辖为辅原则。刑事案件由犯罪地的人民法院管辖。如果由被告人居住地的人民法院审判更为适宜的，可以由被告人居住地的人民法院管辖。

二是以最初受理的人民法院审判为主，主要犯罪地人民法院审判为辅的原则。几个同级人民法院都有权管辖的案件，由最初受理的人民法院审判。在必要的时候，可以移送主要犯罪地的人民法院审判。

3）专门管辖。专门管辖是指专门人民法院与普通人民法院之间，各种专门人民法院之间以及各专门人民法院系统内部在第一审刑事案件受理范围上的分工，解决的是哪些案件由专门人民法院审判以及由哪一个专门人民法院审判的问题。

我国的专门人民法院有军事法院、海事法院、知识产权法院、金融法院、铁路运输法院、森林法院等。其中,海事法院无刑事管辖权。

4. 证据

可以用于证明案件事实的材料,都是证据。证据包括物证,书证,证人证言,被害人陈述,犯罪嫌疑人、被告人供述和辩解,鉴定意见,勘验、检查、辨认、侦查实验等笔录,视听资料、电子数据。

(1)物证。物证是指证明案件真实情况的一切物品和痕迹。所谓物品,是指与案件事实有联系的客观实在物,如作案工具、赃款赃物等;所谓痕迹,是指物体相互作用所产生的印痕和物体运动时所产生的轨迹,如脚印、指纹等。

(2)书证。书证是指以其记载的内容和反映的思想来证明案件真实情况的书面材料或其他物质材料。

(3)证人证言。证人证言是指证人就其所了解的案件情况向公安司法机关所作的陈述。凡是知道案件情况的人,都有作证的义务。生理上、精神上有缺陷或者年幼,不能辨别是非、不能正确表达的人,不能作为证人。但是,虽然生理上、精神上有缺陷或者年幼,如果能够辨别是非并能够将自己所了解的案件情况准确表达出来,也可以作为证人。对于证人能否辨别是非、能否正确表达,必要时可以进行审查或者鉴定。

(4)被害人陈述。被害人陈述是指犯罪行为的直接受害者就其了解的案件情况向司法工作人员所作的陈述。

(5)犯罪嫌疑人、被告人供述和辩解。犯罪嫌疑人、被告人供述和辩解是指犯罪嫌疑人、被告人就有关案件的情况向侦查、检察和审判人员所作的陈述。

(6)鉴定意见。鉴定意见是指受公安司法机关指派或聘请的鉴定人,对案件中的专门性问题进行鉴定后作出的书面意见。

(7)勘验、检查、辨认、侦查实验等笔录。勘验笔录是指办案人员对犯罪有关的场所、物品、尸体等进行勘查、检验后所作的笔录。检查笔录是指办案人员为确定被害人、犯罪嫌疑人、被告人的某些特征、伤害情况和生理状态,而对他们的人身进行检验和观察后所作出的客观记载。辨认笔录是指犯罪嫌疑人、被害人、证人按照法定程序对可能与案件相关的人、物或者场所进行辨认时,由办案人员所作的记录。侦查实验笔录是指侦查人员按照法定格式制作的,用于描述和证明侦查实验过程中发生的具有法律意义的事实状况的书面记录。

(8)视听资料、电子数据。视听资料是指以模拟信号存储的录音、录像等音视频资料。电子数据是指以数字化形式存储于计算机存储器或外部存储介质中,能够证明案件真实情况的数据或信息。电子数据包括：网页、博客、微博、朋友圈、贴吧、网盘等网络平台发布的信息，手机短信、电子邮件、即时通信、通信群组等网络应用服务的通信信息，用户注册信息、身份认证信息、电子交易记录、通信记录、登录日志等信息，文档、图片、音视频、数字证书、计算机程序等电子文件。

5. 刑事诉讼中的强制措施

刑事诉讼中的强制措施，是指公安机关、人民检察院和人民法院为了保证刑事诉讼的顺利进行，依法对刑事案件的犯罪嫌疑人、被告人的人身自由进行限制或者剥夺的各种强制性方法。

刑事强制措施共有五种：拘传、取保候审、监视居住、拘留和逮捕。

（1）拘传。拘传是公安机关、人民检察院和人民法院对未被羁押的犯罪嫌疑人、被告人，依法强制其到案接受讯问的一种强制措施。拘传的适用对象是未被羁押的犯罪嫌疑人、被告人。一次拘传的时间不得超过十二小时，案情特别重大、复杂，需要采取拘留、逮捕措施的，拘传持续的时间不得超过二十四小时。不得以连续拘传的形式变相拘禁犯罪嫌疑人、被告人，两次拘传间隔的时间一般不得少于十二小时。拘传犯罪嫌疑人、被告人，应当保证其饮食和必要的休息时间。

（2）取保候审。取保候审是在刑事诉讼过程中，公安机关、人民检察院、人民法院责令犯罪嫌疑人、被告人提出保证人或者交纳保证金，保证犯罪嫌疑人、被告人不逃避或妨碍侦查、起诉和审判，并随传随到的一种强制措施。其适用对象为：

1）可能判处管制、拘役或者独立适用附加刑的。

2）可能判处有期徒刑以上刑罚，采取取保候审不致发生社会危险性的。

3）患有严重疾病、生活不能自理，怀孕或者正在哺乳自己婴儿的妇女，采取取保候审不致发生社会危险性的。

4）羁押期限届满，案件尚未办结，需要采取取保候审的。

（3）监视居住。监视居住是公安机关、人民检察院、人民法院在刑事诉讼过程中，对于符合逮捕条件但具有法定情形的犯罪嫌疑人、被告人，责令在一定期限内不得离开住处或者指定的居所，并对其活动予以监视和控制的一种强制措施。监视居住适用的对象包括：

1）患有严重疾病、生活不能自理的。

2）怀孕或者正在哺乳自己婴儿的妇女。

3）系生活不能自理的人的唯一扶养人。

4）因为案件的特殊情况或者办理案件的需要，采取监视居住措施更为适宜的。

5）羁押期限届满，案件尚未办结，需要采取监视居住措施的。

（4）拘留。拘留是公安机关、人民检察院等侦查机关对直接受理的案件，在侦查过程中，遇有紧急情况，依法临时剥夺某些现行犯或者重大嫌疑分子的人身自由的一种强制措施。公安机关对于现行犯或者重大嫌疑分子，有下列情形之一的，可以先行拘留：

1）正在预备犯罪、实行犯罪或犯罪后即时被发觉的。

2）被害人或在场亲眼看见的人指认其犯罪的。

3）在身边或住处发现有犯罪证据的。

4）犯罪后企图自杀、逃跑或在逃的。

5）有毁灭、伪造证据或串供可能的。

6）不讲真实姓名、住址，身份不明的。

7）有流窜作案、多次作案、结伙作案重大嫌疑的。

（5）逮捕。逮捕是公安机关、人民检察院和人民法院，为了防止犯罪嫌疑人或者被告人实施妨碍刑事诉讼的行为，逃避侦查、起诉、审判或者发生社会危险性，而依法暂时剥夺其人身自由的一种强制措施。

6. 刑事诉讼的程序

（1）立案。刑事诉讼中的立案是指公安机关、人民检察院或者人民法院对报案、控告、举报和犯罪嫌疑人自首等材料进行审查，根据事实和法律，决定是否作为一个案件进行侦查或者审判的诉讼活动。

立案是刑事诉讼中的一个独立的诉讼阶段。对有关材料的接受、审查和决定，是立案程序从开始到结束的三个基本步骤。

公安机关、人民检察院或者人民法院经审查后，认为有犯罪事实，需要追究刑事责任，且属于自己管辖的，应当立案。对有控告人的案件，决定不予立案的，应当制作不予立案通知书，并在三日以内送达控告人。

（2）侦查。侦查是指公安机关、人民检察院对于刑事案件，依照法律进行的收集证据、查明案情的工作和有关的强制性措施。

（3）起诉。人民检察院对于公安机关移送起诉的案件，应当在一个月以内作出决定，重大、复杂的案件可以延长半个月。人民检察院审查起诉的案件，改变管辖的，从改变后的人民检察院收到案件之日起计算审查起诉期限。

不起诉是指人民检察院对公安机关侦查终结移送起诉的案件或自行侦查终结的案件，经审查认为犯罪嫌疑人具有法定不追究刑事责任的情形，或者犯罪情节轻微依法不需要判处刑罚或可免除刑罚的，以及证据不足不符合起诉条件的，作出不向人民法院提起公诉的一种决定。

（4）审判。刑事诉讼中的审判是指人民法院依法对刑事案件进行审理和裁判的诉讼活动。人民法院的审判按照所处诉讼阶段和具体任务的不同，分为第一审程序和第二审程序，我国实行两审终审制度。

（5）执行。执行是指人民法院、人民检察院、公安机关、监狱等有关单位和组织，为实现已经发生法律效力的判决和裁定所确定的内容而进行的各种活动。

第四节 治安管理法律知识

一、《中华人民共和国治安管理处罚法》

为维护社会治安秩序,保障公共安全,保护公民、法人和其他组织的合法权益,规范和保障公安机关及其人民警察依法履行治安管理职责,2005年8月28日第十届全国人民代表大会常务委员会第十七次会议通过了《中华人民共和国治安管理处罚法》(以下简称《治安管理处罚法》),自2006年3月1日起施行。2012年10月26日第十一届全国人民代表大会常务委员会第二十九次会议《关于修改〈中华人民共和国治安管理处罚法〉的决定》修正。

1. 概述

《治安管理处罚法》是规定什么是违反治安管理的行为,如何对违反治安管理行为予以处罚的法律规范,既规定了实体内容,也规定了办理程序。扰乱公共秩序,妨害公共安全,侵犯人身权利、财产权利,妨害社会管理,具有社会危害性,依照《刑法》的规定构成犯罪的,依法追究刑事责任;尚不够刑事处罚的,由公安机关依照本法给予治安管理处罚。治安管理处罚必须以事实为依据,与违反治安管理行为的性质、情节以及社会危害程度相当。实施治安管理处罚,应当公开、公正,尊重和保障人权,保护公民的人格尊严。办理治安案件应当坚持教育与处罚相结合的原则。

该法适用的范围包括,在中华人民共和国领域内发生的违反治安管理行为,以及在中华人民共和国船舶和航空器内发生的违反治安管理行为,但法律有特别规定的除外。

2. 治安管理处罚的种类

治安管理处罚的种类有:

（1）警告。警告只适用于情节轻微的违法行为。

（2）罚款。罚款是对违法行为人或违法组织处以的经济处罚，可以单处也可以并处。罚款一般由县级以上公安机关决定，但对于五百元以下的罚款，可以由公安派出所决定。

（3）行政拘留。行政拘留是短期内剥夺违反治安管理行为人人身自由的一种处罚，由县级以上公安机关决定，处罚的程度分为五日以下、五日以上十日以下和十日以上十五日以下三个档次，行政拘留处罚合并执行的，最长不超过二十日。

（4）吊销公安机关发放的许可证。吊销公安机关发放的许可证是由县级以上公安机关决定的，剥夺违反治安管理行为人已经取得的行政许可证的处罚措施。

同时，对违反治安管理的外国人，可以附加适用限期出境或者驱逐出境。

3. 治安管理处罚法的适用

（1）从轻、减轻处罚或者不予处罚

1）适用从轻、减轻处罚或者不予处罚的法定年龄的情形：已满十四周岁不满十八周岁的人违反治安管理的，从轻或者减轻处罚；不满十四周岁的人违反治安管理的，不予处罚，但是应当责令其监护人严加管教。

2）适用减轻处罚或者不予处罚的法定情节：情节特别轻微的；主动消除或者减轻违法后果，并取得被侵害人谅解的；出于他人胁迫或者诱骗的；主动投案，向公安机关如实陈述自己的违法行为的；有立功表现的。

3）适用从轻、减轻处罚或者不予处罚的特殊情形：精神病人在不能辨认或者不能控制自己行为的时候违反治安管理的，不予处罚；盲人或者又聋又哑的人违反治安管理的，可以从轻、减轻或者不予处罚。

（2）从重处罚。从重处罚的法定情节包括：有较严重后果的；教唆、胁迫、诱骗他人违反治安管理的；对报案人、控告人、举报人、证人打击报复的；六个月内曾受过治安管理处罚的。

（3）不执行行政拘留处罚的情形。违反治安管理行为人有下列情形之一，依照《治安管理处罚法》应当给予行政拘留处罚的，不执行行政拘留处罚：已满十四周岁不满十六周岁的；已满十六周岁不满十八周岁，初次违反治安管理的；七十周岁以上的；怀孕或者哺乳自己不满一周岁婴儿的。

（4）其他适用的特殊情形

1）醉酒的人违反治安管理的，应当给予处罚。

2）间歇性的精神病人在精神正常的时候违反治安管理的，应当给予处罚。

3）有两种以上违反治安管理行为的，分别决定，合并执行。

4）违反治安管理行为在六个月内没被公安机关发现的，不予处罚。

4. 治安处罚的程序

（1）当场处罚程序。公安机关对违反治安管理行为事实清楚，证据确凿，处警告或者二百元以下罚款的，可以当场作出治安管理处罚决定。当场作出治安管理处罚决定的，人民警察应当向违反治安管理行为人出示工作证件，并填写处罚决定书。

（2）普通程序。治安管理处罚的普通程序包括调查、决定和执行。

1）调查。调查是公安机关受理案件、询问取证、查明案情的职务活动。

①受案。公安机关对报案、控告、举报或者违反治安管理行为人主动投案，以及其他行政主管部门、司法机关移送的违反治安管理案件，应当及时受理，并进行登记。公安机关受理报案、控告、举报、投案后，认为属于违反治安管理行为的，应当立即进行调查；认为不属于违反治安管理行为的，应当告知报案人、控告人、举报人、投案人，并说明理由。

②回避。人民警察在办理治安案件过程中，遇有下列情形之一的应当回避：是本案当事人或者当事人的近亲属的；本人或者其近亲属与本案有利害关系的；与本案当事人有其他关系，可能影响案件公正处理的。人民警察的回避，由其所属的公安机关决定；公安机关负责人的回避，由上一级公安机关决定。违反治安管理行为人、被侵害人或者其法定代理人有权要求人民警察在办案中回避。

③传唤。经公安机关办案部门负责人批准，可以传唤违反治安管理行为人于指定的时间、地点到案接受调查。传唤需要使用传唤证。对现场发现的违反治安管理行为人，人民警察经出示工作证件，可以口头传唤。对无正当理由不接受传唤或者逃避传唤的人，可以强制传唤。公安机关传唤后应当及时询问查证，询问查证的时间不得超过八小时；情况复杂的，时间不得超过二十四小时。

④询问。人民警察为查明案情，可以就案件事实，向治安管理相对人进行询问，并形成询问笔录。询问笔录应当交被询问人核对；对没有阅读能力的，应当向其宣读。询问不满十六周岁的违反治安管理行为人，应当通知其父母或者其他监护人到场。询问聋哑的违反治安管理行为人、被侵害人或者其他证人，应当有通晓手语的人提供帮助，并在笔录上注明。询问不通晓当地通用的语言文字的违反治安管理行为人、被侵害人或者其他证人，应当配备翻译人员，并在笔录上注明。

⑤检查。公安机关为了查明案件，对与违反治安管理行为有关的场所、物品、人身可以进行检查。检查时，人民警察不得少于二人，并应当出示工作证件和县级以上人民政府公安机关开具的检查证明文件。对确有必要立即进行检查的，人民警察经出示工作证件，可以当场检查，但检查公民住所应当出示县级以上人民政府公安机关开具的检查证明文件。检查妇女的身体，应当由女性工作人员进行。检查的情况应当制作检查笔录，由检查人、被检查人和见证人签名或者盖章；被检查人拒绝签名的，人民警察应当在笔录上注明。

2）决定。治安管理处罚由县级以上人民政府公安机关决定；其中警告、五百元以下的罚款可以由公安派出所决定。

治安管理处罚决定的种类包括：确有依法应当给予治安管理处罚的违法行为的，根据情节轻重及具体情况，作出处罚决定；依法不予处罚的，或者违法事实不能成立的，作出不予处罚决定；违法行为已涉嫌犯罪的，移送主管机关依法追究刑事责任；发现违反治安管理行为人有其他违法行为的，在对违反治安管理行为作出处罚决定的同时，通知有关行政主管部门处理。

公安机关作出治安管理处罚决定的，应当制作治安管理处罚决定书。决定书的内容包括：被处罚人的姓名、性别、年龄、身份证件的名称和号码、住址；违法事实和证据；处罚的种类和依据；处罚的执行方式和期限；对处罚决定不服，申请行政复议、提起行政诉讼的途径和期限；作出处罚决定的公安机关的名称和作出决定的日期。

公安机关办理治安案件的期限，自受理之日起不得超过三十日；案情重大、复杂的，经上一级公安机关批准，可以延长三十日。为了查明案情进行鉴定的期间，不计入办理治安案件的期限。

3）执行。对被决定给予行政拘留处罚的人，由作出决定的公安机关送达拘留所执行。

受到罚款处罚的人应当自收到处罚决定书之日起十五日内，到指定的银行缴纳罚款。但是，有下列情形之一的，人民警察可以当场收缴罚款：被处五十元以下罚款，被处罚人对罚款无异议的；在边远、水上、交通不便地区，公安机关及其人民警察依照本法的规定作出罚款决定后，被处罚人向指定的银行缴纳罚款确有困难，经被处罚人提出的；被处罚人在当地没有固定住所，不当场收缴事后难以执行的。人民警察当场收缴罚款的，应当向被处罚人出具省、自治区、直辖市人民政府财政部门统一制发的罚款收据。

5. 执法监督

公安机关及其人民警察办理治安案件，应当自觉接受社会和公民的监督。对存在不严格执法或者有违法违纪行为的公安机关及其人民警察，任何单位和个人都有权向公安机关或者人民检察院、行政监察机关检举、控告。

人民警察办理治安案件，有下列行为之一的，依法给予行政处分；构成犯罪的，依法追究刑事责任；对直接负责的主管人员和其他直接责任人员给予相应的行政处分：

（1）刑讯逼供、体罚、虐待、侮辱他人的。

（2）超过询问查证的时间限制人身自由的。

（3）不执行罚款决定与罚款收缴分离制度或者不按规定将罚没的财物上缴国库或者依法处理的。

（4）私分、侵占、挪用、故意损毁收缴、扣押的财物的。

（5）违反规定使用或者不及时返还被侵害人财物的。

（6）违反规定不及时退还保证金的。

（7）利用职务上的便利收受他人财物或者谋取其他利益的。

（8）当场收缴罚款不出具罚款收据或者不如实填写罚款数额的。

（9）接到要求制止违反治安管理行为的报警后，不及时出警的。

（10）在查处违反治安管理活动时，为违法犯罪行为人通风报信的。

（11）有徇私舞弊、滥用职权，不依法履行法定职责的其他情形的。

公安机关及其人民警察违法行使职权，侵犯公民、法人和其他组织合法权益的，应当赔礼道歉；造成损害的，应当依法承担赔偿责任。

二、《中华人民共和国集会游行示威法》

为了保障公民依法行使集会、游行、示威的权利，维护社会安定和公共秩序，根据宪法，1989年10月31日第七届全国人民代表大会常务委员会第十次会议通过了《中华人民共和国集会游行示威法》（以下简称《集会游行示威法》），2009年8月27日第十一届全国人民代表大会常务委员会第十次会议《关于修改部分法律的决定》修正。

1. 概述

集会是指聚集于露天公共场所，发表意见、表达意愿的活动。

游行是指在公共道路、露天公共场所列队行进、表达共同意愿的活动。

示威是指在露天公共场所或者公共道路上以集会、游行、静坐等方式，表达要求、抗议或者支持、声援等共同意愿的活动。

2. 集会、游行、示威的原则

（1）合法原则。公民在行使集会、游行、示威的权利时，必须遵守宪法和法律，不得反对宪法所确定的基本原则，不得损害国家的、社会的、集体的利益和其他公民的合法的自由和权利。

（2）和平原则。集会、游行、示威应当和平地进行，不得携带武器、管制刀具和爆炸物，不得使用暴力或者煽动使用暴力。

3. 集会、游行、示威的主管机关

集会、游行、示威的主管机关，是集会、游行、示威举行地的市、县公安局、城市公安分局；游行、示威路线经过两个以上区、县的，主管机关为所经过区、县的公安机关的共同上一级公安机关。

4. 集会、游行、示威的申请和许可

（1）集会、游行、示威的申请。举行集会、游行、示威，必须依照《集会游行示威法》规定向主管机关提出申请并获得许可。下列活动不需申请：

1）国家举行或者根据国家决定举行的庆祝、纪念等活动。

2）国家机关、政党、社会团体、企业事业组织依照法律、组织章程举行的集会。

（2）集会、游行、示威的许可。举行集会、游行、示威，必须有负责人。依照《集会游行示威法》规定需要申请的集会、游行、示威，其负责人必须在举行日期的五日前向主管机关递交书面申请。申请书中应当载明集会、游行、示威的目的、方式、标语、口号、人数、车辆数、使用音响设备的种类与数量、起止时间、地点（包括集合地和解散地）、路线和负责人的姓名、职业、住址。

主管机关接到集会、游行、示威申请书后，应当在申请举行日期的二日前，将许可或者不许可的决定书通知其负责人。不许可的，应当说明理由。逾期不通知的，视为许可。确因突然发生的事件临时要求举行集会、游行、示威的，必须立即报告主管机关；主管机关接到报告后，应当立即审查决定许可或者不许可。

申请举行集会、游行、示威要求解决具体问题的，主管机关接到申请书后，可以通知有关机关或者单位同集会、游行、示威的负责人协商解决问题，并可以将申请举行的时间推迟五日。

主管机关认为按照申请的时间、地点、路线举行集会、游行、示威，将对交通秩序和社会秩序造成严重影响的，在决定许可时或者决定许可后，可以变更举行集会、游行、示威的时间、地点、路线，并及时通知其负责人。

申请举行的集会、游行、示威，有下列情形之一的，不予许可：反对宪法所确定的基本原则的；危害国家统一、主权和领土完整的；煽动民族分裂的；有充分根据认定申请举行的集会、游行、示威将直接危害公共安全或者严重破坏社会秩序的。

集会、游行、示威的负责人对主管机关不许可的决定不服的，可以自接到决定通知之日起三日内，向同级人民政府申请复议，人民政府应当自接到申请复议书之日起三日内作出决定。

集会、游行、示威的负责人在提出申请后接到主管机关通知前，可以撤回申请；接到主管机关许可的通知后，决定不举行集会、游行、示威的，应当及时告知主管机关，参加人已经集合的，应当负责解散。

公民不得在其居住地以外的城市发动、组织、参加当地公民的集会、游行、示威。

国家机关工作人员不得组织或者参加违背有关法律、法规规定的国家机关工作人员职责、义务的集会、游行、示威。

以国家机关、社会团体、企业事业组织的名义组织或者参加集会、游行、示威，必须经本单位负责人批准。

5. 集会、游行、示威的举行

对于依法举行的集会、游行、示威，主管机关应当派出人民警察维持交通秩序和社会秩序，保障集会、游行、示威的顺利进行。依法举行的集会、游行、示威，任何人不得以暴力、胁迫或者其他非法手段进行扰乱、冲击和破坏。为了保障依法举行的游行的行进，负责维持交通秩序的人民警察可以临时变通执行交通规则的有关规定。游行在行进中遇有不可预料的情况，不能按照许可的路线行进时，人民警察现场负责人有权改变游行队伍的行进路线。

集会、游行、示威在国家机关、军事机关、广播电台、电视台、外国驻华使馆领馆等单位所在地举行或者经过的，主管机关为了维持秩序，可以在附近设置临时警戒线，未经人民警察许可，不得逾越。

在下列场所周边距离十米至三百米内，不得举行集会、游行、示威，经国务院或者省、自治区、直辖市的人民政府批准的除外：全国人民代表大会常务委员会、国务院、中央军事委员会、最高人民法院、最高人民检察院的所在地，国宾下榻处，重要军事设施，航空港、火车站和港口。

举行集会、游行、示威的时间限于早六时至晚十时，经当地人民政府决定或者批准的除外。集会、游行、示威应当按照许可的目的、方式、标语、口号、起止时间、地点、路线及其他事项进行。集会、游行、示威的负责人必须负责维持集会、游行、示威的秩序，并严格防止其他人加入。集会、游行、示威的负责人在必要时，应当指定专人协助人民警察维持秩序。负责维持秩序的人员应当佩戴标志。

6. 集会、游行、示威的违法后果

举行集会、游行、示威，不得违反治安管理法规，不得进行犯罪活动或者煽动犯罪。举行集会、游行、示威，有下列情形之一的，人民警察应当予以制止：

（1）未依照《集会游行示威法》规定申请或者申请未获许可的。

（2）未按照主管机关许可的目的、方式、标语、口号、起止时间、地点、路线进行的。

（3）在进行中出现危害公共安全或者严重破坏社会秩序情况的。

有上述所列情形之一，不听制止的，人民警察现场负责人有权命令解散；拒不解散的，人民警察现场负责人有权依照国家有关规定决定采取必要手段强行驱散，并对拒不服从的人员强行带离现场或者立即予以拘留。参加集会、游行、示威的人员越过禁止区域设置的临时警戒线，进入不得举行集会、游行、示威的特定场所周边一定范围或者有其他违法犯罪行为的，人民警察可以将其强行带离现场或者立即予以拘留。

7. 法律责任

举行集会、游行、示威，有违反治安管理行为的，依照治安管理处罚法有关规定予以处罚。举行集会、游行、示威，有下列情形之一的，公安机关可以对其负责人和直接责任人员处以警告或者十五日以下拘留：未依照《集会游行示威法》规定申请或者申请未获许可的；未按照主管机关许可的目的、方式、标语、口号、起止时间、地点、路线进行，不听制止的。

有犯罪行为的，依照刑法有关规定追究刑事责任。携带武器、管制刀具或者爆炸物的，依照刑法有关规定追究刑事责任。未依照《集会游行示威法》规定申请或者申请未获许可，或者未按照主管机关许可的起止时间、地点、路线进行，又拒不服从解散命令，严重破坏社会秩序的，对集会、游行、示威的负责人和直接责任人员依照刑法有关规定追究刑事责任。包围、冲击国家机关，致使国家机

关的公务活动或者国事活动不能正常进行的，对集会、游行、示威的负责人和直接责任人员依照刑法有关规定追究刑事责任。占领公共场所、拦截车辆行人或者聚众堵塞交通，严重破坏公共场所秩序、交通秩序的，对集会、游行、示威的负责人和直接责任人员依照刑法有关规定追究刑事责任。

扰乱、冲击或者以其他方法破坏依法举行的集会、游行、示威的，公安机关可以处以警告或者十五日以下拘留；情节严重，构成犯罪的，依照刑法有关规定追究刑事责任。

在举行集会、游行、示威过程中，破坏公私财物或者侵害他人身体造成伤亡的，除依照刑法或者治安管理处罚法的有关规定可以予以处罚外，还应当依法承担赔偿责任。

公民在本人居住地以外的城市发动、组织当地公民的集会、游行、示威的，公安机关有权予以拘留或者强行遣回原地。

三、《中华人民共和国道路交通安全法》

为了维护道路交通秩序，预防和减少交通事故，保护人身安全，保护公民、法人和其他组织的财产安全及其他合法权益，提高通行效率，2003年10月28日第十届全国人民代表大会常务委员会第五次会议通过了《中华人民共和国道路交通安全法》（以下简称《道路交通安全法》），自2004年5月1日起施行。2021年4月29日第十三届全国人民代表大会常务委员会第二十八次会议《关于修改〈中华人民共和国道路交通安全法〉等八部法律的决定》第三次修正。

1. 适用范围

中华人民共和国境内的车辆驾驶人、行人、乘车人以及与道路交通活动有关的单位和个人，都应当遵守《道路交通安全法》。

2. 工作原则

道路交通安全工作，应当遵循依法管理、方便群众的原则，保障道路交通有序、安全、畅通。

3. 管理主体

国务院公安部门负责全国道路交通安全管理工作。县级以上地方各级人民政府公安机关交通管理部门负责本行政区域内的道路交通安全管理工作。县级以上各级人民政府交通、建设管理部门依据各自职责，负责有关的道路交通工作。

4. 登记制度

国家对机动车实行登记制度。机动车经公安机关交通管理部门登记后，方可上道路行驶。尚未登记的机动车，需要临时上道路行驶的，应当取得临时通行牌证。准予登记的机动车应当符合机动车国家安全技术标准。申请机动车登记时，应当接受对该机动车的安全技术检验。但是，经国家机动车产品主管部门依据机动车国家安全技术标准认定的企业生产的机动车型，该车型的新车在出厂时经检验符合机动车国家安全技术标准，获得检验合格证的，免予安全技术检验。

依法应当登记的非机动车，经公安机关交通管理部门登记后，方可上道路行驶。依法应当登记的非机动车的种类，由省、自治区、直辖市人民政府根据当地实际情况规定。非机动车的外形尺寸、质量、制动器、车铃和夜间反光装置，应当符合非机动车安全技术标准。

5. 驾驶人

机动车驾驶人应当依法取得机动车驾驶证，遵守道路交通安全法律、法规的规定，按照操作规范安全驾驶、文明驾驶。饮酒、服用国家管制的精神药品或者麻醉药品，或者患有妨碍安全驾驶机动车的疾病，或者过度疲劳影响安全驾驶的，不得驾驶机动车。任何人不得强迫、指使、纵容驾驶人违反道路交通安全法律、法规和机动车安全驾驶要求驾驶机动车。

公安机关交通管理部门对机动车驾驶人违反道路交通安全法律、法规的行为，除依法给予行政处罚外，实行累积记分制度。公安机关交通管理部门对累积记分达到规定分值的机动车驾驶人，扣留机动车驾驶证，对其进行道路交通安全法律、法规教育，重新考试；考试合格的，发还其机动车驾驶证。对遵守道路交通安全法律、法规，在一年内无累积记分的机动车驾驶人，可以延长机动车驾驶证的审验期。

第五节 国家安全法律知识

一、《中华人民共和国国家安全法》

2015年7月1日,第十二届全国人民代表大会常务委员会第十五次会议通过《中华人民共和国国家安全法》,自公布之日起施行。

1. 维护国家安全的原则

(1) 法治原则。维护国家安全应当坚持法治原则。具体来讲,即依法维护国家安全,坚持人民主体地位,坚持法律面前人人平等,坚持从中国实际出发。

(2) 统筹兼顾原则。国家安全工作应当统筹内部安全和外部安全、国土安全和国民安全、传统安全和非传统安全、自身安全和共同安全。

(3) 预防为主、标本兼治原则。影响国家安全的因素非常复杂,威胁国家安全的隐患不会完全消除,维护国家安全是动态的、不断发展的过程,因此,国家安全工作要坚持预防为主、标本兼治。

(4) 专群结合原则。专群结合原则包含两层含义:一是专门工作与群众路线相结合;二是专门机关与有关部门相结合。

2. 国家安全制度

(1) 情报信息制度。国家健全统一归口、反应灵敏、准确高效、运转顺畅的情报信息收集、研判和使用制度,建立情报信息工作协调机制,实现情报信息的及时收集、准确研判、有效使用和共享。

国家安全机关、公安机关、有关军事机关根据职责分工,依法搜集涉及国家安全的情报信息。国家机关各部门在履行职责过程中,对于获取的涉及国家安全的有关信息应当及时上报。

(2) 风险预防、评估和预警制度。国家制定完善应对各领域国家安全风险预案。国家建立国家安全风险评估机制，定期开展各领域国家安全风险调查评估。有关部门应当定期向中央国家安全领导机构提交国家安全风险评估报告。国家健全国家安全风险监测预警制度，根据国家安全风险程度，及时发布相应风险预警。

（3）审查监管制度。国家建立国家安全审查和监管的制度和机制，对影响或者可能影响国家安全的外商投资、特定物项和关键技术、网络信息技术产品和服务、涉及国家安全事项的建设项目，以及其他重大事项和活动，进行国家安全审查，有效预防和化解国家安全风险。

（4）危机管控制度。国家建立统一领导、协同联动、有序高效的国家安全危机管控制度。发生危及国家安全的特别重大事件，需要进入紧急状态、战争状态或者进行全国总动员、局部动员的，由全国人民代表大会、全国人民代表大会常务委员会或者国务院依照宪法和有关法律规定的权限和程序决定。

3. 公民和组织应当履行维护国家安全的义务

（1）遵守宪法、法律法规关于国家安全的有关规定。

（2）及时报告危害国家安全活动的线索。

（3）如实提供所知悉的涉及危害国家安全活动的证据。

（4）为国家安全工作提供便利条件或者其他协助。

（5）向国家安全机关、公安机关和有关军事机关提供必要的支持和协助。

（6）保守所知悉的国家秘密。

（7）法律、行政法规规定的其他义务。

任何个人和组织不得有危害国家安全的行为，不得向危害国家安全的个人或者组织提供任何资助或者协助。

二、《中华人民共和国反间谍法》

为了防范、制止和惩治间谍行为，维护国家安全，2014年11月1日第十二届全国人民代表大会常务委员会第十一次会议通过了《中华人民共和国反间谍法》（以下简称《反间谍法》），自公布之日起施行。

1. 间谍行为的概念

间谍行为是指下列行为：

（1）间谍组织及其代理人实施或者指使、资助他人实施，或者境内外机构、组织、个人与其相勾结实施的危害中华人民共和国国家安全的活动。

（2）参加间谍组织或者接受间谍组织及其代理人的任务的。

（3）间谍组织及其代理人以外的其他境外机构、组织、个人实施或者指使、资助他人实施，或者境内机构、组织、个人与其相勾结实施的窃取、刺探、收买或者非法提供国家秘密或者情报，或者策动、引诱、收买国家工作人员叛变的活动。

（4）为敌人指示攻击目标的。

（5）进行其他间谍活动的。

2.《反间谍法》的立法目的

《反间谍法》的立法目的主要有两个方面：一是防范、制止和惩治间谍行为，这是直接目的和任务；二是通过防范、制止和惩治间谍行为，最终维护国家安全。

防范，是指教育公民、组织、企事业单位、国家机关等自觉建设、遵守和严格执行保密等维护国家安全的各项制度，堵塞工作和制度上的漏洞，使间谍、境外敌对势力的间谍情报活动无隙可乘，通过积极主动的措施防范间谍行为的发生。

制止，是指提高警惕，加强相关监控工作，及时了解境外间谍组织和敌对势力的动向，及时获取他们的活动线索，及时发现间谍行为，并采取有效措施防止间谍行为发生，或者将已经发生的间谍行为遏制在未果状态，避免造成危害国家安全的严重后果。

惩治，是指及时抓获间谍犯罪分子，坚决依照刑法、刑事诉讼法等法律的有关规定追究间谍犯罪的法律责任，使犯罪分子受到应得的惩罚，同时达到警诫其他不法分子的目的。

维护国家安全涉及国家的领土完整、主权独立、社会制度的巩固，关系到社会稳定、经济繁荣和人民安居乐业，是世界上每个国家都要面对的最重要的任务。根据本法和有关法律规定积极防范、及时制止、严厉惩治间谍行为，就是为了维护国家安全，保护国家利益不受侵犯。

3. 反间谍工作基本原则

（1）坚持中央统一领导原则。

（2）坚持公开工作与秘密工作相结合原则。

（3）坚持专门工作与群众路线相结合原则。

（4）坚持积极防御原则。

（5）坚持依法惩治原则。

4. 公民和组织反间谍的义务和权利

（1）义务

1）机关、团体和其他组织应当对本单位的人员进行维护国家安全的教育，动员、组织本单位的人员防范、制止间谍行为。

2）公民和组织发现间谍行为，应当及时向国家安全机关报告；向公安机关等其他国家机关、组织报告的，相关国家机关、组织应当立即移送国家安全机关处理。

3）在国家安全机关调查了解有关间谍行为的情况、收集有关证据时，有关组织和个人应当如实提供，不得拒绝。

4）任何公民和组织都应当保守所知悉的有关反间谍工作的国家秘密。

5）任何个人和组织都不得非法持有属于国家秘密的文件、资料和其他物品。

6）任何个人和组织都不得非法持有、使用间谍活动特殊需要的专用间谍器材。专用间谍器材由国务院国家安全主管部门依照国家有关规定确认。

7）任何个人和组织对国家安全机关及其工作人员超越职权、滥用职权和其他违法行为，都有权向上级国家安全机关或者有关部门检举、控告。受理检举、控告的国家安全机关或者有关部门应当及时查清事实，负责处理，并将处理结果及时告知检举人、控告人。

8）对协助国家安全机关工作或者依法检举、控告的个人和组织，任何个人和组织不得压制和打击报复。

（2）权利。公民和组织应当为反间谍工作提供便利或者其他协助。因协助反间谍工作，本人或者其近亲属的人身安全面临危险的，可以向国家安全机关请求予以保护。国家安全机关应当会同有关部门依法采取保护措施。

三、《中华人民共和国人民防空法》

为了有效地组织人民防空，保护人民的生命和财产安全，保障社会主义现代化建设的顺利进行，1996年10月29日第八届全国人民代表大会常务委员会第二十二次会议通过《中华人民共和国人民防空法》（以下简称《人民防空法》），自1997年1月1日起施行。2009年8月27日第十一届全国人民代表大会常务委员会第十次会议《全国人民代表大会常务委员会关于修改部分法律的决定》修正。

1. 概述

(1) 人民防空。人民防空是政府动员和组织人民群众防备敌人空中袭击、消除后果采取的措施和行动。它同要地防空、野战防空共同组成国土防空体系，是现代国防的重要组成部分，是国民经济和社会发展的重要方面，是现代城市建设的重要内容。国家根据国防需要，动员和组织群众采取防护措施，防范和减轻空袭危害。

(2) 人民防空的原则。人民防空实行长期准备、重点建设、平战结合的方针，贯彻与经济建设协调发展、与城市建设相结合的原则。

(3) 人民防空建设费用。人民防空经费由国家和社会共同负担。中央负担的人民防空经费，列入中央预算；县级以上地方各级人民政府负担的人民防空经费，列入地方各级预算。有关单位应当按照国家规定负担人民防空费用。

国家对人民防空设施建设按照有关规定给予优惠。国家鼓励、支持企业事业组织、社会团体和个人，通过多种途径，投资进行人民防空工程建设；人民防空工程平时由投资者使用管理，收益归投资者所有。

2. 防护重点

(1) 城市。城市是人民防空的重点，国家对城市实行分类防护。城市的防护类别、防护标准，由国务院、中央军事委员会规定。城市人民政府应当制定防空袭方案及实施计划，必要时可以组织演习。城市人民政府应当制定人民防空工程建设规划，并纳入城市总体规划。城市的地下交通干线以及其他地下工程的建设，应当兼顾人民防空需要。

(2) 重要经济目标。重要经济目标是指关系国计民生和支持战争的重要经济系统的资源和设施。重要经济目标包括重要的工矿企业、科研基地、交通枢纽、通信枢纽、桥梁、水库、仓库、电站等。对重要的经济目标，有关部门必须采取有效防护措施，并制定应急抢险抢修方案。

人民防空主管部门应当依照规定对城市和经济目标的人民防空建设进行监督检查。被检查单位应当如实提供情况和必要的资料。

3. 人民防空工程

(1) 人民防空工程的概念。人民防空工程包括为保障战时人员与物资掩蔽、人民防空指挥、医疗救护等而单独修建的地下防护建筑，以及结合地面建筑修建的战时可用于防空的地下室。国家对人民防空工程建设，按照不同的防护要求，实行分类指导。国家根据国防建设的需要，结合城市建设和经济发展水平，制定人民防空工程建设规划。

（2）人民防空工程的修建。人民防空指挥工程、公用的人员掩蔽工程和疏散干道工程由人民防空主管部门负责组织修建；医疗救护、物资储备等专用工程由其他有关部门负责组织修建。有关单位负责修建本单位的人员与物资掩蔽工程。城市新建民用建筑，按照国家有关规定修建战时可用于防空的地下室。人民防空工程建设的设计、施工、质量必须符合国家规定的防护标准和质量标准。人民防空工程专用设备的定型、生产必须符合国家规定的标准。

（3）人民防空工程的管理。县级以上人民政府有关部门对人民防空工程所需的建设用地应当依法予以保障；对人民防空工程连接城市的道路、供电、供热、供水、排水、通信等系统的设施建设，应当提供必要的条件。人民防空主管部门对人民防空工程的维护管理进行监督检查。公用的人民防空工程的维护管理由人民防空主管部门负责。有关单位应当按照国家规定对已经修建或者使用的人民防空工程进行维护管理，使其保持良好使用状态。

国家鼓励平时利用人民防空工程为经济建设和人民生活服务。任何组织或者个人不得擅自拆除人民防空指挥工程、公用的人员掩蔽工程和疏散干道工程，以及医疗救护、物资储备等专用工程。确需拆除的，必须报经人民防空主管部门批准，并由拆除单位负责补建或者补偿。

4. 通信和警报

国家保障人民防空通信、警报的畅通，以迅速准确地传递、发放防空警报信号，有效地组织、指挥人民防空。国家人民防空主管部门负责制定全国的人民防空通信、警报建设规划，组织全国的人民防空通信、警报网的建设和管理。县级以上地方各级人民政府人民防空主管部门负责制定本行政区域的人民防空通信、警报建设规划，组织本行政区域人民防空通信、警报网的建设和管理。

人民防空通信、警报设施必须保持良好使用状态。设置在有关单位的人民防空警报设施，由其所在单位维护管理，不得擅自拆除。县级以上地方各级人民政府根据需要可以组织试鸣防空警报，并在试鸣的五日以前发布公告。

5. 疏散

人民防空疏散由县级以上人民政府统一组织，根据国家发布的命令实施，任何组织不得擅自行动。县级以上人民政府应当组织有关部门和单位，做好城市疏散人口安置和物资储运、供应的准备工作。农村人口在有必要疏散时，由当地人民政府按照就近的原则组织实施。

6. 群众防空组织

县级以上地方各级人民政府应当根据人民防空的需要，组织有关部门建立群众防空组织。群众防空组织战时担负抢险抢修、医疗救护、防火灭火、防疫灭菌、消毒和消除沾染、保障通信联络、抢救人员和抢运物资、维护社会治安等任务，平时应当协助防汛、防震等部门担负抢险救灾任务。

群众防空组织由下列部门负责组建：

（1）城建、公用、电力等部门组建抢险抢修队。

（2）卫生、医药部门组建医疗救护队。

（3）公安部门组建消防队、治安队。

（4）卫生、化工、环保等部门组建防化防疫队。

（5）邮电部门组建通信队。

（6）交通运输部门组建运输队。

红十字会组织依法进行救护工作。

7. 法律责任

违反《人民防空法》的主要行为有：

（1）城市新建民用建筑，违反国家有关规定不修建战时可用于防空的地下室的。

（2）侵占人民防空工程的。

（3）不按照国家规定的防护标准和质量标准修建人民防空工程的。

（4）违反国家有关规定，改变人民防空工程主体结构、拆除人民防空工程设备设施或者采用其他方法危害人民防空工程的安全和使用效能的。

（5）拆除人民防空工程后拒不补建的。

（6）占用人民防空通信专用频率、使用与防空警报相同的音响信号或者擅自拆除人民防空通信、警报设备设施的。

（7）阻挠安装人民防空通信、警报设施，拒不改正的。

（8）向人民防空工程内排入废水、废气或者倾倒废弃物的。

（9）故意损坏人民防空设施或者在人民防空工程内生产、储存爆炸、剧毒、易燃、放射性等危险品的。

对于违反《人民防空法》的行为，要依法承担相应的行政处罚、治安处罚或刑事处罚。

人民防空主管部门的工作人员玩忽职守、滥用职权、徇私舞弊或者有其他违法、失职行为构成犯罪的，依法追究刑事责任；尚不构成犯罪的，依法给予行政处分。

四、《中华人民共和国反恐怖主义法》

为了防范和惩治恐怖活动，加强反恐怖主义工作，维护国家安全、公共安全和人民生命财产安全，2015 年 12 月 27 日第十二届全国人民代表大会常务委员会第十八次会议通过了《中华人民共和国反恐怖主义法》，自 2016 年 1 月 1 日起施行。2018 年 4 月 27 日第十三届全国人民代表大会常务委员会第二次会议《关于修改〈中华人民共和国国境卫生检疫法〉等六部法律的决定》修正。

1. 概述

（1）恐怖主义。恐怖主义是指通过暴力、破坏、恐吓等手段，制造社会恐慌、危害公共安全、侵犯人身财产，或者胁迫国家机关、国际组织，以实现其政治、意识形态等目的的主张和行为。

（2）恐怖活动。恐怖活动是指恐怖主义性质的下列行为：

1）组织、策划、准备实施、实施造成或者意图造成人员伤亡、重大财产损失、公共设施损坏、社会秩序混乱等严重社会危害的活动的。

2）宣扬恐怖主义，煽动实施恐怖活动，或者非法持有宣扬恐怖主义的物品，强制他人在公共场所穿戴宣扬恐怖主义的服饰、标志的。

3）组织、领导、参加恐怖活动组织的。

4）为恐怖活动组织、恐怖活动人员、实施恐怖活动或者恐怖活动培训提供信息、资金、物资、劳务、技术、场所等支持、协助、便利的。

5）其他恐怖活动。

（3）恐怖活动组织。恐怖活动组织是指三人以上为实施恐怖活动而组成的犯罪组织。

（4）恐怖活动人员。恐怖活动人员是指实施恐怖活动的人和恐怖活动组织的成员。

（5）恐怖事件。恐怖事件是指正在发生或者已经发生的造成或者可能造成重大社会危害的恐怖活动。

2. 反恐怖主义工作原则

反恐怖主义工作坚持专门工作与群众路线相结合，防范为主、惩防结合和先发制敌、保持主动的原则。

3. 领导机构

国家设立反恐怖主义工作领导机构，统一领导和指挥全国反恐怖主义工作。设区的市级以上地方人民政府设立反恐怖主义工作领导机构，县级人民政府根据需要设立反恐怖主义工作领导机构，在上级反恐怖主义工作领导机构的领导和指挥下，负责本地区反恐怖主义工作。

4. 重点目标

（1）范围。公安机关应当会同有关部门，将遭受恐怖袭击的可能性较大以及遭受恐怖袭击可能造成重大的人身伤亡、财产损失或者社会影响的单位、场所、活动、设施等确定为防范恐怖袭击的重点目标，报本级反恐怖主义工作领导机构备案。

（2）重点目标的管理单位的职责

1）制定防范和应对处置恐怖活动的预案、措施，定期进行培训和演练。

2）建立反恐怖主义工作专项经费保障制度，配备、更新防范和处置设备、设施。

3）指定相关机构或者落实责任人员，明确岗位职责。

4）实行风险评估，实时监测安全威胁，完善内部安全管理。

5）定期向公安机关和有关部门报告防范措施落实情况。

同时，重点目标的管理单位应当根据城乡规划、相关标准和实际需要，对重点目标同步设计、同步建设、同步运行符合相关规定的技防、物防设备、设施。重点目标的管理单位应当建立公共安全视频图像信息系统值班监看、信息保存使用、运行维护等管理制度，保障相关系统正常运行。采集的视频图像信息保存期限不得少于九十日。重点目标的管理单位应当对重要岗位人员进行安全背景审查。对有不适合情形的人员，应当调整工作岗位，并将有关情况通报公安机关。

（3）重点目标的监督检查。公安机关和有关部门应当掌握重点目标的基础信息和重要动态，指导、监督重点目标的管理单位履行防范恐怖袭击的各项职责。

公安机关、中国人民武装警察部队应当依照有关规定对重点目标进行警戒、巡逻、检查。

5. 法律责任

组织、策划、准备实施、实施恐怖活动，宣扬恐怖主义，煽动实施恐怖活动，非法持有宣扬恐怖主义的物品，强制他人在公共场所穿戴宣扬恐怖主义的服饰、标志，组织、领导、参加恐怖活动组织，为恐怖活动组织、恐怖活动人员、实施恐怖活动或者恐怖活动培训提供帮助的，依法追究刑事责任。

第六节 行政法规

行政法规是指国务院根据宪法和法律，按照法定程序制定的有关行使行政权力、履行行政职责的规范性文件的总称。行政法规一般以条例、办法、实施细则、规定等形式组成。发布行政法规需要国务院总理签署国务院令。行政法规的效力仅次于宪法和法律，高于部门规章和地方性法规。本部分主要介绍与保卫管理员有密切关系的一些行政法规。

一、《保安服务管理条例》

为了规范保安服务活动，加强对从事保安服务的单位和保安员的管理，保护人身安全和财产安全，维护社会治安，2009年9月28日国务院第82次常务会议通过了《保安服务管理条例》，自2010年1月1日起施行。2022年，国务院令第752号对《保安服务管理条例》作出修改，自2022年5月1日起施行。

1. 保安服务

（1）保安服务的概念。保安服务包括：

1）保安服务公司根据保安服务合同，派出保安员为客户单位提供的门卫、巡逻、守护、押运、随身护卫、安全检查以及安全技术防范、安全风险评估等服务。

2）机关、团体、企业、事业单位招用人员从事的本单位门卫、巡逻、守护等安全防范工作。

3）物业服务企业招用人员在物业管理区域内开展的门卫、巡逻、秩序维护等服务。

其中，机关、团体、企业、事业单位和物业服务企业，统称自行招用保安员的单位。

（2）保安服务规范。在保安服务中，为履行保安服务职责，保安员可以采取下列措施：查验出入服务区域的人员的证件，登记出入的车辆和物品；在服务区域内进行巡逻、守护、安全检查、报警监控；在机场、车站、码头等公共场所对人员及其所携带的物品进行安全检查，维护公共秩序；执行武装守护押运任务，可以根据任务需要设立临时隔离区，但应当尽可能减少对公民正常活动的妨碍。

保安员应当及时制止发生在服务区域内的违法犯罪行为，对制止无效的违法犯罪行为应当立即报警，同时采取措施保护现场。

保安服务活动应当文明、合法，不得损害社会公共利益或者侵犯他人的合法权益。不得有下列行为：限制他人人身自由，搜查他人身体或者侮辱、殴打他人；扣押、没收他人证件、财物；阻碍依法执行公务；参与追索债务，采用暴力或者以暴力相威胁的手段处置纠纷；删改或者扩散保安服务中形成的监控影像资料、报警记录；侵犯个人隐私或者泄露在保安服务中获知的国家秘密、商业秘密以及客户单位明确要求保密的信息；违反法律、行政法规的其他行为。

（3）对保安服务的监督。国务院公安部门负责全国保安服务活动的监督管理工作，县级以上地方人民政府公安机关负责本行政区域内保安服务活动的监督管理工作。公安机关应当指导保安从业单位建立健全保安服务管理制度、岗位责任制度、保安员管理制度和紧急情况应急预案，督促保安从业单位落实相关管理制度。保安从业单位、保安培训单位和保安员应当接受公安机关的监督检查。

公安机关建立保安服务监督管理信息系统，记录保安从业单位、保安培训单位和保安员的相关信息。公安机关应当对提取、留存的保安员指纹等人体生物信息予以保密。

公安机关的人民警察对保安从业单位、保安培训单位实施监督检查应当出示证件，对监督检查中发现的问题，应当督促其整改。监督检查的情况和处理结果应当如实记录，并由公安机关的监督检查人员和保安从业单位、保安培训单位的有关负责人签字。

县级以上人民政府公安机关应当公布投诉方式，受理社会公众对保安从业单位、保安培训单位和保安员的投诉。接到投诉的公安机关应当及时调查处理并反馈查处结果。国家机关及其工作人员不得设立保安服务公司，不得参与或者变相参与保安服务公司的经营活动。

2. 保安员

保安员是指年满18周岁，身体健康，品行良好，具有初中以上学历，经设区的市级人民政府公安机关考试、审查合格并留存指纹等人体生物信息，依法取得保安员证的中国公民。

（1）不可以担任保安员的情形

1）曾被收容教育、强制隔离戒毒、劳动教养或者3次以上行政拘留的。

2）曾因故意犯罪被刑事处罚的。

3）被吊销保安员证未满3年的。

4）曾两次被吊销保安员证的。

根据2013年11月15日公布的《中共中央关于全面深化改革若干重大问题的决定》和2019年12月28日通过的《全国人民代表大会常务委员会关于废止有关收容教育法律规定和制度的决定》，分别废止了劳动教养制度和收容教育制度，条例中关于劳动教养和收容教育的有关规定不再适用。

（2）保安员的权利。保安员的权利主要包括：享受社会保险的权利，接受安全教育和技能培训的权利，签订劳动合同的权利，享受劳动条件和劳动保护的权利，受表彰奖励的权利。同时，对在保护公共财产和人民群众生命财产安全、预防和制止违法犯罪活动中有突出贡献的保安从业单位和保安员，公安机关和其他有关部门应当给予表彰、奖励。保安员牺牲被批准为烈士的，依照国家有关烈士褒扬的规定享受抚恤优待。

保安员依法从事保安服务活动，受法律保护。如正当防卫、紧急避险的权利，根据我国《刑法》的规定，保安员可以在保安服务中行使正当防卫和紧急避险的权利。保安员有权拒绝执行保安从业单位或者客户单位的违法指令。保安从业单位不得因保安员不执行违法指令而解除与保安员的劳动合同，降低其劳动报酬和其他待遇，或者停缴、少缴依法应当为其缴纳的社会保险费用。

（3）保安员的义务。保安员的义务主要包括守法义务、履行合同义务、保密义务、遵纪义务。

3. 保安从业单位

保安服务公司和自行招用保安员的单位合称保安从业单位。保安从业单位应当建立健全保安服务管理制度、岗位责任制度和保安员管理制度，加强对保安员的管理、教育和培训，提高保安员的职业道德水平、业务素质和责任意识。

（1）保安服务公司应当具备下列条件：

1）有不低于人民币100万元的注册资本。

2）拟任的保安服务公司法定代表人和主要管理人员应当具备任职所需的专业知识和有关业务工作经验，无被刑事处罚、强制隔离戒毒或者被开除公职、开除军籍等不良记录。

3）有与所提供的保安服务相适应的专业技术人员，其中法律、行政法规有资格要求的专业技术人员，应当取得相应的资格。

4）有住所和提供保安服务所需的设施、装备。

5）有健全的组织机构和保安服务管理制度、岗位责任制度、保安员管理制度。

2021年5月19日，《国务院关于深化"证照分离"改革进一步激发市场主体发展活力的通知》印发，该文件规定，不再要求申请人提供相关人员工作经验证明和无故意犯罪记录证明。

（2）自行招用保安员的单位应当具备的条件。自行招用保安员的单位应当具有法人资格，有符合条例规定条件的保安员，有健全的保安服务管理制度、岗位责任制度和保安员管理制度。娱乐场所应当依照《娱乐场所管理条例》的规定，从保安服务公司聘用保安员，不得自行招用保安员。

（3）保安从业单位职责。保安从业单位应当依法保障保安员在社会保险、劳动用工、劳动保护、工资福利、教育培训等方面的合法权益。应当招用符合保安员条件的人员担任保安员，并与被招用的保安员依法签订劳动合同。保安从业单位及其保安员应当依法参加社会保险。保安从业单位应当根据保安服务岗位需要，定期对保安员进行法律、保安专业知识和技能培训。应当定期对保安员进行考核，发现保安员不合格或者严重违反管理制度，需要解除劳动合同的，应当依法办理。应当根据保安服务岗位的风险程度为保安员投保意外伤害保险。保安员因工伤亡的，依照国家有关工伤保险的规定享受工伤保险待遇。

保安从业单位对保安服务中获知的国家秘密、商业秘密以及客户单位明确要求保密的信息，应当予以保密。保安从业单位不得指使、纵容保安员阻碍依法执行公务、参与追索债务、采用暴力或者以暴力相威胁的手段处置纠纷。

4. 保安培训单位

保安培训单位应当具备下列条件：是依法设立的具有法人资格的学校、职业培训机构；有保安培训所需的专兼职师资力量；有保安培训所需的场所、设施等教学条件。保安培训单位应当按照保安员培训教学大纲制订教学计划，对接受培训的人员进行法律、保安专业知识和技能培训以及职业道德教育。保安员培训教学大纲由国务院公安部门审定。

从事保安培训的单位，应当自开展保安培训之日起30日内向所在地设区的市级人民政府公安机关备案，提交能够证明其符合《保安服务管理条例》规定条件的材料。保安培训单位出资人、法定代表人（主要负责人）、住所、名称发生变化的，应当到原备案公安机关办理变更。保安培训单位终止培训的，应当自终止培训之日起 30 日内到原备案公安机关撤销备案。

5. 法律责任

（1）任何组织或者个人。任何组织或者个人未经许可，擅自从事保安服务的，依法给予治安管理处罚，并没收违法所得；构成犯罪的，依法追究刑事责任。

（2）保安从业单位

1）保安从业单位有下列情形之一的，责令限期改正，给予警告；情节严重的，并处 1 万元以上 5 万元以下的罚款；有违法所得的，没收违法所得：

①保安服务公司法定代表人变更未经公安机关审核的。

②未按照《保安服务管理条例》的规定进行备案或者撤销备案的。

③自行招用保安员的单位在本单位以外或者物业管理区域以外开展保安服务的。

④招用不符合《保安服务管理条例》规定条件的人员担任保安员的。

⑤保安服务公司未对客户单位要求提供的保安服务的合法性进行核查的，或者未将违法的保安服务要求向公安机关报告的。

⑥保安服务公司未按照《保安服务管理条例》的规定签订、留存保安服务合同的。

⑦未按照《保安服务管理条例》的规定留存保安服务中形成的监控影像资料、报警记录的。

2）保安从业单位有下列情形之一的，责令限期改正，并处 2 万元以上 10 万元以下的罚款；违反治安管理的，依法给予治安管理处罚；构成犯罪的，依法追究直接负责的主管人员和其他直接责任人员的刑事责任：

①泄露在保安服务中获知的国家秘密、商业秘密以及客户单位明确要求保密的信息的。

②使用监控设备侵犯他人合法权益或者个人隐私的。

③删改或者扩散保安服务中形成的监控影像资料、报警记录的。

④指使、纵容保安员阻碍依法执行公务、参与追索债务、采用暴力或者以暴力相威胁的手段处置纠纷的。

⑤保安员疏于管理、教育和培训，发生保安员违法犯罪案件，造成严重后

果的。

（3）保安员。保安员违反《保安服务管理条例》禁止性规定的，由公安机关予以训诫，情节严重的，吊销其保安员证；违反治安管理的，依法给予治安管理处罚；构成犯罪的，依法追究刑事责任。

从事武装守护押运的保安员违反规定使用枪支的，依照《专职守护押运人员枪支使用管理条例》的规定处罚。

保安员在保安服务中造成他人人身伤亡、财产损失的，由保安从业单位赔付；保安员有故意或者重大过失的，保安从业单位可以依法向保安员追偿。

（4）保安培训单位。从事保安培训的单位有下列情形之一的，责令限期改正，给予警告；情节严重的，并处1万元以上5万元以下的罚款：

1）未按照《保安服务管理条例》的规定进行备案或者办理变更的。

2）不符合《保安服务管理条例》规定条件的。

3）隐瞒有关情况、提供虚假材料或者拒绝提供反映其活动情况的真实材料的。

4）未按照《保安服务管理条例》规定开展保安培训的。

以保安培训为名进行诈骗活动的，依法给予治安管理处罚；构成犯罪的，依法追究刑事责任。

（5）监管机构及其工作人员。国家机关及其工作人员设立保安服务公司，参与或者变相参与保安服务公司经营活动的，对直接负责的主管人员和其他直接责任人员依法给予处分。公安机关的人民警察在保安服务活动监督管理工作中滥用职权、玩忽职守、徇私舞弊的，依法给予处分；构成犯罪的，依法追究刑事责任。

二、《大型群众性活动安全管理条例》

大型群众性活动是指法人或者其他组织面向社会公众举办的每场次预计参加人数达到1 000人以上的活动。为了加强对大型群众性活动的安全管理，保护公民生命和财产安全，维护社会治安秩序和公共安全，2007年8月29日国务院第190次常务会议通过了《大型群众性活动安全管理条例》，并于2007年10月1日起施行。

1. 大型群众性活动安全管理原则

（1）安全第一、预防为主。安全与预防是一个问题的两个方面，体现了目的与手段的统一。安全是安全管理的目的，是成功举办大型群众性活动的前提条件；

预防是安全管理的手段，预防工作应贯穿于整个大型群众性活动安全管理工作的始终，居于安全工作的主导地位。

（2）承办者负责、政府监管。承办者是指具体组织举办大型群众性活动的单位或者其他组织，其主要负责人是指承办者的法定代表人或主持日常工作的负责人。如公安机关申请大型群众性活动的安全许可申请表上盖章的单位和签字的安全责任人，就是大型群众性活动的承办者。政府监管是指具有监管职能的政府职权部门，对大型群众性活动安全工作履行监管职责。县级以上人民政府公安机关负责大型群众性活动的安全管理工作。县级以上人民政府其他有关主管部门按照各自职责，负责大型群众性活动的有关安全工作。

2. 举办大型群众性活动应具备的条件

（1）承办者是依照法定程序成立的法人或者其他组织。

（2）大型群众性活动的内容不得违反宪法、法律、法规的规定，不得违反社会公德。

（3）具有符合《大型群众性活动安全管理条例》规定的安全工作方案，安全责任明确、措施有效。

（4）活动场所、设施符合安全要求。

3. 大型群众性活动的安全责任

（1）大型群众性活动承办者的安全管理责任

1）落实大型群众性活动安全工作方案和安全责任制度，明确安全措施、安全工作人员岗位职责，开展大型群众性活动安全宣传教育。大型群众性活动的承办者对其承办活动的安全负责，承办者的主要负责人为大型群众性活动的安全责任人，应当制订大型群众性活动安全工作方案。方案主要内容包括：活动的时间、地点、内容及组织方式；安全工作人员的数量、任务分配和识别标志；活动场所消防安全措施；活动场所可容纳的人员数量以及活动预计参加人数；治安缓冲区域的设定及其标识；入场人员的票证查验和安全检查措施；车辆停放、疏导措施；现场秩序维护、人员疏导措施；应急救援预案。

2）保障临时搭建的设施、建筑物的安全，消除安全隐患。承办者应当实施大型群众性活动现场的安全检查工作，对活动现场临时搭建的建筑、设施开展安全检查，发现安全隐患及时消除。检查的重点包括：场内临时搭建的设施；水、电、通信等可能影响活动顺利进行的保障设施；售票处、安全出口、疏散通道等可能发生人员聚集的部位；消防安全隐患和防爆检查；其他可能对大型群众性活动安全形成隐患的设施场所等。

3）按照负责许可的公安机关的要求，配备必要的安全检查设备，对参加大型群众性活动的人员进行安全检查，对拒不接受安全检查的，承办者有权拒绝其进入。承办者应当加强大型群众性活动现场的安全检查，履行安全职责。对进出大型群众性活动现场的人员及其随身物品进行检查，确保及时发现和处置出入人员所携带的危险品与违禁品。

4）按照核准的活动场所容纳人员数量、划定的区域发放或者出售门票。承办者综合考虑场所面积、建筑结构、安全出口等活动场所自身的场地条件，结合活动本身的规模、范围、组织程序、工作人员数量等要素，对活动现场进行区域划分。经公安机关安全许可后，容纳的人员数量、活动预计参与人数、治安缓冲区域等要素即具有强制效力，承办者必须遵守，不得擅自更改，发放或者出售门票也以此为依据。

5）落实医疗救护、灭火、应急疏散等应急救援措施并组织演练。医疗救护、灭火、应急疏散等要素是突发事件应急预案的必备要素，明确灭火、疏散任务和救助措施，制定和落实活动安全相关的安全预案，并组织演练，确保一旦发生人员伤亡事故能及时妥善处置。

6）对妨碍大型群众性活动安全的行为及时予以制止，发现违法犯罪行为及时向公安机关报告。承办者在活动举行的过程中要制定严格的现场安全检查制度，对重要区域、重要部位及重要人物实施重点防控，并设立场所内外的安保巡逻制度，开展治安巡逻，对强行进入场内、向场内投掷杂物等妨碍大型群众性活动安全的行为及时予以制止，发现盗窃、抢夺、打架斗殴等违法犯罪行为及时向公安机关报告。

7）配备与大型群众性活动安全工作需要相适应的专业保安人员以及其他安全工作人员。配备与大型群众性活动的安全工作需要相适应的专业保安人员及其他安全工作人员，包括专门从事大型群众性活动安保工作的保安队伍、安保专家队伍和志愿者队伍等。专业保安队伍配备人数，室内举行的活动一般不少于每场参加人数的1%，室外举行的活动一般不少于每场参加人数的2%。安保专家队伍，是指大型群众性活动安检防爆、交通、消防、处置突发事件等方面的专家，承办者应根据大型群众性活动的具体情况专门聘请。大型群众性活动中组织开展志愿者安全服务，是大型群众性活动安全管理社会化的有益尝试，是安全保卫力量的重要补充。

8）为大型群众性活动的安全工作提供必要的保障。主要包括安全工作所需的场地、物资、经费等方面的保障，其中经费保障是大型群众性活动最基础的保障需求。另外，安检门、金属探测器、防恐治暴器械等安防设施设备也是必要保障。

（2）场所管理者的安全责任。场所管理者的安全责任主要包括：保障活动场所、设施符合国家安全标准和安全规定；保障疏散通道、安全出口、消防车通道、应急广播、应急照明、疏散指示标志符合法律、法规、技术标准的规定；保障监控设备和消防设施、器材配置齐全、完好有效；提供必要的停车场地，并维护安全秩序。

（3）公安机关应当履行的职责。公安机关应当履行的职责主要包括：审核承办者提交的大型群众性活动申请材料，实施安全许可；制订大型群众性活动安全监督方案和突发事件处置预案；指导对安全工作人员的教育培训；对活动场所及安全工作落实情况进行监督检查，对发现的安全隐患及时责令改正；依法查处大型群众性活动中的违法犯罪行为，处置危害公共安全的突发事件。

（4）参加大型群众性活动人员的义务。参加大型群众性活动人员的义务主要包括：遵守法律、法规和社会公德，不得妨碍社会治安、影响社会秩序；遵守大型群众性活动场所治安、消防等管理制度，接受安全检查，不得携带爆炸性、易燃性、放射性、毒害性、腐蚀性等危险物质或者非法携带枪支、弹药、管制器具；服从安全管理，不得展示侮辱性标语、条幅等物品，不得围攻裁判员、运动员或者其他工作人员，不得投掷杂物。

4. 大型群众性活动的安全管理

（1）大型群众性活动的安全许可。大型群众性活动的安全许可是国家对社会活动进行治安管理的行政手段之一，是公安机关根据法人或其他组织的申请，对大型群众性活动的安全方面依法审查，并由公安机关对举办大型群众性活动的过程进行安全监督的行政行为，是一种行政许可行为。

大型群众性活动的预计参加人数在1 000人以上5 000人以下的，由活动所在地县级人民政府公安机关实施安全许可；预计参加人数在5 000人以上的，由活动所在地设区的市级人民政府公安机关或者直辖市人民政府公安机关实施安全许可；跨省、自治区、直辖市举办大型群众性活动的，由国务院公安部门实施安全许可。这里所说的"预计参加人数"应当是指进入大型活动现场的人员总和，包括组织、协调、保障、直接参与活动的相关人员数量与预计发售票证或者组织观众数量之和。展览、展销等具有人员流动性的大型群众性活动，预计参加人数是指同时在活动现场的人员最大数量。

（2）大型群众性活动的安全保障措施。公安机关根据安全需要组织警力，维持活动现场周边的治安、交通秩序，预防和处置治安突发事件，查处违法犯罪活动。承办者发现进入活动场所的人员达到核准数量时，应当立即停止验票；发现持有划定区域以外的门票或者持假票的人员，应当拒绝其入场并向活动现场的公安机关工作人员报告；在大型群众性活动举办过程中发生公共安全事故、治安案件的，安全责任人应当立即启动应急救援预案，并立即报告公安机关。

5. 法律责任

（1）承办者擅自变更大型群众性活动的时间、地点、内容或者擅自扩大大型群众性活动的举办规模的，由公安机关处1万元以上5万元以下罚款；有违法所得的，没收违法所得。未经公安机关安全许可的大型群众性活动由公安机关予以取缔，对承办者处10万元以上30万元以下罚款。

（2）承办者或者大型群众性活动场所管理者违反《大型群众性活动安全管理条例》规定，致使发生重大伤亡事故、治安案件或者造成其他严重后果，构成犯罪的，依法追究刑事责任；尚不构成犯罪的，对安全责任人和其他直接责任人员依法给予处分、治安管理处罚，对单位处1万元以上5万元以下罚款。

（3）在大型群众性活动举办过程中发生公共安全事故，安全责任人不立即启动应急救援预案或者不立即向公安机关报告的，由公安机关对安全责任人和其他直接责任人员处5 000元以上5万元以下罚款。

（4）参加大型群众性活动的人员不履行《大型群众性活动安全管理条例》规定的安全义务，由公安机关给予批评教育；有危害社会治安秩序、威胁公共安全行为的，公安机关可以将其强行带离现场，依法给予治安管理处罚；构成犯罪的，依法追究刑事责任。

（5）有关主管部门的工作人员和直接负责的主管人员在履行大型群众性活动安全管理职责中，有滥用职权、玩忽职守、徇私舞弊行为的，依法给予处分；构成犯罪的，依法追究刑事责任。

三、《企业事业单位内部治安保卫条例》

为了规范企业、事业单位（以下简称单位）内部治安保卫工作，保护公民人身、财产安全和公共财产安全，维护单位的工作、生产、经营、教学和科研秩序，2004年9月13日国务院第64次常务会议通过了《企业事业单位内部治安保卫条例》(以下简称《内保条例》),中华人民共和国国务院令第421号公布,自2004年12月1日起施行。《内保条例》是我国第一部全面系统地规范单位内部保卫工作制度的行政法规。

1. 适用范围

《内保条例》规范的治安保卫工作主要限于企业事业单位内部,主要目的是维护单位范围内的治安秩序,保护单位内部的人身、财产安全和公共安全,维护单位正常的工作、生产、经营、教学和科研秩序。

2. 实施主体与指导监督主体

企业事业单位是其内部治安保卫的主体。单位内部治安保卫工作贯彻预防为主、单位负责、突出重点、保障安全的方针。单位内部治安保卫工作应当突出保护单位内人员的人身安全,单位不得以经济效益、财产安全或者其他任何借口忽视人身安全。

各级政府及公安机关等部门对单位内部的治安保卫工作主要负指导与监督的责任。国务院公安部门指导、监督全国的单位内部治安保卫工作,对行业、系统有监管职责的国务院有关部门指导、检查本行业、本系统的单位内部治安保卫工作;县级以上地方各级人民政府公安机关指导、监督本行政区域内的单位内部治安保卫工作,对行业、系统有监管职责的县级以上地方各级人民政府有关部门指导、检查本行政区域内的本行业、本系统的单位内部治安保卫工作,及时解决单位内部治安保卫工作中的突出问题。

3. 单位内部治安保卫工作的要求

《内保条例》明确了单位内部治安保卫工作应达到的要求:

(1)有适应单位具体情况的内部治安保卫制度、措施和必要的治安防范设施。

(2)单位范围内的治安保卫情况有人检查,重要部位得到重点保护,治安隐患及时得到排查。这是单位内部治安保卫工作的基本内容。

(3)单位范围内的治安隐患和问题及时得到处理,发生治安案件、涉嫌刑事犯罪的案件及时得到处置。这是单位内部治安保卫工作的关键。

4. 单位内部治安保卫机构及治安保卫人员的职责

(1)开展治安防范宣传教育,并落实本单位的内部治安保卫制度和治安防范措施。

(2)根据需要,检查进入本单位人员的证件,登记出入的物品和车辆。

(3)在单位范围内进行治安防范巡逻和检查,建立巡逻、检查和治安隐患整改记录。

（4）维护单位内部的治安秩序，制止发生在本单位的违法行为，对难以制止的违法行为以及发生的治安案件、涉嫌刑事犯罪案件应当立即报警，并采取措施保护现场，配合公安机关的侦查、处置工作。

（5）督促落实单位内部治安防范设施的建设和维护。

5. 法律责任

（1）单位违反规定的法律责任。单位违反《内保条例》的规定，存在治安隐患的，公安机关应当责令限期整改，并处警告；单位逾期不整改，造成公民人身伤害、公私财产损失，或者严重威胁公民人身安全、公私财产安全或者公共安全的，对单位处1万元以上10万元以下的罚款，对单位主要负责人和其他直接责任人员处500元以上5 000元以下的罚款，并可以建议有关组织对单位主要负责人和其他直接责任人员依法给予处分；情节严重，构成犯罪的，依法追究刑事责任。

（2）单位治安保卫人员在履职中的法律责任。单位治安保卫人员在履行职责时侵害他人合法权益的，应当赔礼道歉，给他人造成损害的，单位应当承担赔偿责任。单位赔偿后，有权责令因故意或者重大过失造成侵权的治安保卫人员承担部分或者全部赔偿的费用；对故意或者重大过失造成侵权的治安保卫人员，单位应当依法给予处分。治安保卫人员侵害他人合法权益的行为属于受单位负责人指使、胁迫的，对单位负责人依法给予处分，并由其承担赔偿责任；情节严重，构成犯罪的，依法追究刑事责任。

（3）监督管理机关的责任。公安机关接到单位报警后不依法履行职责，致使公民人身、财产和公共财产遭受损失，或者有其他玩忽职守、滥用职权行为的，对直接负责的主管人员和其他直接责任人员依法给予行政处分；情节严重、构成犯罪的，依法追究刑事责任。

对行业、系统有监管职责的人民政府有关部门在指导、检查本行业、本系统的单位内部治安保卫工作过程中有玩忽职守、滥用职权行为的，参照上述规定处罚。

四、《民用爆炸物品安全管理条例》

为了加强对民用爆炸物品的安全管理，预防爆炸事故发生，保障公民生命、财产安全和公共安全，2006年5月10日国务院令第466号公布《民用爆炸物品安全管理条例》，自2006年9月1日起施行。2014年7月29日经国务院第54次常务会议《关于修改部分行政法规的决定》修正。

1. 民用爆炸物品的概念

民用爆炸物品，是指用于非军事目的、列入民用爆炸物品品名表的各类火药、炸药及其制品和雷管、导火索等点火、起爆器材。民用爆炸物品品名表由国务院民用爆炸物品行业主管部门会同国务院公安部门制订、公布。目前公布的民用爆炸物品分为5大类59个品种。《民用爆炸物品安全管理条例》适用于民用爆炸物品的生产、销售、购买、进出口、运输、爆破作业和储存以及硝酸铵的销售、购买。

2. 民用爆炸物品的安全管理责任

（1）安全监督管理主体。民用爆炸物品行业主管部门负责民用爆炸物品生产、销售的安全监督管理。公安机关负责民用爆炸物品公共安全管理和民用爆炸物品购买、运输、爆破作业的安全监督管理，监控民用爆炸物品流向。安全生产监督、铁路、交通、民用航空主管部门依照法律、行政法规的规定，负责做好民用爆炸物品的有关安全监督管理工作。民用爆炸物品行业主管部门、公安机关、市场监管部门按照职责分工，负责组织查处非法生产、销售、购买、储存、运输、邮寄、使用民用爆炸物品的行为。

（2）安全管理责任主体。民用爆炸物品生产、销售、购买、运输和爆破作业单位（以下称民用爆炸物品从业单位）是民用爆炸物品安全管理的责任主体。单位主要负责人是本单位民用爆炸物品安全管理责任人，对本单位的民用爆炸物品安全管理工作全面负责。民用爆炸物品从业单位是治安保卫工作的重点单位，应当依法设置治安保卫机构或者配备治安保卫人员，设置技术防范设施，防止民用爆炸物品丢失、被盗、被抢。民用爆炸物品从业单位应当建立安全管理制度、岗位安全责任制度，制订安全防范措施和事故应急预案，设置安全管理机构或者配备专职安全管理人员。相关国家机关通过审批许可、安全教育、培训和考核、日常指导以及监督检查来加强民用爆炸物品的安全管理。

3. 限制从业规定

无民事行为能力人、限制民事行为能力人或者曾因犯罪受过刑事处罚的人，不得从事民用爆炸物品的生产、销售、购买、运输和爆破作业。民用爆炸物品从业单位应当加强对本单位从业人员的安全教育、法制教育和岗位技术培训，从业人员经考核合格的，方可上岗作业；对有资格要求的岗位，应当配备具有相应资格的人员。

4. 民用爆炸物品的相关制度

（1）民用爆炸物品相关许可制度。民用爆炸物品相关许可制度，是指企业向所在地省、自治区、直辖市人民政府民用爆炸物品行业主管部门提交申请书及有关申请材料，经人民政府民用爆炸物品行业主管部门核准，并经登记备案程序后，方可生产、销售和购买、运输、爆破作业的民用爆炸物品管理制度，主要包括民用爆炸物品的生产许可证制度、销售许可证制度、购买许可证制度、运输许可证制度以及爆破作业许可证制度。

（2）民用爆炸物品的流向监控制度。民用爆炸物品的流向监控制度，是指为了规范民用爆炸物品的生产、销售、购买、运输、爆破作业等活动，监控民用爆炸物品流向，制定的信息管理制度。国家建立民用爆炸物品信息管理系统，对民用爆炸物品实行标识管理，监控民用爆炸物品流向。

（3）其他制度。规定销售、购买民用爆炸物品，应当通过银行账户进行交易，不得使用现金或者实物进行交易。销售民用爆炸物品的企业，应当将购买单位的许可证、银行账户转账凭证、经办人的身份证明复印件保存2年备查。销售民用爆炸物品的企业，应当自民用爆炸物品买卖成交之日起3日内，将销售的品种、数量和购买单位向所在地省、自治区、直辖市人民政府民用爆炸物品行业主管部门和所在地县级人民政府公安机关备案。

5. 违反民用爆炸物品安全管理行为的法律责任

民用爆炸物品破坏性大、危害后果严重，《民用爆炸物品安全管理条例》对违反民用爆炸物品安全管理的行为分别规定了刑事责任和治安管理处罚以及其他行政处罚的法律责任，加大了对违法行为的处罚力度。

（1）对于以下情况，构成犯罪的，应当依法追究刑事责任：

1）非法制造、买卖、运输、储存民用爆炸物品。

2）违反规定在生产、储存、运输、使用民用爆炸物品过程中发生重大事故，造成严重后果或者后果特别严重。

3）携带民用爆炸物品搭乘公共交通工具或者进入公共场所，邮寄或者在托运的货物、行李、包裹、邮件中夹带民用爆炸物品。

4）民用爆炸物品从业单位的主要负责人未履行规定的安全管理责任，导致发生重大伤亡事故或者造成其他严重后果，以及民用爆炸物品行业主管部门、公安机关、市场监管部门的工作人员，在民用爆炸物品安全监督管理工作中滥用职权、玩忽职守或者徇私舞弊。

（2）对于以下情况，有违反治安管理行为的，依法给予治安管理处罚：

1）非法制造、买卖、运输、储存民用爆炸物品，尚不构成犯罪。

2）携带民用爆炸物品搭乘公共交通工具或者进入公共场所，邮寄或者在托运的货物、行李、包裹、邮件中夹带民用爆炸物品，尚不构成犯罪。

3）违反安全管理制度，致使民用爆炸物品丢失、被盗、被抢。

4）民用爆炸物品丢失、被盗、被抢，未按照规定向当地公安机关报告或者故意隐瞒不报。

5）转让、出借、转借、抵押、赠送民用爆炸物品。

（3）对违反《民用爆炸物品安全管理条例》的，还规定了较高的罚款数额，及没收非法的民用爆炸物品和违法所得、责令停产停业整顿、吊销许可证等行政处罚，加大了行政处罚的力度。

五、《危险化学品安全管理条例》

为了加强危险化学品的安全管理，预防和减少危险化学品事故，保障人民群众生命财产安全，保护环境，2002年1月26日国务院令第344号公布《危险化学品安全管理条例》，自2002年3月15日起施行。2013年12月7日国务院令第645号《国务院关于修改部分行政法规的决定》第二次修正。

1. 危险化学品的概念

危险化学品是指具有毒害、腐蚀、爆炸、燃烧、助燃等性质，对人体、设施、环境具有危害的剧毒化学品和其他化学品。

危险化学品目录由国务院安全生产监督管理部门会同国务院工业和信息化、公安、环境保护、卫生、质量监督检验检疫、交通运输、铁路、民用航空、农业主管部门，根据化学品危险特性的鉴别和分类标准确定、公布，并适时调整。

2. 危险化学品安全管理主体

生产、储存、使用、经营、运输危险化学品的单位（以下统称危险化学品单位）是危险化学品安全管理的责任主体，单位的主要负责人对本单位的危险化学品安全管理工作全面负责。危险化学品单位应当具备法律、行政法规规定和国家标准、行业标准要求的安全条件，建立、健全安全管理规章制度和岗位安全责任制度，对从业人员进行安全教育、法制教育和岗位技术培训。从业人员应当接受教育和培训，考核合格后上岗作业；对有资格要求的岗位，应当配备依法取得相应资格的人员。

3. 安全管理

（1）生产、储存安全。国家对危险化学品的生产、储存实行统筹规划、合理布局。国务院工业和信息化主管部门以及国务院其他有关部门依据各自职责，负责危险化学品生产、储存的行业规划和布局。地方人民政府组织编制城乡规划，应当根据本地区的实际情况，按照确保安全的原则，规划适当区域专门用于危险化学品的生产、储存。

生产、储存危险化学品的单位，应当根据其生产、储存的危险化学品的种类和危险特性，在作业场所设置相应的监测、监控、通风、防晒、调温、防火、灭火、防爆、泄压、防毒、中和、防潮、防雷、防静电、防腐、防泄漏以及防护围堤或者隔离操作等安全设施、设备，并按照国家标准、行业标准或者国家有关规定对安全设施、设备进行经常性维护、保养，保证安全设施、设备的正常使用。生产、储存危险化学品的单位，应当在其作业场所和安全设施、设备上设置明显的安全警示标志。

（2）使用安全。使用危险化学品的单位，其使用条件（包括工艺）应当符合法律、行政法规的规定和国家标准、行业标准的要求，并根据所使用的危险化学品的种类、危险特性以及使用量和使用方式，建立、健全使用危险化学品的安全管理规章制度和安全操作规程，保证危险化学品的安全使用。使用危险化学品从事生产并且使用量达到规定数量的化工企业（属于危险化学品生产企业的除外），应当取得危险化学品安全使用许可证。

（3）经营安全。国家对危险化学品经营（包括仓储经营）实行许可制度。未经许可，任何单位和个人不得经营危险化学品。依法设立的危险化学品生产企业在其厂区范围内销售本企业生产的危险化学品，不需要取得危险化学品经营许可。依照《中华人民共和国港口法》的规定取得港口经营许可证的港口经营人，在港区内从事危险化学品仓储经营，不需要取得危险化学品经营许可。

（4）运输安全。从事危险化学品道路运输、水路运输的，应当分别依照有关道路运输、水路运输的法律、行政法规的规定，取得危险货物道路运输许可、危险货物水路运输许可，并向市场监管部门办理登记手续。危险化学品道路运输企业、水路运输企业应当配备专职安全管理人员。

（5）危险化学品登记与事故应急救援。国家实行危险化学品登记制度，为危险化学品安全管理以及危险化学品事故预防和应急救援提供技术、信息支持。危险化学品生产企业、进口企业，应当向国务院安全生产监督管理部门负责危险化学品登记的机构办理危险化学品登记。登记内容包括：分类和标签信息；物理、化学性质；主要用途；危险特性；储存、使用、运输的安全要求；出现危险情况的应急处置措施。

县级以上地方人民政府安全生产监督管理部门应当会同工信、环保、公安、卫生、交通、铁路、质检等部门，根据本地区实际情况，制定危险化学品事故应急预案，报本级人民政府批准。危险化学品单位应当制定本单位危险化学品事故应急预案，配备应急救援人员和必要的应急救援器材、设备，并定期组织应急救援演练。危险化学品单位应当将其危险化学品事故应急预案报所在地设区的市级人民政府安全生产监督管理部门备案。

4. 法律责任

危险化学品管理涉及职能部门多，业务范围广，与《中华人民共和国刑法》《中华人民共和国治安管理处罚法》《中华人民共和国港口法》《中华人民共和国邮政法》《企业事业单位内部治安保卫条例》《安全生产许可证条例》《中华人民共和国内河交通安全管理条例》《中华人民共和国工业产品生产许可证管理条例》《生产安全事故报告和调查处理条例》等法律法规均有衔接。对违反危险化学品安全管理的行为分别规定了刑事责任和治安管理处罚以及其他行政处罚的法律责任。

第七节 《信访工作条例》

为了坚持和加强党对信访工作的全面领导，做好新时代信访工作，保持党和政府同人民群众的密切联系，2022年1月24日，中共中央政治局会议审议批准了《信访工作条例》，并于2022年5月1日正式施行。《信访工作条例》是全面规范信访工作的第一部党内法规，是新时代信访工作制度改革的重要成果。

2022年3月29日，国务院令752号《国务院关于修改和废止部分行政法规的决定》宣布自2022年5月1日起废止自2005年5月1日起施行的《信访条例》。

一、《信访工作条例》的主要内容

《信访工作条例》围绕做好新时代信访工作的体制机制、职责任务、处理程序、监督体系等进行顶层设计，共6章50条，主要有以下四个方面内容：

1. 规定做好新时代信访工作的总体要求

明确了《信访工作条例》的制定目的和依据、适用范围，对信访工作的地位作用、指导思想、主要原则及工作要求等作出规定。

2. 规定信访工作体制和工作格局

确立了党领导下的信访工作体制和工作格局，明确党委、政府、信访工作联席会议、信访部门以及各方力量在信访工作中的定位和职责，同时明确了信访工作保障措施。

3. 规定信访事项处理程序

明确各类信访事项提出、受理、办理的形式、渠道、程序和方式，体现了党的机关、人大机关、行政机关、政协机关、监察机关、审判机关、检察机关等处理信访事项不同的程序要求。

4. 规定信访工作监督体系

健全信访工作监督机制,对责任追究的情形和方式等作出明确规定。

二、《信访工作条例》的适用范围

《信访工作条例》适用于各级党的机关、人大机关、行政机关、政协机关、监察机关、审判机关、检察机关,以及群团组织、国有企业事业单位等开展信访工作。

三、信访工作的定位

《信访工作条例》明确新时代信访工作"三个重要"的定位,即信访工作是党的群众工作的重要组成部分,是党和政府了解民情、集中民智、维护民利、凝聚民心的一项重要工作,是各级机关、单位及其领导干部、工作人员接受群众监督、改进工作作风的重要途径。

四、信访工作应当遵循的原则

1. 坚持党的全面领导

把党的领导贯彻到信访工作各方面和全过程,确保正确政治方向。

2. 坚持以人民为中心

践行党的群众路线,倾听群众呼声,关心群众疾苦,千方百计为群众排忧解难。

3. 坚持落实信访工作责任

党政同责、一岗双责,属地管理、分级负责,谁主管、谁负责。

4. 坚持依法按政策解决问题

将信访纳入法治化轨道,依法维护群众权益、规范信访秩序。

5. 坚持源头治理化解矛盾

多措并举、综合施策,着力点放在源头预防和前端化解,把可能引发信访问题的矛盾纠纷化解在基层、化解在萌芽状态。

五、信访事项的提出和受理

1. 信访事项的提出

公民、法人或者其他组织可以采用信息网络、书信、电话、传真、走访等形式，向各级机关、单位反映情况，提出建议、意见或者投诉请求，有关机关、单位应当依规依法处理。采用上述规定的形式，反映情况，提出建议、意见或者投诉请求的公民、法人或者其他组织，称信访人。

《信访工作条例》对信访事项的提出明确了以下要求：

（1）信访人一般应当采用书面形式提出信访事项，并载明其姓名（名称）、住址和请求、事实、理由。对采用口头形式提出的信访事项，有关机关、单位应当如实记录。信访人提出信访事项，应当客观真实，对其所提供材料内容的真实性负责，不得捏造、歪曲事实，不得诬告、陷害他人。信访事项已经受理或者正在办理的，信访人在规定期限内向受理、办理机关、单位的上级机关、单位又提出同一信访事项的，上级机关、单位不予受理。

（2）信访人采用走访形式提出信访事项的，应当到有权处理的本级或者上一级机关、单位设立或者指定的接待场所提出。信访人采用走访形式提出涉及诉讼权利救济的信访事项，应当按照法律法规规定的程序向有关政法部门提出。多人采用走访形式提出共同的信访事项的，应当推选代表，代表人数不得超过5人。各级机关、单位应当落实属地责任，认真接待处理群众来访，把问题解决在当地，引导信访人就地反映问题。

（3）信访人在信访过程中应当遵守法律、法规，不得损害国家、社会、集体的利益和其他公民的合法权利，自觉维护社会公共秩序和信访秩序，不得有下列行为：

1）在机关、单位办公场所周围、公共场所非法聚集，围堵、冲击机关、单位，拦截公务车辆，或者堵塞、阻断交通。

2）携带危险物品、管制器具。

3）侮辱、殴打、威胁机关、单位工作人员，非法限制他人人身自由，或者毁坏财物。

4）在信访接待场所滞留、滋事，或者将生活不能自理的人弃留在信访接待场所。

5）煽动、串联、胁迫、以财物诱使、幕后操纵他人信访，或者以信访为名借机敛财。

6）其他扰乱公共秩序、妨害国家和公共安全的行为。

信访人违反《信访工作条例》规定的，有关机关、单位工作人员应当对其进行劝阻、批评或者教育。信访人滋事扰序、缠访闹访情节严重，构成违反治安管理行为的，或者违反集会游行示威相关法律法规的，由公安机关依法采取必要的现场处置措施、给予治安管理处罚；构成犯罪的，依法追究刑事责任。信访人捏造歪曲事实、诬告陷害他人，构成违反治安管理行为的，依法给予治安管理处罚；构成犯罪的，依法追究刑事责任。

2. 信访事项的受理

信访事项的受理制度是指信访事项初步处理的制度。主要规定有以下内容：

（1）各级党委和政府信访部门收到信访事项，应当予以登记，并区分情况，在15日内分别按照下列方式处理：

1）对依照职责属于本级机关、单位或者其工作部门处理决定的，应当转送有权处理的机关、单位；情况重大、紧急的，应当及时提出建议，报请本级党委和政府决定。

2）对涉及下级机关、单位或者其工作人员的，按照"属地管理、分级负责，谁主管、谁负责"的原则，转送有权处理的机关、单位。

3）对转送信访事项中的重要情况需要反馈办理结果的，可以交由有权处理的机关、单位办理，要求其在指定办理期限内反馈结果，提交办结报告。

各级党委和政府信访部门对收到的涉法涉诉信件，应当转送同级政法部门依法处理；对走访反映涉诉问题的信访人，应当释法明理，引导其向有关政法部门反映问题。对属于纪检监察机关受理的检举控告类信访事项，应当按照管理权限转送有关纪检监察机关依规依纪依法处理。

（2）党委和政府信访部门以外的其他机关、单位收到信访人直接提出的信访事项，应当予以登记；对属于本机关、单位职权范围的，应当告知信访人接收情况以及处理途径和程序；对属于本系统下级机关、单位职权范围的，应当转送、交办有权处理的机关、单位，并告知信访人转送、交办去向；对不属于本机关、单位或者本系统职权范围的，应当告知信访人向有权处理的机关、单位提出。

对信访人直接提出的信访事项，有关机关、单位能够当场告知的，应当当场书面告知；不能当场告知的，应当自收到信访事项之日起15日内书面告知信访人，但信访人的姓名（名称）、住址不清的除外。

对党委和政府信访部门或者本系统上级机关、单位转送、交办的信访事项，属于本机关、单位职权范围的，有关机关、单位应当自收到之日起15日内书面告知信访人接收情况以及处理途径和程序；不属于本机关、单位或者本系统职权范围的，有关机关、单位应当自收到之日起5个工作日内提出异议，并详细说明理由，经转送、交办的信访部门或者上级机关、单位核实同意后，交还相关材料。

政法部门处理涉及诉讼权利救济事项、纪检监察机关处理检举控告事项的告知按照有关规定执行。

（3）涉及两个或者两个以上机关、单位的信访事项，由所涉及的机关、单位协商受理；受理有争议的，由其共同的上一级机关、单位决定受理机关；受理有争议且没有共同的上一级机关、单位的，由共同的信访工作联席会议协调处理。

应当对信访事项作出处理的机关、单位分立、合并、撤销的，由继续行使其职权的机关、单位受理；职责不清的，由本级党委和政府或者其指定的机关、单位受理。

（4）各级机关、单位对可能造成社会影响的重大、紧急信访事项和信访信息，应当及时报告本级党委和政府，通报相关主管部门和本级信访工作联席会议办公室，在职责范围内依法及时采取措施，防止不良影响的产生、扩大。地方各级党委和政府信访部门接到重大、紧急信访事项和信访信息，应当向上一级信访部门报告，同时报告国家信访局。

六、信访事项的办理与监督

1. 信访事项的办理

各级机关、单位及其工作人员应当根据各自职责和有关规定，按照诉求合理的解决问题到位、诉求无理的思想教育到位、生活困难的帮扶救助到位、行为违法的依法处理的要求，依法按政策及时就地解决群众合法合理诉求，维护正常信访秩序。

（1）对信访人反映的情况、提出的建议意见类事项，有权处理的机关、单位应当认真研究论证。对科学合理、具有现实可行性的，应当采纳或者部分采纳，并予以回复。

（2）对信访人提出的检举控告类事项，纪检监察机关或者有权处理的机关、单位应当依规依纪依法接收、受理、办理和反馈。

（3）对信访人提出的申诉求决类事项，有权处理的机关、单位应当区分情况，分别按照下列方式办理：

1）应当通过审判机关诉讼程序或者复议程序、检察机关刑事立案程序或者法律监督程序、公安机关法律程序处理的，涉法涉诉信访事项未依法终结的，按照法律法规规定的程序处理。

2）应当通过仲裁解决的，导入相应程序处理。

3）可以通过党员申诉、申请复审等解决的，导入相应程序处理。

4）可以通过行政复议、行政裁决、行政确认、行政许可、行政处罚等行政程序解决的，导入相应程序处理。

5）属于申请查处违法行为、履行保护人身权或者财产权等合法权益职责的，依法履行或者答复。

6）不属于以上情形的，应当听取信访人陈述事实和理由，并调查核实，出具信访处理意见书。对重大、复杂、疑难的信访事项，可以举行听证。

2. 信访事项的监督

各级党委和政府应当对开展信访工作、落实信访工作责任的情况组织专项督查。信访工作联席会议及其办公室、党委和政府信访部门应当根据工作需要开展督查，就发现的问题向有关地方和部门进行反馈，重要问题向本级党委和政府报告。各级党委和政府督查部门应当将疑难复杂信访问题列入督查范围。

附录

全国安全防范报警系统标准化技术委员会现行标准目录

（截至 2021 年 2 月 20 日，共 237 项，其中，国标 67 项，行标 170 项）

序号	标准编号	名称	发布日期	实施日期
（一）基础通用标准（共 5 项，其中，国家标准 1 项，公共安全行业标准 4 项）				
1	GB/T 15408—2011	安全防范系统供电技术要求	2011-06-16	2011-12-01
2	GA/T 405—2002	安全技术防范产品分类与代码	2002-12-11	2003-01-01
3	GA/T 550—2005	安全技术防范管理信息代码	2005-09-08	2005-10-01
4	GA/T 551—2005	安全技术防范管理信息基本数据结构	2005-09-08	2005-10-01
5	GA/T 1730—2020	公共安全产品合格评定标志	2020-05-20	2020-11-01
（二）入侵和紧急报警系统（共 38 项，其中，国家标准 24 项，公共安全行业标准 14 项）				
1	GB 15407—2010	遮挡式微波入侵探测器技术要求	2010-11-10	2011-09-01
2	GB/T 15211—2013	安全防范报警设备 环境适应性要求和试验方法	2013-12-31	2015-03-01
3	GB 10408.1—2000	入侵探测器 第 1 部分：通用要求	2000-10-17	2001-06-01
4	GB 10408.2—2000	入侵探测器 第 2 部分：室内用超声波多普勒探测器	2000-10-17	2001-06-01
5	GB 10408.3—2000	入侵探测器 第 3 部分：室内用微波多普勒探测器	2000-10-17	2001-06-01
6	GB 10408.4—2000	入侵探测器 第 4 部分：主动红外入侵探测器	2000-10-17	2001-06-01
7	GB 10408.5—2000	入侵探测器 第 5 部分：室内用被动红外探测器	2000-10-17	2001-06-01

续表

序号	标准编号	名称	发布日期	实施日期
8	GB 10408.9—2001	入侵探测器 第9部分：室内用被动式玻璃破碎探测器	2001-11-16	2002-08-01
9	GB 12663—2019	入侵和紧急报警系统 控制指示设备	2019-10-14	2020-11-01
10	GB 15209—2006	磁开关入侵探测器	2006-04-30	2007-01-01
11	GB 20816—2006	车辆防盗报警系统 乘用车	2006-12-19	2008-01-01
12	GB/T 10408.8—2008	振动入侵探测器	2008-09-24	2009-08-01
13	GB 10408.6—2009	微波和被动红外复合入侵探测器	2009-04-16	2010-01-01
14	GB/T 21564.1—2008	报警传输系统串行数据接口的信息格式和协议 第1部分：总则	2008-03-24	2008-11-01
15	GB/T 21564.2—2008	报警传输系统串行数据接口的信息格式和协议 第2部分：公用应用层协议	2008-03-24	2008-09-01
16	GB/T 21564.3—2008	报警传输系统串行数据接口的信息格式和协议 第3部分：公用数据链路层协议	2008-03-24	2008-09-01
17	GB/T 21564.4—2008	报警传输系统串行数据接口的信息格式和协议 第4部分：公用传输层协议	2008-03-24	2008-09-01
18	GB/T 21564.5—2008	报警传输系统串行数据接口的信息格式和协议 第5部分：数据接口	2008-03-24	2008-09-01
19	GB 16796—2009	安全防范报警设备 安全要求和试验方法	2009-09-30	2010-06-01
20	GB 25287—2010	周界防范高压电网装置	2010-11-10	2011-09-01
21	GB/T 30148—2013	安全防范报警设备 电磁兼容抗扰度要求和试验方法	2013-12-17	2014-08-01
22	GB/T 31132—2014	入侵报警系统 无线（射频）设备互联技术要求	2014-09-03	2015-02-01
23	GB/T 32581—2016	入侵和紧急报警系统技术要求	2016-04-25	2016-11-01

续表

序号	标准编号	名称	发布日期	实施日期
24	GB/T 36546—2018	入侵和紧急报警系统 告警装置技术要求	2018-07-13	2019-02-01
25	GA/T 553—2005	车辆反劫防盗联网报警系统通用技术要求	2005-09-07	2005-11-01
26	GA/T 600.1—2006	报警传输系统的要求 第1部分：系统的一般要求	2006-02-10	2006-05-01
27	GA/T 600.2—2006	报警传输系统的要求 第2部分：设备的一般要求	2006-02-10	2006-05-01
28	GA/T 600.3—2006	报警传输系统的要求 第3部分：利用专用报警传输通路的报警传输系统	2006-02-10	2006-05-01
29	GA/T 600.4—2006	报警传输系统的要求 第4部分：利用公共电话交换网络的数字通信机系统的要求	2006-02-10	2006-05-01
30	GA/T 600.5—2006	报警传输系统的要求 第5部分：利用公共电话交换网络的话音通信机系统的要求	2006-02-10	2006-05-01
31	GA/T 1031—2012	泄漏电缆入侵探测装置通用技术要求	2012-12-24	2013-03-01
32	GA/T 1032—2013	张力式电子围栏通用技术要求	2013-01-09	2013-03-01
33	GA/T 1158—2014	激光对射入侵探测器技术要求	2014-05-03	2014-10-01
34	GA/T 1217—2015	光纤振动入侵探测器技术要求	2015-06-26	2015-10-01
35	GA/T 1372—2017	甚低频感应入侵探测器技术要求	2017-01-16	2017-03-01
36	GA/T 1589—2019	展示物品防盗装置通用技术要求	2019-09-20	2019-12-01
37	GA/T 1757—2020	入侵和紧急报警系统 紧急报警装置	2020-11-27	2021-05-01
38	GA/T 1758—2020	安防拾音器通用技术要求	2020-11-27	2021-05-01
（三）视频监控系统（共49项，其中，国家标准8项，公共安全行业标准41项）				
1	GB 20815—2006	视频安防监控数字录像设备	2006-12-19	2008-01-01

续表

序号	标准编号	名称	发布日期	实施日期
2	GB/T 25724—2017	公共安全视频监控数字视音频编解码技术要求	2017-03-09	2017-06-01
3	GB/T 28181—2016	公共安全视频监控联网系统信息传输、交换、控制技术要求	2016-07-12	2016-08-01
4	GB/T 30147—2013	安防监控视频实时智能分析设备技术要求	2013-12-17	2014-08-01
5	GB 35114—2017	公共安全视频监控联网信息安全技术要求	2017-11-01	2018-11-01
6	GB 37300—2018	公共安全重点区域视频图像信息采集规范	2018-12-28	2020-01-01
7	GB/T 39272—2020	公共安全视频监控联网技术测试规范	2020-11-19	2021-06-01
8	GB/T 39274—2020	公共安全视频监控数字视音频编解码技术测试规范	2020-11-19	2021-06-01
9	GA/T 367—2001	视频安防监控系统技术要求	2001-12-10	2002-06-01
10	GA/T 645—2014	安全防范监控变速球型摄像机	2014-09-09	2014-12-01
11	GA/T 646—2016	安全防范视频监控矩阵设备通用技术要求	2016-06-07	2016-06-07
12	GA/T 669.1—2008	城市监控报警联网系统 技术标准 第1部分：通用技术要求	2008-08-29	2008-08-29
13	GA/T 669.2—2008	城市监控报警联网系统 技术标准 第2部分：安全技术要求	2008-08-04	2008-08-04
14	GA/T 669.3—2008	城市监控报警联网系统 技术标准 第3部分：前端信息采集技术要求	2008-08-04	2008-08-04
15	GA/T 669.6—2008	城市监控报警联网系统 技术标准 第6部分：视音频显示、存储、播放技术要求	2008-08-04	2008-08-04
16	GA/T 669.7—2008	城市监控报警联网系统 技术标准 第7部分：管理平台技术要求	2008-08-04	2008-08-04
17	GA/T 669.9—2008	城市监控报警联网系统 技术标准 第9部分：卡口信息识别、比对、监测系统技术要求	2008-08-04	2008-08-04

续表

序号	标准编号	名称	发布日期	实施日期
18	GA/T 792.1—2008	城市监控报警联网系统 管理标准 第1部分：图像信息采集、接入、使用管理要求	2008-08-04	2008-08-04
19	GA 793.1—2008	城市监控报警联网系统 合格评定 第1部分：系统功能性能检验规范	2008-08-04	2008-08-04
20	GA 793.2—2008	城市监控报警联网系统 合格评定 第2部分：管理平台软件测试规范	2008-08-04	2008-08-04
21	GA/T 669.8—2009	城市监控报警联网系统 技术标准 第8部分：传输网络技术要求	2009-08-11	2009-09-01
22	GA/T 669.10—2009	城市监控报警联网系统 技术标准 第10部分：无线视音频监控系统技术要求	2009-08-11	2009-09-01
23	GA/T 1072—2013	基层公安机关社会治安视频监控中心（室）工作规范	2013-07-26	2013-10-01
24	GA/T 1127—2013	安全防范视频监控摄像机通用技术要求	2013-12-20	2014-01-01
25	GA/T 1128—2013	安全防范视频监控高清晰度摄像机测量方法	2013-12-20	2014-01-01
26	GA/Z 1164—2014	公安视频图像信息联网与应用标准体系表	2014-05-23	2014-05-23
27	GA/T 1178—2014	安全防范系统光端机技术要求	2014-08-12	2014-08-12
28	GA/T 1211—2014	安全防范高清视频监控系统技术要求	2014-12-16	2015-04-01
29	GA/T 1216—2015	安全防范监控网络视音频编解码设备	2015-01-29	2015-03-01
30	GA/T 1353—2018	视频监控摄像机防护罩通用技术要求	2018-02-23	2018-02-23
31	GA/T 1354—2018	安防视频监控车载数字录像设备技术要求	2018-02-23	2018-02-23

续表

序号	标准编号	名称	发布日期	实施日期
32	GA/T 1355—2018	国家标准 GB/T 28181—2016 符合性测试规范	2018-02-23	2018-02-23
33	GA/T 1356—2018	国家标准 GB/T 25724—2017 符合性测试规范	2018-02-22	2018-02-22
34	GA/T 1357—2018	公共安全视频监控硬盘分类及试验方法	2018-05-07	2018-05-07
35	GA/T 1399.1—2017	公安视频图像分析系统 第1部分：通用技术要求	2017-05-31	2017-05-31
36	GA/T 1399.2—2017	公安视频图像分析系统 第2部分：视频图像内容分析及描述技术要求	2017-05-31	2017-05-31
37	GA/T 1400.1—2017	公安视频图像信息应用系统 第1部分：通用技术要求	2017-05-31	2017-05-31
38	GA/T 1400.2—2017	公安视频图像信息应用系统 第2部分：应用平台技术要求	2017-05-31	2017-05-31
39	GA/T 1400.3—2017	公安视频图像信息应用系统 第3部分：数据库技术要求	2017-05-31	2017-05-31
40	GA/T 1400.4—2017	公安视频图像信息应用系统 第4部分：接口协议要求	2017-05-31	2017-05-31
41	GA/T 1352—2018	视频监控镜头	2018-08-06	2018-08-06
42	GA/T 1708—2020	安全防范视频监控红外热成像设备	2020-02-03	2020-05-01
43	GA/T 1711—2020	安防监控中心电磁环境控制限值和测量方法	2020-02-11	2020-08-01
44	GA/Z 1736—2020	基于目标位置映射的主从摄像机协同系统技术要求	2020-08-07	2021-01-01
45	GA/T 1741—2020	公安视频图像信息应用系统检验规范	2020-09-09	2021-02-01
46	GA/T 1756—2020	公安视频监控人像/人脸识别应用技术要求	2020-11-06	2021-05-01
47	GA/T 1764—2021	公安视频图像信息应用系统接口协议测试规范	2021-02-04	2021-07-01

续表

序号	标准编号	名称	发布日期	实施日期
48	GA/T 1765—2021	公安视频图像信息应用平台软件测试规范	2021-02-05	2021-07-01
49	GA 1766—2021	公安视频图像信息系统验收规范（代替 GA 793.3—2008）	2021-02-05	2021-07-01
（四）出入口控制系统（共18项，其中，国家标准4项，公共安全行业标准14项）				
1	GB/T 31070.1—2014	楼寓对讲系统 第1部分：通用技术要求	2014-12-22	2015-06-01
2	GB/T 31070.2—2018	楼寓对讲系统 第2部分：全数字系统技术要求	2018-12-28	2019-07-01
3	GB/T 31070.4—2018	楼寓对讲系统 第4部分：应用指南	2018-12-28	2018-12-28
4	GB/T 37078—2018	出入口控制系统技术要求	2018-12-28	2019-07-01
5	GA 374—2019	电子防盗锁	2019-03-01	2019-04-01
6	GA/T 394—2002	出入口控制系统技术要求	2002-09-25	2002-12-31
7	GA/T 72—2013	楼寓对讲电控安全门通用技术条件	2013-11-22	2014-01-01
8	GA/T 644—2006	电子巡查系统技术要求	2006-09-22	2006-11-01
9	GA 701—2007	指纹防盗锁通用技术条件	2007-05-17	2007-10-01
10	GA/T 678—2007	联网型可视对讲系统技术要求	2007-01-23	2007-03-01
11	GA/T 761—2008	停车场（库）安全管理系统技术要求	2008-04-07	2008-06-01
12	GA/T 992—2012	停车库（场）出入口控制设备技术要求	2012-07-19	2012-07-19
13	GA/T 1132—2014	车辆出入口电动栏杆机技术要求	2014-01-20	2014-04-01
14	GA 1210—2014	楼寓对讲系统安全技术要求	2014-12-23	2015-01-01
15	GA/T 1260—2016	人行出入口电控通道闸通用技术要求	2016-05-30	2016-07-01
16	GA/T 1738—2020	出入口控制系统 编码识读设备	2020-09-09	2021-02-01

续表

序号	标准编号	名称	发布日期	实施日期
17	GA/T 1739—2020	出入口控制系统 控制器	2020-09-09	2021-02-01
18	GA/T 1742—2020	封闭式停车场安全防范要求	2020-09-28	2021-04-01
（五）防爆安全检查系统（共21项，其中，国家标准9项，公共安全行业标准12项）				
1	GB 12664—2003	便携式X射线安全检查设备通用规范	2003-06-24	2004-02-01
2	GB 12899—2018	手持式金属探测器通用技术规范（代替GB 12899—2003）	2018-11-19	2019-12-01
3	GB 15208.1—2018	微剂量 X射线安全检查设备 第1部分：通用技术要求	2018-11-19	2019-12-01
4	GB 15208.2—2018	微剂量 X射线安全检查设备 第2部分：透射式行包安全检查设备	2018-11-19	2019-12-01
5	GB 15208.3—2018	微剂量X射线安全检查设备 第3部分：透射式货物安全检查设备	2018-11-19	2019-12-01
6	GB 15208.4—2018	微剂量X射线安全检查设备 第4部分：人体安全检查设备	2018-11-19	2019-12-01
7	GB 15208.5—2018	微剂量X射线安全检查设备 第5部分：背散射物品安全检查设备	2018-11-19	2019-12-01
8	GB 15210—2018	通过式金属探测门通用技术规范（代替GB 15210—2003）	2018-11-19	2019-12-01
9	GB/T 37128—2018	X射线计算机断层成像安全检查系统技术要求	2018-12-28	2019-07-01
10	GA/T 71—1994	机械钟控定时引爆装置探测器	1994-03-11	1994-07-01
11	GA/T 841—2009	基于离子迁移谱技术的痕量毒品/炸药探测仪通用技术要求	2009-07-20	2009-10-01
12	GA 921—2011	民用爆炸物品警示标识、登记标识通则	2011-01-13	2011-05-01
13	GA 926—2011	微剂量透射式X射线人体安全检查设备通用技术要求	2011-03-25	2011-07-01

续表

序号	标准编号	名称	发布日期	实施日期
14	GA/T 1060.1—2013	便携式放射性物质探测与核素识别设备通用技术要求 第1部分：γ探测设备	2013-04-11	2013-08-01
15	GA/T 1060.2—2013	便携式放射性物质探测与核素识别设备通用技术要求 第2部分：识别设备	2013-04-11	2013-08-01
16	GA/T 1067—2013	基于拉曼光谱技术的液态物品安全检查设备通用技术要求	2013-05-22	2013-10-01
17	GA/T 1152—2014	安全防范 手持式视频检查仪通用技术要求	2014-04-28	2014-10-01
18	GA/T 1323—2016	基于荧光聚合物传感技术的痕量炸药探测仪通用技术要求	2016-08-15	2016-08-15
19	GA/T 1336—2016	车底成像安全检查系统通用技术要求	2016-11-07	2016-11-07
20	GA/T 1563—2019	鞋内安全检查仪技术要求	2019-05-05	2019-05-05
21	GA/T 1731—2020	乘用车辆X射线安全检查系统技术要求	2020-5-26	2020-11-01
（六）安全防范系统工程（共56项，其中，国家标准11项，公共安全行业标准45项）				
1	GB/T 16571—2012	博物馆和文物保护单位安全防范系统要求	2012-11-05	2013-02-01
2	GB/T 16676—2010	银行安全防范报警监控联网系统技术要求	2010-11-10	2011-05-01
3	GB 50348—2018	安全防范工程技术标准	2018-05-14	2018-12-01
4	GB 50394—2007	入侵报警系统工程设计规范	2007-03-21	2007-08-01
5	GB 50395—2007	视频安防监控系统工程设计规范	2007-03-21	2007-08-01
6	GB 50396—2007	出入口控制系统工程设计规范	2007-03-21	2007-08-01
7	GB/T 21741—2008	住宅小区安全防范系统通用技术要求	2008-05-20	2008-12-01
8	GB/T 29315—2012	中小学、幼儿园安全技术防范系统要求	2012-12-31	2013-06-01

续表

序号	标准编号	名称	发布日期	实施日期
9	GB/T 31068—2014	普通高等学校安全技术防范系统要求	2014-12-22	2015-06-01
10	GB/T 31458—2015	医院安全技术防范系统要求	2015-05-15	2015-12-01
11	GB/T 37845—2019	居家安防智能管理系统技术要求	2019-08-30	2020-03-01
12	GA/T 75—1994	安全防范工程程序与要求	1994-03-11	1994-07-01
13	GA/T 74—2017	安全防范系统通用图形符号	2016-06-23	2016-06-23
14	GA 308—2001	安全防范系统验收规则	2001-10-17	2001-12-01
15	GA 27—2002	文物系统博物馆风险等级和安全防护级别的规定	2002-03-25	2002-06-01
16	GA 38—2015	银行营业场所安全防范要求	2015-05-18	2015-06-01
17	GA/T 70—2014	安全防范工程建设与维护保养费用预算编制办法	2014-08-05	2014-10-01
18	GA 586—2020	广播电视重点单位重要部位安全防范要求	2020-06-23	2020-09-01
19	GA/T 670—2006	安全防范系统雷电浪涌防护技术要求	2006-12-14	2007-06-01
20	GA 745—2017	银行自助设备、自助银行安全防范要求	2017-02-20	2017-03-01
21	GA 837—2009	民用爆炸物品储存库治安防范要求	2009-06-29	2009-08-01
22	GA 838—2009	小型民用爆炸物品储存库安全规范	2009-06-29	2009-08-01
23	GA/T 848—2009	爆破作业单位民用爆炸物品储存库安全评价导则	2009-09-17	2009-12-01
24	GA 858—2010	银行业务库安全防范的要求	2010-02-09	2010-04-01
25	GA 873—2010	冶金钢铁企业治安保卫重要部位风险等级和安全防护要求	2010-06-07	2010-09-01
26	GA 1002—2012	剧毒化学品、放射源存放场所治安防范要求	2012-06-29	2012-09-01
27	GA 1003—2012	银行自助服务亭技术要求	2012-07-01	2012-09-01

续表

序号	标准编号	名称	发布日期	实施日期
28	GA 1015—2012	枪支去功能处理与展览枪支安全防范要求	2012-12-26	2012-12-26
29	GA 1016—2012	枪支（弹药）库室风险等级划分与安全防范要求	2012-12-26	2012-12-26
30	GA/T 1081—2020	安全防范系统维护保养规范	2020-05-26	2020-11-01
31	GA 1089—2013	电力设施治安风险等级和安全防护要求	2013-09-30	2013-11-01
32	GA 1166—2014	石油天然气管道系统治安风险等级和安全防范要求	2014-12-31	2015-02-01
33	GA/T 1185—2014	安全防范工程技术文件编制深度要求	2014-09-28	2014-10-01
34	GA 1257—2015	民用枪弹编号及包装标识要求	2015-04-30	2015-06-01
35	GA 1258—2015	民用枪支编号及包装标识要求	2015-04-30	2015-06-01
36	GA 1280—2015	自动柜员机安全性要求	2015-10-28	2016-01-01
37	GA/T 1297—2016	安防线缆	2016-07-08	2016-08-01
38	GA 1383—2017	报警运营服务规范	2017-02-22	2017-05-01
39	GA/T 1406—2017	安防线缆应用技术要求	2017-08-21	2017-08-21
40	GA/T 1351—2018	安防线缆接插件	2018-02-25	2018-02-25
41	GA 1467—2018	城市轨道交通安全防范要求	2018-03-26	2018-03-26
42	GA/T 1468—2018	寄递企业安全防范要求	2018-03-09	2018-03-09
43	GA/T 1469—2018	光纤振动入侵探测系统工程技术规范	2018-03-22	2018-03-22
44	GA 1511—2018	易制爆危险化学品储存场所治安防范要求	2018-08-13	2018-11-01
45	GA 1517—2018	金银珠宝营业场所安全防范要求	2018-09-10	2019-01-01
46	GA 1524—2018	射钉器公共安全要求	2018-10-22	2019-05-01
47	GA 1525—2018	射钉弹公共安全要求	2018-10-22	2019-05-01
48	GA 1531—2018	工业电子雷管信息管理通则	2018-10-22	2019-02-01

续表

序号	标准编号	名称	发布日期	实施日期
49	GA 1551.1—2019	石油石化系统治安反恐防范要求 第1部分：油气田企业	2019-03-28	2019-07-01
50	GA 1551.2—2019	石油石化系统治安反恐防范要求 第2部分：炼油与化工企业	2019-03-28	2019-07-01
51	GA 1551.3—2019	石油石化系统治安反恐防范要求 第3部分：成品油和天然气销售企业	2019-03-28	2019-07-01
52	GA 1551.4—2019	石油石化系统治安反恐防范要求 第4部分：工程技术服务企业	2019-03-28	2019-07-01
53	GA 1551.5—2019	石油石化系统治安反恐防范要求 第5部分：运输企业	2019-03-28	2019-07-01
54	GA/T 1710—2020	南水北调工程安全防范要求	2020-02-11	2020-05-01
55	GA/T 1740.1—2020	旅游景区安全防范要求 第1部分：山岳型	2020-09-09	2021-02-01
56	GA/T 1744—2020	城市公共汽电车及场站安全防范要求	2020-10-09	2021-04-01
（七）实体防护系统（共18项，其中，国家标准3项，公共安全行业标准15项）				
1	GB 17565—2007	防盗安全门通用技术条件	2007-09-15	2008-04-01
2	GB 10409—2019	防盗保险柜（箱）（代替 GB 10409—2001）	2019-04-04	2020-05-01
3	GB 37481—2019	金库门通用技术要求	2019-04-04	2020-05-01
4	GA/T 73—2015	机械防盗锁	2015-01-29	2015-03-01
5	GA/T 143—1996	金库门通用技术条件	1996-07-18	1996-10-01
6	GA 164—2018	专用运钞车防护技术要求（代替 GA 164—2005）	2018-09-03	2018-12-01
7	GA 165—2016	防弹透明材料	2016-10-08	2016-11-01
8	GA 166—2006	防盗保险箱	2006-02-10	2006-05-01
9	GA/T 501—2020	银行保管箱（代替 GA 501—2004）	2020-02-03	2020-08-01

续表

序号	标准编号	名称	发布日期	实施日期
10	GA 576—2018	防尾随联动互锁安全门通用技术条件（代替 GA 576—2005）	2018-09-10	2019-01-01
11	GA 667—2020	防爆炸透明材料（代替 GA 667—2006）	2020-1-19	2020-08-01
12	GA 746—2020	提款箱（代替 GA 746—2008）	2020-11-09	2021-05-01
13	GA 844—2018	防砸透明材料（代替 GA 844—2009）	2018-08-06	2019-01-01
14	GA 1051—2013	枪支弹药专用保险柜	2013-03-11	2013-05-01
15	GA/T 1337—2016	银行自助设备防护舱安全性要求	2016-09-08	2016-10-01
16	GA/T 1499—2018	卷帘门安全性要求	2018-08-06	2019-01-01
17	GA/T 1707—2020	防爆安全门	2020-02-03	2020-08-01
18	GA/T 1709—2019	实体防护产品防弹性能分类及测试方法	2020-02-11	2020-08-01
（八）人体生物特征识别应用（共32项，其中，国家标准7项，公共安全行业标准25项）				
1	GB/T 31488—2015	安全防范视频监控人脸识别系统技术要求	2015-05-15	2015-12-01
2	GB/T 35676—2017	公共安全 指静脉识别应用 算法识别性能评测方法	2017-12-29	2018-07-01
3	GB/T 35678—2017	公共安全 人脸识别应用 图像技术要求	2017-12-29	2018-07-01
4	GB/T 35735—2017	公共安全 指纹识别应用 采集设备通用技术要求	2017-12-29	2018-07-01
5	GB/T 35736—2017	公共安全 指纹识别应用 图像技术要求	2017-12-29	2018-07-01
6	GB/T 35742—2017	公共安全 指静脉识别应用 图像技术要求	2017-12-29	2018-07-01
7	GB/T 38122—2019	公共安全指纹识别应用 验证算法性能评测方法	2019-10-18	2020-05-01
8	GA/T 893—2010	安防生物特征识别应用术语	2010-12-02	2010-12-01

续表

序号	标准编号	名称	发布日期	实施日期
9	GA/T 894.3—2010	安防指纹识别应用系统 第3部分：指纹图像质量	2010-12-02	2010-12-01
10	GA/T 894.6—2010	安防指纹识别应用系统 第6部分：指纹识别算法评测方法	2010-12-02	2010-12-01
11	GA/T 922.2—2011	安防人脸识别应用系统 第2部分：人脸图像数据	2011-01-13	2011-05-01
12	GA/T 894.7—2012	安防指纹识别应用系统 第7部分：指纹采集设备	2012-07-18	2012-07-18
13	GA/T 938—2011	安防指静脉识别应用系统设备通用技术要求	2012-12-26	2013-03-01
14	GA/T 939—2011	安防指静脉识别应用系统算法评测方法	2012-12-26	2013-03-01
15	GA/T 940—2011	安防指静脉识别应用系统图像技术要求	2012-12-26	2013-03-01
16	GA/T 1093—2013	出入口控制人脸识别系统技术要求	2013-12-16	2014-01-01
17	GA/T 1126—2013	近红外人脸识别设备技术要求	2013-12-17	2014-01-01
18	GA/T 1179—2014	安防声纹确认应用算法技术要求和测试方法	2014-08-18	2014-10-01
19	GA/T 1181—2014	安防指静脉识别应用 程序接口规范	2014-09-01	2014-10-01
20	GA/T 1208—2014	安防虹膜识别应用 算法评测方法	2014-12-22	2015-10-01
21	GA/T 1212—2014	安防人脸识别应用 防假体攻击测试方法	2014-12-12	2015-01-01
22	GA/T 1213—2014	安防指静脉识别应用 3D数据技术要求	2014-12-12	2015-01-01
23	GA/T 1284—2015	安防指/掌纹识别应用 图像数据交换格式一致性测试方法	2015-12-22	2015-12-22
24	GA/T 1285—2015	安防指/掌纹识别应用 图像数据交换格式	2015-12-30	2015-12-30
25	GA/T 1286—2015	安防虹膜识别应用 图像数据交换格式	2015-12-30	2015-12-30

续表

序号	标准编号	名称	发布日期	实施日期
26	GA/T 1324—2017	安全防范 人脸识别应用 静态人脸图像采集规范	2017-10-08	2017-12-01
27	GA/T 1325—2017	安全防范 人脸识别应用 视频图像采集规范	2017-10-08	2017-12-01
28	GA/T 1326—2017	安全防范 人脸识别应用 程序接口规范	2017-10-08	2017-12-01
29	GA/T 1429—2017	安防虹膜识别应用 图像技术要求	2017-09-07	2017-11-01
30	GA/T 1470—2018	安全防范 人脸识别应用分类	2018-03-12	2018-03-12
31	GA/T 1486—2018	安全防范 虹膜识别应用 程序接口规范	2018-05-07	2018-05-07
32	GA/T 1755—2020	安全防范 人脸识别应用 人证核验设备通用技术要求	2020-11-06	2021-05-01